赋能式经营

以丹纳赫为研究案例

陈勇　韩烨　著

·北京·
国家行政学院出版社

为什么是丹纳赫

前言

2015年9月，我参加高瓴资本年会，创始人张磊如数家珍地介绍投后赋能的"七种武器"，在展示"绣花针"的时候，他建议所有科技制造类企业都应从丹纳赫（Danaher）的传奇道路上汲取营养。

高瓴所投美的、百丽、公牛等企业更直接邀请丹纳赫背景专家做精益赋能。短短一年左右时间，相关业务单元实现质量、交期、毛利，特别是经营现金流的大幅改善，实战效果令人惊叹。

这是我第一次听说丹纳赫。这是一家什么样的公司？像扫地僧一样身怀绝技，却又隐身在工业的世界里。为什么过去闻所未闻，却让高瓴资本如此推崇？

彼时一直困扰我的一个大问题是，中国产业明确了资源消耗型、机会牵引型的路不该走，要高质量发展。而工业和制造领域的中小企业怎样在大时代找到自己的坐标系？新路上有可以对标和学习的对象吗？

这让我充满好奇，产生研究它的急切愿望。

一旦上手研究，却发现能搜集到的资料极其有限，几乎没有专门著作系统介绍丹纳赫的过往，有限的财经文章也极为零碎地散布着，片鳞半爪，难成系统。

好在它是上市公司，是真实存在的产业企业，于是我用最笨的办法，从头读年报，把几十年来的财务报告找出来细读，做数据透视；陌拜丹纳赫管理者，深入访谈60多位现职或者曾经工作过的管理者，从活的资料进入丹纳赫的世界。

这是一家犹太人家族创办的公司，是20世纪七八十年代美国基准利率高达13%的滞胀时期，从地产向制造业成功转型的公司。创始人雷尔斯家族跟另一位犹太人金融家迈克尔·米尔肯有千丝万缕的联系，后者曾经掀起垃圾债券和杠杆收购的狂潮，雷尔斯家族向制造业的最初进军受到米尔肯的直接影响和大力支持，米尔肯在1989年被裁定金融欺诈罪之后，丹纳赫并没有随之沉沦，而是创造性地借助丰田生产方式走出自己的新路。

2024年5月，丹纳赫及其分拆出来的福迪威（Fortive）、盈纬达（Envista）、伟励拓（Veralto），总市值逼近2500亿美金。但多年来它所秉持的一个重要理念是"有丰田的地方，我们不去"。在能力弱小的时候聚焦再聚焦，不轻易涉足巨无霸控盘的大赛道，在细分赛道的山地中积聚力量而不是在平原上跟大块头对手消耗力量。

丹纳赫历经大小400宗并购，其中许多都是中小规模企业，却鲜闻败绩。它总是极为迅捷地（通常在一年到一年半）对被收购企业展开改造，导入DBS（丹纳赫经营系统），使后者步入高质量发展的快车道，人效（人均销售额）、坪效和关键经营指标大幅度提升，进而释放出更多现金流，展开垂直行业新一轮收购。

多年的并购整合，丹纳赫集团旗下数十家公司，6万余名员工，位于华盛顿的总部却始终只有100多人的规模，是典型的极简总部、高效总部。丹纳赫总部有一支特种部队——DBSO（丹纳赫经营系统办公室），我把

为什么是丹纳赫

它理解为赋能办，专注于为旗下各业务板块提升核心能力，促进个体成长和组织进步。

从建材、汽车零部件，到测量工具、仪器仪表、标识识别，再到环保领域、工业传感，再到牙科诊疗装备、医疗企业，最终剑指生命科学。丹纳赫看起来真是一个多元化的公司，但实质上，它只做一件事儿——在选定的赛道上贯彻执行丹纳赫经营体系。它在所有细分赛道战略成功的精髓是"选对赛道，赢得比赛"。

丹纳赫从不纠缠于价格战，它深知毛利率就是定价权。从传统制造到生命科技，它各业务板块的综合毛利水平都接近60%，净利润率均衡在20%，外部不良率保持在500～1000ppm，准交率高达98%，人效超过280万元人民币。

丹纳赫的精益方法论源于丰田，却又自成一体。日本人做精益强调师傅带徒弟，后学者如鱼饮水，冷暖自知，恨不得加入禅宗的参话头，紧要处来个当头棒喝。丹纳赫则是心心念念工具化，让普通人在工作实践中就可以学习，能够掌握，进而成为黑带专家对外输出，还不断总结优化出包括基石类、成长类、精益类和领导力类的工具箱。日本人行不言之教：想学游泳吗，跟我游吧，学不学得会看你的悟性；丹纳赫则相信动作可以分解，游泳可以经教练而习得并不断提升水准，每一个学生亦可以为改善工具作出贡献。

丹纳赫把价值观作为经营的原点，把团队的"内省改善"放在价值观的前列，深得东方哲学精髓的用语指向丹纳赫的核心竞争力——内驱力。以战略目标为牵引，质量、交期、成本、创新乃至经营各板块持续"改"（把做错的做对）和"善"（把标准提高），将推动组织不断进化，打碎、融合、再塑，形成与人无争，与己常新的境界与格局。

我访谈过的丹纳赫离职员工很少抱怨老东家，大多心存感激。他们说公司的薪酬水平在优秀外企里也就是中流水平，但自己的供职时间却超过10年。为什么不离开？最主要的原因有两点：一是公司前进有方向，每个人都知道自己每年往哪里使劲；二是遇到挑战有支持，管理者的核心工作就是与部属一起解决难题。

丹纳赫注重培养人，它有一个CVD（核心价值驱动）指标，叫内部填充率，每空缺4个管理岗位，要确保3个是从内部人员中选用；还有一个CVD指标叫主动离职率，如果一个业务单元的主动离职率超出了5%～10%的区间，要引起领导层的极大重视。

2018年，丹纳赫曾经的CEO拉里卡尔普在退休后被通用电气公司（GE）延聘为全球CEO。用丹纳赫方法论大刀阔斧拆分通用电气业务板块，把资源和精力重新聚焦到航空航天发动机板块。从2021年至2023年，营业收入达到318亿美元，利润翻两番达到61亿美元，市值从低谷的700亿美元回升到2000亿美元。丹纳赫方法论的精要被GE人一语道破："他（拉里卡尔普）才不是金融白痴。他的首要理念是，生产高质量的产品，并照顾好你的客户。"

我越是研究这家企业，越是被其经营方式所吸引。我理解丹纳赫经营方式的本质是一种"赋能式经营"。丹纳赫持续成功的产业整合本质上是"赋能式并购"。沿着工业世界的产业链看过去，相当一批盘踞在产业链高端的世界级工业翘楚企业都在用赋能式经营的逻辑。持续聚焦需求、提升效率、创新突破，以能力驾驭价值，以速度对冲规模，稳固自身的产业地位。除了丹纳赫，伊顿公司、赛默飞公司、英国豪迈公司都是典范。

新中国工业一路走来，从75年前的一穷二白到今天规模体量稳居世界第一，其中的荡气回肠、酸甜苦辣，唯有局中人心知肚明。但怎样从制造大国成为工业强国，怎么拥有比肩世界一流企业的效率水平，怎么获得超越竞争领先者的创新本领，越来越成为中国工业企业要应对的挑战、要交出的答卷。

正是基于在研究中油然而生的使命感和责任感，我异想天开地想：如果我们吃透以丹纳赫为代表的赋能式经营践行者的管理思想、方法论精髓、经营工具，系统地植入中国工业和科技制造中小企业，造就具备国际领先效率水平的专精特新企业，在特定赛道成就更聚焦、更高效、更创新的中国式丹纳赫，该有多好。

人生短暂，想到就大胆地去做吧。2018年底，我邀请了30余位不同行业的中小企业家，一起来学习和实践赋能式经营的方法体系，因为我们的重要研究样本是丹纳赫，我们把这个研究小组称为"丹研会"（丹纳赫方法论研习会）。既有丹纳赫方法论研究的意思，也有为中国未来制造炼"金丹"的含义。

2019年，我们成立精一正北咨询公司，取惟精惟一，希望执一事而精深，为工业强国，特别是中小制造企业的突围作一点贡献。其后我们先后延聘了30多位出自丹纳赫、丰田等赋能式经营典范企业的专业管理者。借力他们在战略部署、研发创新、运营与质量、供应链策略、销售漏斗管理、财务及数字化、人力资源与领导力等领域的宝贵经验，力图把赋能式经营体系可视化、结构化、模块化、层次化、工具化；也在18家不同行业的上市和非上市公司进行实证式研究，获取第一手业务反馈数据。

2020年下半年，新冠疫情开始席卷世界。丹研会团队却得到一个心无旁骛、全神贯注做验证的极佳机会。3年下来，18家企业的平均业务年增长速度达到30%，平均毛利润率超过40%，净利润率实现倍增，外部不良率从接近30000ppm下降到2000ppm；准时交货率从平均不到60%上升到超过85%；平均资金周转率从3转达到9转；人效从60万元上升到110万元。

丹研会赋能以来，日月明、德马、云路等8家企业先后登陆科创板、中小板、北交所。进入2023年，丹研会持续赋能的山东嘉诺电子以10亿元人民币估值被来自中东的阿布扎比产业基金收购。优秀的丹研会成员企业不仅自己践行赋能式经营方法论，还在产业中开展赋能式并购。像丹纳赫一样用聚焦、效率和创新改变所在产业，我们成就中国式丹纳赫的梦想离现实越来越近了。

从理念改变思想，到方法论实践改变企业经营，再到赋能式并购改变产业。我们认为中国工业和科技制造业正在迎来真正的涅槃时代。更一致品质、更准时交期、更精确成本、更快速创新将是高质量发展企业的最好诠释。我们也愿意不畏繁难、毫无保留地把过去6年思考、总结、提炼、实证的一些所得整理和贡献出来，供更多专注于专精特新发展、新质生产力发展的中小企业参考、借鉴和使用。

梭罗在《瓦尔登湖》里说：有些人步伐与众不同，那是因为他们听到了远方的鼓声……

谨以此书，召唤同行者！

目　录

第一章　丹纳赫经营之道 / 001

第一节　丹纳赫诞生的经济和商业背景 / 003
滞胀时代 / 004
"垃圾债券" / 006
丹纳赫的诞生 / 010

第二节　穿越周期的卓越表现 / 013
出色的业绩 / 014
业绩持续增长的业务飞轮 / 016
核心业务增长 / 018
利润扩大 / 020
强劲自由现金流 / 022
并购 / 024
导入DBS体系 / 026
精益时代 / 028
成长时代 / 032
领导力时代 / 036

第三节　丹纳赫并购战略与经营系统 / 041
并购战略的核心是选对赛道、选准公司 / 042
系统赋能的核心是赢得比赛、复制能力 / 048
文化与价值观融合 / 049
全集团同频经营语言 / 054
改善与经营工具导入 / 056
组织发展和人才培养 / 058

第二章　构筑以能力为导向的经营系统 / 063

第一节　中小制造企业的"十面埋伏" / 065
一面埋伏：人类处在重大科技革命的子时，制造业将迎来革命性变化 / 068
二面埋伏：以高质量发展推进中国式现代化标识出高风险区域 / 069
三面埋伏：中小制造企业靠"资源导向"发展模式难以为继 / 070
四面埋伏：中小制造企业靠"规模导向"价格内卷没有出路 / 071
五面埋伏：中小制造企业靠"低水平碰机会"会坠入运气深渊 / 072
六面埋伏：完全搞错竞争对手，想用价格战赢得同质化竞争 / 073
七面埋伏：错误理解微笑曲线，总想靠模式创新取胜 / 074
八面埋伏：不理解全要素生产率的重要意义，轻视"人"的价值 / 075
九面埋伏：没有掌握国际标杆企业的核心成长能力 / 076
十面埋伏：执迷于"弯道"和"换道"超车，而真正超车的关键在车不在道 / 078

第二节　中小制造企业的经营系统 / 081
中小企业的赋能式经营体系 / 084
价值观 / 087
企业增长引擎 / 094
流程 / 工具 / 098
赋能式经营体系的100个改善工具 / 102
组织 / 人才 / 文化 / 104
为赋能式经营培养未来领导梯队 / 106
开启赋能式经营系统的钥匙 / 108

第三节　中小制造企业世界级效能指标 / 111
中小企业的成长效能指标 / 114
中小企业的创新效能指标 / 116
中小企业的运营和改善效能指标 / 118
中小企业的组织健康度指标 / 120

第三章　中小制造企业赋能式经营工作剧本 / 123

第一节　什么是工作剧本 / 125
关于工作剧本 / 126

第二节　战略工作剧本 / 135
关于战略工作剧本 / 136
战略三部曲 / 138
战略三阶段 / 140
战略规划——发展的作战地图 / 142
战略规划——细分市场聚焦 / 144
战略部署——X 矩阵 / 146
战略分解 / 148
追踪进度的可视化工具——KPI 保龄球图 / 150
开好月度点检会 / 152
开好月度点检会六原则 / 156
战略落地时间表 / 158

第三节　营销工作剧本 / 161
关于营销工作剧本 / 162
销售漏斗管理——销售团队能力提升起手式 / 164
核心客户管理 KAM——业绩增长必杀技 / 166
营销成长作战室——管理透明化、跨部门协作的利器 / 170
营销工作剧本安装三步走 / 172
战略落地的营销工作节奏 / 174

第四节　研发工作剧本 / 177
创新研发全流程的关键成功因素 / 178
关于创新研发工作剧本 / 180
中小企业的研发基础管理提升路径 / 182
创新八步法——客户需求到产品规划 / 184
项目决策管理（PPG）/ 186
快速产品开发（APD）——多快好省做项目 / 188

快速产品开发（APD）的里程碑标准作业地图 / 190

革命性降低成本就用 VAVE / 192

VAVE 的正确打开方式 / 194

战略落地的研发工作节奏 / 196

第五节　供应链工作剧本 / 199

中小企业的供应链管理 / 200

关于供应链工作剧本 / 202

品类管理 & 供应商策略 / 204

挖掘采购降本的金矿 / 206

用组合拳做 JIT 物料管理 / 208

第六节　生产运营工作剧本 / 211

关于生产运营工作剧本 / 212

中小企业的生产运营工作剧本 / 214

生产运营工作剧本 / 216

计件制的五大问题 / 218

通往计时制的五大障碍 / 220

解决五大障碍的工具箱 / 222

计件转计时的实现路径 / 224

第七节　质量工作剧本 / 227

质量全景图 / 228

关于质量工作剧本 / 230

质量的第一支柱——管理关注 / 232

生产的过程质量控制 / 234

客诉问题的追踪和解决 / 238

关于质量成本的那些事儿 / 242

第八节　人力资源工作剧本 / 245

关于人力资源工作剧本 / 246

人力资源工作剧本 / 248

中小制造企业典型组织架构案例 / 250

玩转 KPI / 252

培养战斗团队——胜任力与发展计划 / 254

战略落地的人力资源工作节奏 / 256

第九节　财务工作剧本 / 259

关于财务工作剧本 / 260

财务工作剧本 / 262

做好业务的伙伴 / 264

做好销售业绩分析 / 266

促进销售业绩达成 / 268

降本增效 / 270

现金流管理 / 272

第十节　投并购与整合工作剧本 / 275

中小企业的投并购与整合工作剧本 / 276

关于投并购白皮书 / 278

投并购白皮书 / 280

投后整合的 12 个要素 / 282

附　录　赋能式经营工具索引 / 285

改善活动 / 286

战略部署 / 288

战略优先改善事项行动计划 / 290

PSP / 292

营销日常管理 / 294

核心客户管理 KAM / 298

营销作战室 / 300

供应链采购降本漏斗 & 项目计划 / 302

财务角度的销售业绩分析 / 304

后　记　/ 306

第一章

丹纳赫经营之道

第一节
丹纳赫诞生的经济和商业背景

滞胀时代

2013年，我和一些企业家朋友到以色列考察创新。一位正统教派的拉比跟我们说，犹太人之所以显得与众不同，很大程度在于他们的思维方式。所有人看到的信息其实都是一样的，那些能够获得洞见的少数人只是把信息放到不一样的时空并且配以不一样的角度来观察。我们今天研究丹纳赫的赋能式经营，核心目的也在于帮助中国中小企业在高质量发展新时期找到一些镜鉴，开拓自己的世界。

深入理解20世纪七八十年代全球和美国经济走向这个大背景，我们就能把丹纳赫的真义看得更明白。

在西方传播的历史观里面，美国自从1890年前后成为世界第一工业大国以来，大力推进自由市场经济发展，用资本的力量推动科技创新，经济高歌猛进，生产力高度发达，一路摧枯拉朽，以自身经济实力拖垮了苏联，一举赢得了冷战。

但真实的情况是，当时的美国经济形势实在险象环生。

美国深陷越战泥潭，国内反战运动激烈，日本、德国等战后复兴工业体对美国制造持续赶超，1969年美国经济出现负增长。

为了刺激经济配合总统连任，美联储主席伯恩斯于1971年5月采取货币宽松政策，紧随其后的是美元大跳水，黄金价格飙升，各国纷纷抛售美元兑换黄金、德国马克和日元，8月15日尼克松突然发表电视讲话，单方面宣布美元跟黄金脱钩，脱离布雷顿森林体系。

为控制美国物价，尼克松政府下达行政命令，要求冻结工资，进而冻结物价。

1972年在冻结工资的前提下，通胀指数还是达到3.2%。

1973年的物价则像脱缰的野马开始狂飙，1973—1975年通胀指数分别是6%、12%、9%，1978—1980年单月通胀指数突破11%、13%、14%，仅1973年各种禽类和肉类价格整体上涨25%，鸡蛋价格在一年内上涨了接近50%。在这一年里，尼克松政府为遏制汹涌而来的通货膨胀，进一步强化冻结物价的行政手段，后果是农场主们纷纷罢市，更有甚者，德州一个农场主在电视摄像机前，把自己饲养的数万只活鸡直接淹死。理由很简单，政府限制物价，又不给补贴，直接杀死填埋的成本都好过运到市场销售。一时间超市的货架空空荡荡，美国人民体验了一把短缺经济的苦涩。10月，第四次中东战争爆发，为报复美国对以色列的支持，沙特联合石油输出国减产，宣布对美国石油禁运，国际油价一夜之间涨了4倍。

输入型通胀让美国经济雪上加霜：1974年美国GDP下降0.5%，物价上涨12%；申请失业补助人数创下新高，失业率达到9%；资本市场震荡不已，标准普尔500指数跌去43%。

美国经济前所未有地跌入滞胀时代，简单说就是传统的用财政政策和货币政策刺激经济的手段失灵了，不管政府怎么放水，GDP就是不好好涨，通货膨胀率就是压不下来，而失业率持续攀升，总体经济不及预期，甚至出现负增长。

1976年卡特当选为美国总统，黄金价格已经涨到每盎司850美元，而在5年前，黄金的法定兑换价格是每盎司35美元，美元的世界货币地位被前所未有地撼动。

如果不是一个人的出现，给美国经济下了一剂"猛药"，后面的冷战结局还真是未可知。

这个人就是新上任的美联储主席保罗·沃克。他在1980年把联邦基金利率从5%拉到12.5%，但没有达到预期效果。他无视企业倒闭、房地产崩溃、股市暴跌、失业率攀升和工会抗议，1981年更是直接把利率升到21%。

1982年，通胀这只猛兽终于被驯服了，下降到3.2%，80年代后半期，对沉疴下猛药带来转型升级的新动能，美国IT技术、半导体芯片技术、生物技术和核电技术迎来"井喷"，美国经济产生结构性变化，走出泥沼迎来新生。

滞胀期间，美国的传统制造业走到了一个分水岭，这也是美国产业空心化的真实原点。此时的中美关系还处于正常化过程中，熬不住的制造业只能往日本、亚洲四小龙和东南亚方向外迁。今天美国的铁锈地带和去工业化、中低端制造业外迁在某种意义上就是治疗滞胀经济的后遗症。

传统制造业不是高利润行业，哪里能长期经得起百分之十几的资金成本？留在美国本土的大量中小制造企业持续亏损、面临倒闭、工人失业、融资困顿、发展乏力，亟待重组。

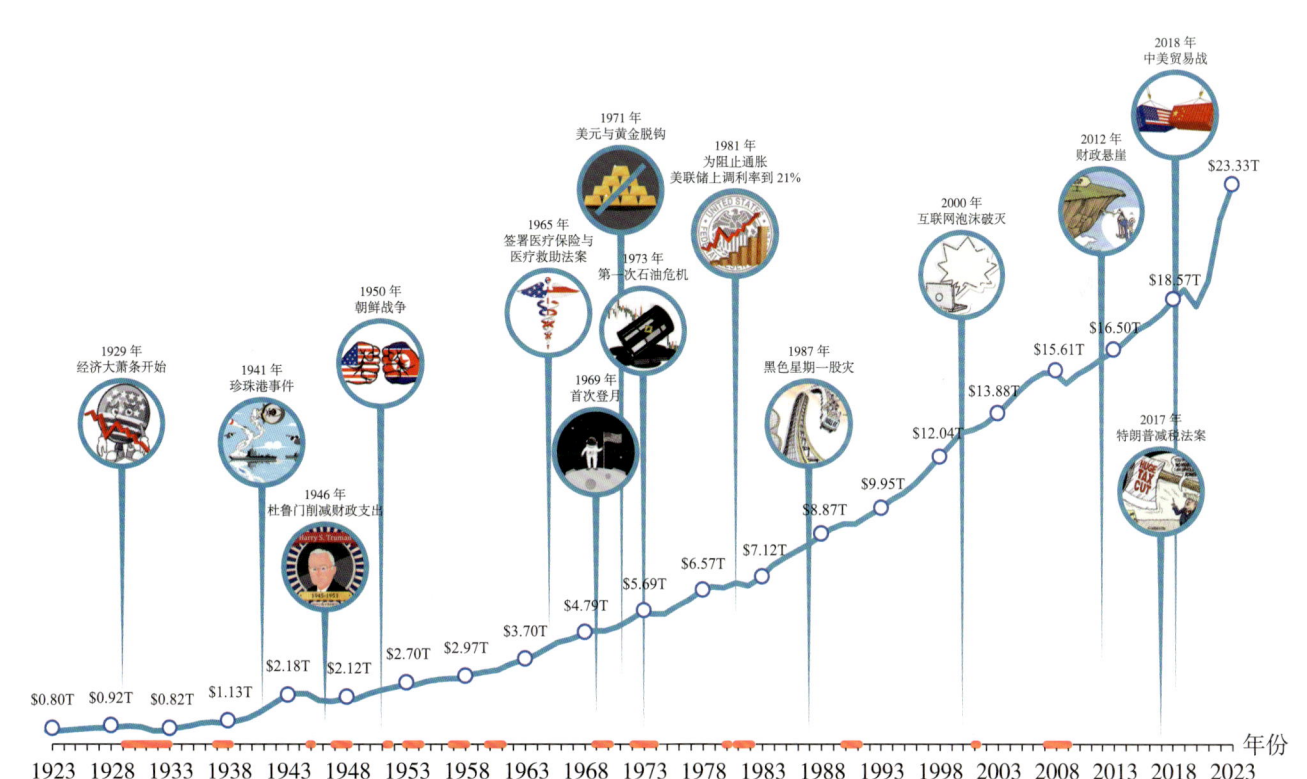

"垃圾债券"

所有的危局中都蕴含着机会,别人看到的是乌云,可有人就能穿透乌云看到阳光。迈克尔·米尔肯和他的"垃圾债券"时代降临了。

前文提到保罗·沃克在治理滞胀的过程中,迅猛提升利率水平,各行各业都感受到疾风骤雨。传统银行和证券服务机构更加关注大型公司蓝筹企业,因为它们既有体量规模,也有足够的抵押物,在经济的波动期更被金融机构青睐。中小企业就没有这么幸运了,融资一旦断链,经营活动就得停滞,这就出现了一个巨大的金融创新机会——"垃圾债券"。

"垃圾债券"这个词具有误导性,它的准确提法应该是高收益债券,实际上指的是那些按照穆迪、标准普尔这些投资评级机构的评价口径,难以获得高评级甚至根本不具备评级资格的中小企业,它们在非公开发行市场为吸引投资者而给出的高利息债券。这些企业多数是收入规模在1亿至3亿美元之间的中等规模企业。富贵险中求,谁能慧眼识珠,谁就有机会获得超级回报。迈克尔·米尔肯显然是垃圾债券市场高水平的淘金人,他所奉行的投资信条是"资本从不稀缺,缺少的是远见卓识"。

米尔肯1946年出生于加州一个犹太人中产家庭,1964年进入加州大学伯克利分校,1968年进入东

我的经验，大多数拥有巨大财富的人，其实并没有把积累财富作为他们的目标。财富只是副产品，而不是最初的动机。

——迈克尔·米尔肯

部的宾夕法尼亚大学沃顿商学院攻读硕士，主修工商管理课程。他在校期间就开始为投资者管理一些低评级债券投资组合。为赢得客户的信任，他承诺如果投资成功，自己分走50%利润，如果失败，则承担100%的亏损。其胆量可见一斑。

当时伯克利分校有一位希克曼教授，在长期追踪1900—1943年所有公司债券数据后，得出一个重要结论：同高评级债券的组合相比，对低评级债券进行多元化长期投资的回报率更高，简而言之，垃圾债券在理论上可以收益大于风险。这一理论深深打动了米尔肯，也让他笃信自己的职业生涯一定会跟这一独特的金融产品紧密关联。

1970年，米尔肯进入德雷克塞尔公司。这是一家有百年历史的老牌证券公司，但由于一直用主流的方式做着蓝筹大客户的生意，又缺乏像第一波士顿、美林、摩根士丹利和所罗门兄弟公司的嗜血搏杀，业务总体每况愈下。米尔肯的到来彻底改变了这家百年老店的命运。

米尔肯强烈建议公司关注高风险收益类债券，说服高层设立了此类债券的专职买卖部门，他当仁不让成为这个部门的顶梁柱。1970年夏天，德雷克塞尔公司在华尔街率先发布可转换债券和高收益债券的列表和评论：他组建专门团队逐一拜访投资人，兜售"垃圾债券"投资理念，帮助他们定价，展开交易，而公司再把这些人变成"垃圾债券"的分销人，相当于打造出"垃圾债券"的分销渠道。

事实证明，米尔肯是对的，经他推荐的"垃圾债券"年化收益率达到了惊人的50%。

短短6年时间，德雷克塞尔公司创造出400亿美元的市场规模，成为市场的垄断者，米尔肯也被称为"垃圾债券之王"。

当越来越多的竞争对手回过味来，纷纷抢购市场上的"垃圾债券"时，米尔肯更进一步，开始为中小企业发行"垃圾债券"，鼓励他们用高杠杆去并购体量大得多的大公司，开启了蛇吞象的"杠杆收购"浪潮，这也被称为美国第四次并购浪潮。米尔肯的经典之战是KKR竞购纳贝斯克，在总计250亿美元的收购价里，竞购胜出者仅出资1500万美元，其余大部分资金来自米尔肯发行的"垃圾债券"。

1977—1987年，米尔肯筹集到超过930亿美元，德雷克塞尔公司在"垃圾债券"市场上承销规模达到2000亿美元。

"垃圾债券"

由此，米尔肯以"垃圾债券"市场为依托，形成了独特的商业模式。左手是各类出资人，包括小型储蓄机构、保险机构、信托机构和独立投资人；右手则是大量需要融资的中小规模企业、套利者，以及米尔肯认可的具有企业家精神、敢于以小博大的"野蛮人"。米尔肯已经不再满足于赚取债券发行的有限利润。他领导的高收益债券团队，名义上操持的是债券，实质上做的是附带求偿权的风险投资和并购整合。

米尔肯随后把主要精力放到杠杆并购中，有善意并购（并购后继续与管理层保持合作）、恶意并购（以解散管理层、分拆资产、攫取现金为主要目的），乃至"绿票讹诈"（大量买入标的公司股票，以收购威胁公司回购）。他所涉及的行业几乎是全领域的，有制造、金融、博彩、娱乐、医疗、体育、文化、能源、地产、科技，其中还包括为特朗普家族的商业地产项目发行高收益债券，简直是来者不拒。

米尔肯身居整个网络的中心，长袖善舞，连续多年在比弗利山庄召开"猎食者盛宴"，数千名投资人、企业家、并购专家和债券发行人的饕餮盛宴堪称当时美国金融圈的一大奇观。

丑闻在巅峰时期开始发酵，米尔肯被举报大量卷入内幕交易、操纵股价、欺诈和违反证券法其他规定。

1988年9月，证券交易委员会起诉德雷克塞尔公司和米尔肯等人。其中的一些证据指向：米尔肯等人一边利用客户的信息不对称低价买入债券，转手卖给经营团队，再兜售给外部套利者，最后由德雷克塞尔公司回购；在帮助发行"垃圾债券"时隐匿谈判大量认股权证和股票，由代持账户控制，在杠杆收购过程中左右其手，大获其利。

1946年	1964年	1968年	1970年	1976年
米尔肯出生	进入加州大学伯克利分校	进入沃顿商学院攻读硕士	进入德雷克塞尔公司工作	被称为"垃圾债券之王"

1989年10月,"垃圾债券"市场崩溃。

1990年2月,德雷克塞尔公司申请破产保护。

1990年4月,米尔肯接受检察官提出的6项重罪指控,被判处10年监禁,实际入狱22个月,赔偿和罚款总计11亿美元,终身禁止从事证券业。

历史尘埃飘散之后再看米尔肯,有两种截然不同的评价。

一种观点认为他是没有底线的罪犯。被杠杆收购盯上的公司即便幸存,也往往受到沉重打击。数以千计的工人失业,许多公司债务缠身,利润被用来支付高昂利息,有些公司被迫破产或重组,债券持有者和股民损失惨重。

另外一种观点认为米尔肯具有革命者思想。他藐视那些职业经理人实现了内部人控制的恐龙大公司。他深信只要给予财务资源,中小企业可以开拓美国经济的新边疆。他帮助那些有企业家精神的人实现梦想、控制大公司、整合产业,激活了僵化的经济,也让资源跟着效率流转,在重组与整合过程中加速了美国产业的自我更新、实现了对劣币的驱逐。

无论人们怎么评价米尔肯,有一点可以肯定,丹纳赫一定从他和德雷克塞尔公司身上吸取了时代的经验和教训。

1987年

1977—1987年筹集
到超过930亿美元

1988年

被证券交易
委员会起诉

1989年

"垃圾债券"
市场崩溃

1990年

米尔肯
入狱

丹纳赫的诞生

丹纳赫创始人斯蒂文·雷尔斯（Steven M Rales）和米切尔·雷尔斯（Mitchell P Rales）所属的雷尔斯家族是另一个励志的犹太家庭。他们的父亲诺尔曼·雷尔斯（Norman R Rales）幼年丧母，曾被寄养在纽约的希伯来孤儿院，从社会底层一名销售员做起到创立自己的公司 Canyon Stone，闯进家居装修行当。1965 年，诺尔曼预见到华盛顿特区的蒸蒸日上，带着妻儿搬到马里兰州蒙哥马利县的贝塞斯达。这里相当于华盛顿的后花园，5 万多人口里有 86% 是白人，亚裔占 8%，非洲裔占比不到 3%，教育环境十分优越。诺尔曼在此创立了中南建筑供应链公司（Midsouth Building Supply Company），成为一家区域性龙头企业。该公司相当一部分股权出售给了员工，据说这是美国商业史上最早一批有交易的员工持股计划。诺尔曼把业务向土地开发和分时度假拓展，也取得不错的回报。

父辈奋进的商业生涯无疑极大激励着孩子成长。

斯蒂文生于 1951 年，米切尔生于 1956 年，他们都就读于沃尔特·惠特曼高中。这是马里兰独具盛名的中学，它不仅鼓励学生们取得学术成绩，还特别激励他们追求卓越，培养领导能力，为社会作出积极贡献。

斯蒂文 1973 年本科毕业于印第安纳州的美国顶尖文理学院迪堡大学，后又回到华盛顿特区就读美利坚大学，获法学硕士学位。米切尔则在俄亥俄州迈阿密大学的法默商学院读了本科。

1978 年，兄弟俩同时毕业，进入父亲的企业。可短短一年后，他们就选择了离开，追求自己独立的商业梦想。

1979 年，斯蒂文和米切尔创立的公司叫证券集团控股（Equity Group Holding）。证券集团控股要干的大事，就是要借助"垃圾债券"，作为收购的杠杆和武器，向房地产之外的制造业新天地进发。

事后看来，20 多岁的雷尔斯兄弟真是浑身是胆，他们没有制造业经验，手头资金也十分有限，居然敢于一猛子扎到高杠杆并购整合的未知领域。

1981 年，斯蒂文和米切尔小试牛刀，并购了盾大师公司（Master Shield）。这是一家位于得克萨斯州

1978 年
进入父亲的企业工作

1979 年
成立创业公司证券集团控股

1981 年
并购盾大师

的乙烯基壁板制造商,市值不到 1000 万美元,也是诺尔曼供应链公司的一个客户。1982 年,他们又用了自己的 200 万美元和发行高收益债券融得的 9000 万美元,并购了位于俄亥俄州的莫霍克橡胶公司。

1983 年,雷尔斯兄弟获得了一家实质上破产的房地产信托基金 DMG 的控制权。倒不是要重返房地产业,而是利用 DMG 账面上超过 1.3 亿美元的税损结转来帮助制造企业做纳税筹划。随后剥离 DMG 传统房地产业务,把盾大师公司和莫霍克橡胶公司并入 DMG。

1984 年,公司改名丹纳赫(Danaher),这个名字源于蒙大拿西部一条大河支流,也是著名钓场。Danaher 的字根"Dana"在古老的凯尔特语中,寓指"急流"和"灵动",既有奔腾不息不断向前的勇气和不断改善的品质,也指一种空灵的精神状态和追求灵活快速的创新。

在这里,他们描绘出未来工业企业理想的景象:利润率非常重要,它可以从经营能力和财务杠杆能力两端获取;现金流也非常重要,不仅支撑企业壮大,还必须覆盖杠杆所带来的债务。

没有任何证据显示丹纳赫的创始人曾经出席过比弗利山庄的"猎食者盛宴",但我绝对相信他们曾一遍一遍聆听过米尔肯"感知和现实"的主题演讲。

米尔肯一再告诉听众,资本并不稀缺,稀缺的是远见卓识。今天美国的最大挑战是金融系统的守旧陈腐和不愿变革,最大的低效是那些被巨型公司控制的过剩资本。过剩资本不是力量,反而会增加失败的可能性。"垃圾债券"推动的是管理层更换,要找到那些愿意冒险,愿意为股东担起责任,具有远见卓识的人。他说,在这个国家,至少应有 500 人拥有 10 亿美元资产,这就是我们要着力争取的目标。

斯蒂文和米切尔不仅见证了偶像的上升,也在随后的 5 年时间里看到了故事的结局。

年轻的丹纳赫创始人不会无动于衷,我想他们得到的最大启示一定是,要隐身在公众的视野之外,深深扎入产业的峡湾,在没有群众注视的舞台灵动起舞。要自始至终关注现金流,获取能带来现金利润的可预测收入。要拥有企业家精神的经验丰富的管理团队,在合规的前提下,相信团队能推开未来的大门。

出色的业绩

丹纳赫在过去 40 年的时间里给投资人、股东、员工和客户都创造了巨大价值。无论是投资回报率，还是经营业绩指标，都交出了令人惊叹的答卷。

1984 年成立的时候，两家被收购企业汇总的销售额为 1 亿美元，利润 1000 万美元。2022 年丹纳赫集团的总营收接近 315 亿美元，净利润超过 72 亿美元。丹纳赫及旗下其他上市企业的总市值已经超过 2000 亿美元。

图中可以看到，从 5 年期的投资回报率来看，丹纳赫大约是 158%，比标准普尔 500 指数给投资人带来的回报率多出约 51%；从 10 年期的投资回报率来看，丹纳赫大约是 369%，比标准普尔 500 指数给投

投资	丹纳赫
5 年期	158%
10 年期	369%
25 年期	2629%

1998 年 12 月　　　　2003 年 12 月　　　　2008 年 12 月

数据来源："Danaher 2023 Overview"，https://investors.danaher.com/overview。

第一章　丹纳赫经营之道　014 / 015

资人带来的回报率多出 158%；从 25 年期的投资回报率来看，丹纳赫大约是 2629%，比标准普尔 500 指数给投资人带来的回报率多出约 2111%。

连续 30 年优秀的投资回报表现，得益于丹纳赫一套底层的经营逻辑，也就是丹纳赫的业务飞轮。

标准普尔 500 指数	差异
107%	51%
211%	158%
518%	2111%

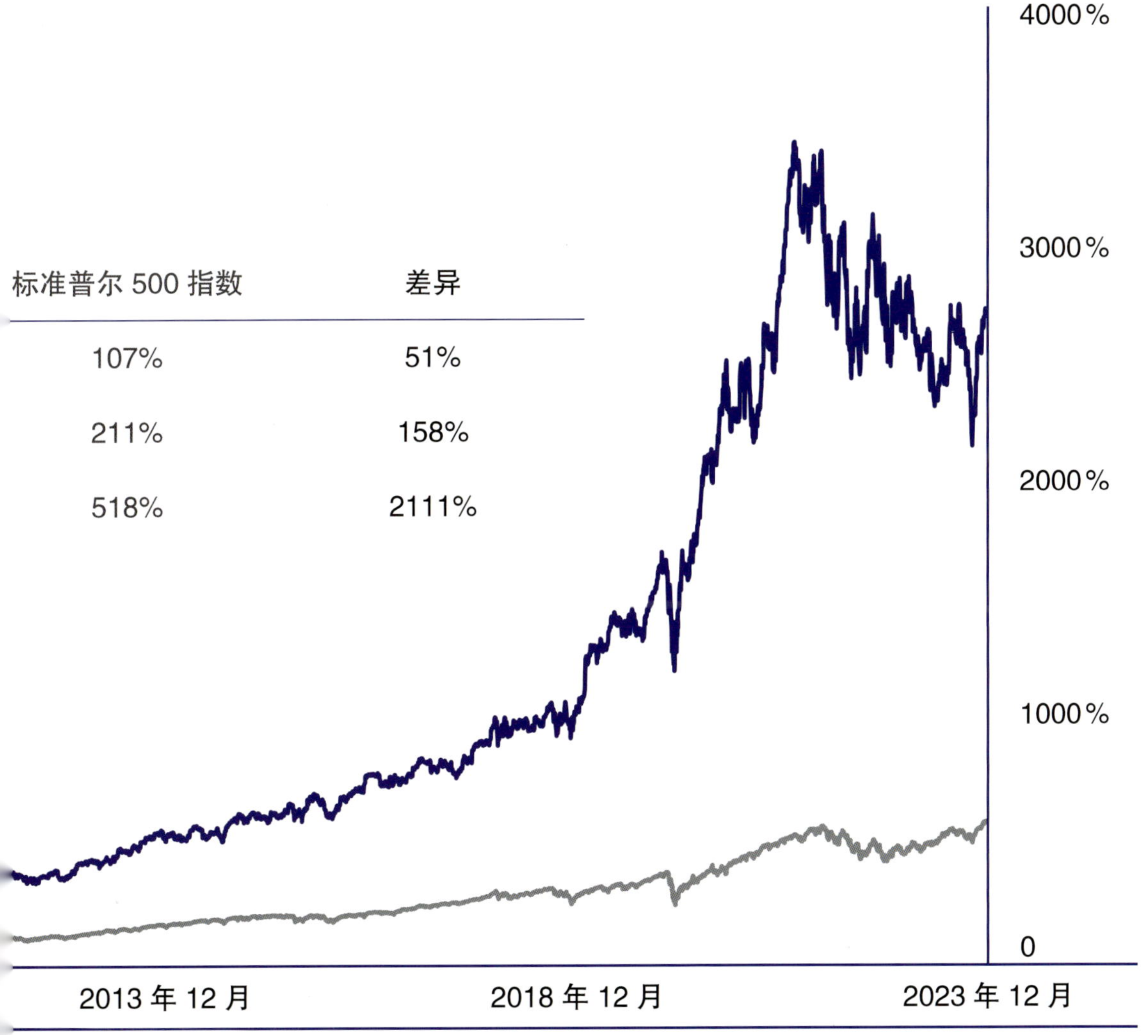

业绩持续增长的业务飞轮

第一章　丹纳赫经营之道　016/017

　　丹纳赫持续增长得益于一个闭环的业务飞轮。当业务飞轮实现闭环后，每一个平台和业务单元，都按照业务飞轮实现自循环。飞轮越转越快，实现加速增长。

　　通过业务组合优化、营销模式创新，驱动核心业务（指老业务和并购进来超过一年的业务的销售额）的长期稳定增长。

　　通过差异化产品定位、持续的研发创新投入，市场及品牌建设取得高毛利。同时不断优化成本结构（提高营销和研发费用，降低一般管理费用，持续降低主营业务成本），驱动营业利润率提升。

　　通过营销渠道策略、供应链管理、精益库存管理，释放强劲自由现金流。

　　有了营业利润率提升和强劲自由现金流的支撑，通过并购实现赛道迁移和高速外延式增长。

　　在并购企业导入DBS体系。从价值观、经营方式到领导力，让被并购企业迅速融入业务飞轮，并实现自循环。

核心业务增长

从 20 世纪 90 年代开始的 30 多年时间里，丹纳赫的主营业务收入几乎每年都保持向上增长的势头（2009 年次贷危机期间，核心业务曾出现过 15% 的下降）。其中，核心业务的年增长率大约在 5%，并购业务带来的年增长率约为 9%。这种长期的稳定增长，一方面得益于赛道和业务组合的持续优化，即不断寻找高增长的市场，调整业务结构，另一方面得益于营销模式的创新和多年持续推动。

除了总体销售额外，丹纳赫非常关心另一个关键性业务指标——复购业务占比，即核心业务中复购类业务销售额的比例。这个比例从 10 年前的约 45%，稳步提升到现在的约 80%。这是丹纳赫推行的"设备 + 耗材"业务模式转型成功的关键标志。

另外，丹纳赫持续通过 Spec'd in（技术方案 / 规格植入），推动了仪器设备的销售。高的仪器设备市场占有率，又驱动了耗材的销售，以及延保服务的销售。

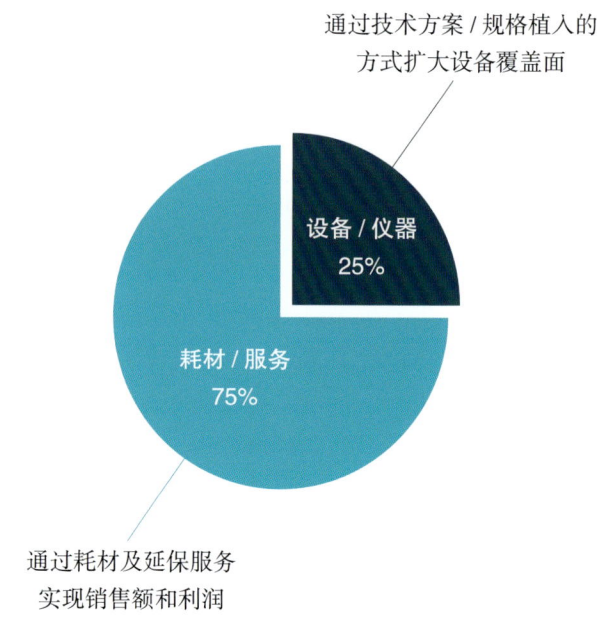

丹纳赫今天的销售额构成

通过技术方案 / 规格植入的方式扩大设备覆盖面
设备 / 仪器 25%
耗材 / 服务 75%
通过耗材及延保服务实现销售额和利润

	20 世纪 90 年代	2000 年	2010 年
total revenue 销售额	8 亿美元	38 亿美元	130 亿美元
adjusted gross margin 毛利率	28%	39%	50%
recurring revenue 复购销售额	—	—	—
net profit 净利润	0.1 亿美元	3 亿美元	18 亿美元
free cash flow 自由现金流	—	4 亿美元	19 亿美元

第一章　丹纳赫经营之道　018 / 019

丹纳赫的销售是典型的"剃须刀 + 刀片"的模式

以成本或低利润价格销售

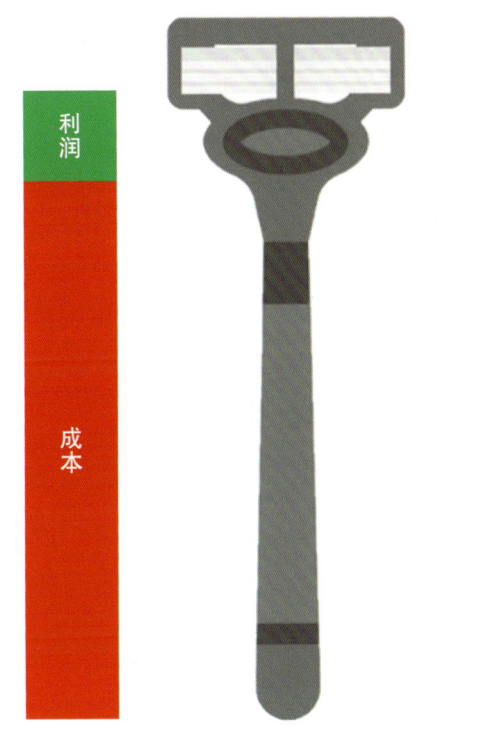

以极高利润价格销售

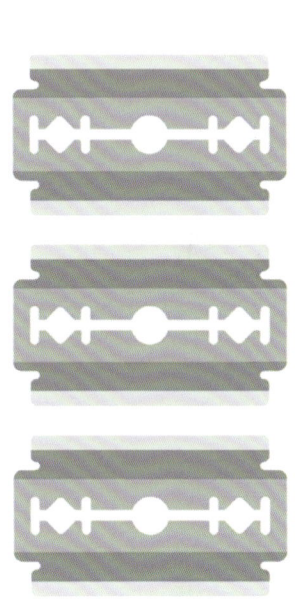

2015 年	2018 年	2020 年	2024 年
210 亿美元	200 亿美元	220 亿美元	350 亿美元
53%	56%	58%	60%
45%	70%	72%	80%
26 亿美元	26 亿美元	36 亿美元	80 亿美元
33 亿美元	34 亿美元	54 亿美元	104 亿美元

利润扩大

在持续增长的过程中,丹纳赫不走"以价换量""追求规模效应"的常规路径,而是在销售额持续增长的同时追求利润率的提升。利润率的提升源于毛利率的持续提升,以及成本结构优化。

在经营中,毛利率是企业定价权的代名词,拥有高毛利率的企业意味着有某种意义的产品定价权。因为高毛利率说到底是客户对企业核心竞争能力给出的溢价,客户愿意接受相对高价格以获取竞争对手难以提供的价值。丹纳赫从 20 世纪 90 年代低于 30% 的毛利率,一路向上,到 2020 年后毛利率突破 60%。这充分说明丹纳赫在持续做对的事——进入更高毛利率的产业赛道,同时也揭示在大多数的业务单元,丹纳赫都拥有独特的定价权,而这种权力背后是持续提升的能力在支撑。

为了实现毛利率的持续提升,丹纳赫采取了两个措施。一方面,做产品的差异化定位,给客户创造更多价值,避免价格战;同时,在研发和创新方面持续投入,不断开发出好产品,迅速占领市场。表现在研发费用的持续投入(占比从 3% 逐步提高到接近 7%),以及 DBS 体系中创新工具的持续增加和迭代。另一方面,在营销方面加大投入,通过多种方式加强品牌建设,根据细分市场特点制定不同的价格策略,重视对销售价格进行管理。

有意思的是,随着毛利率的不断提升,虽然净利率也在持续提升,从 20 世纪 90 年代约 10% 拉升到 2020 年代近 30%,但毛利率和净利率之间的差距值从 20% 放大到了 30%。这也充分反映丹纳赫的长期主义经营理念:选对赛道,做那些有定价权的生意;赢得比赛,靠管理团队的持续努力。因此在管理费用、研发费用和营销费用的投放上,并不是一味地节省,而是要保持合理的投入结构,确保整个公司毛

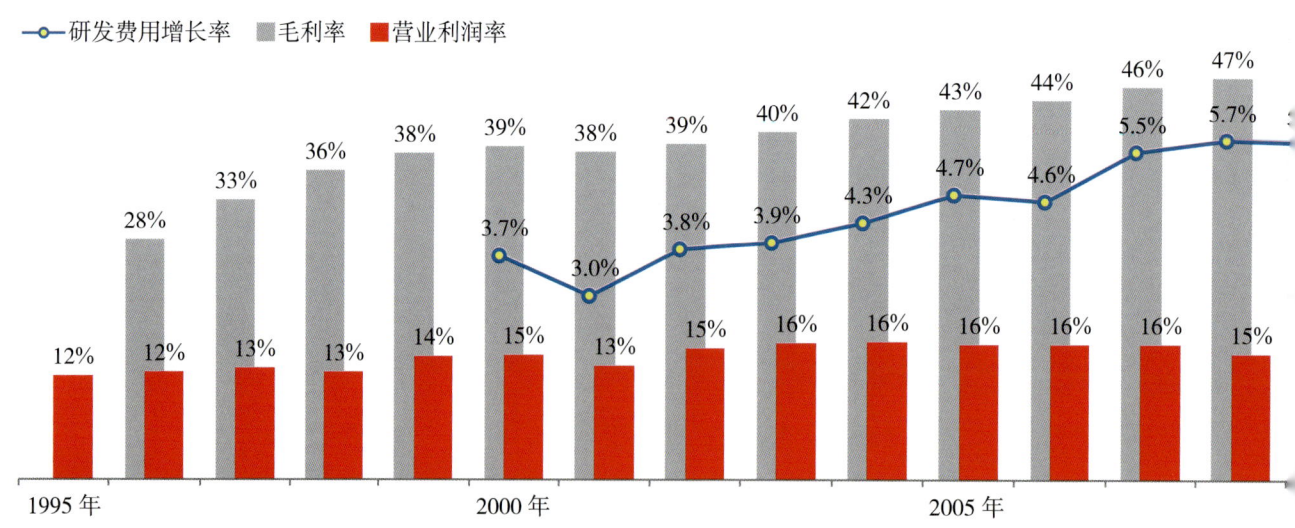

利率显著优于行业平均水平，净利率略高或持平于行业中等水平，这是有助于保有长期竞争优势的重要结构。

而在研发费用、营销费用和管理费用之间，丹纳赫又非常关注三者间的结构。总体来说，是要在研发费用和营销费用上加大投入，而尽可能降低管理费用占比。经营上的这一逻辑，也反映在丹纳赫选择并购的标的上。丹纳赫更愿意并购那些毛利率相对优良，而管理费用居高的对象。这样在并购并纳入丹纳赫的经营体系后，可以更快地释放出利润。

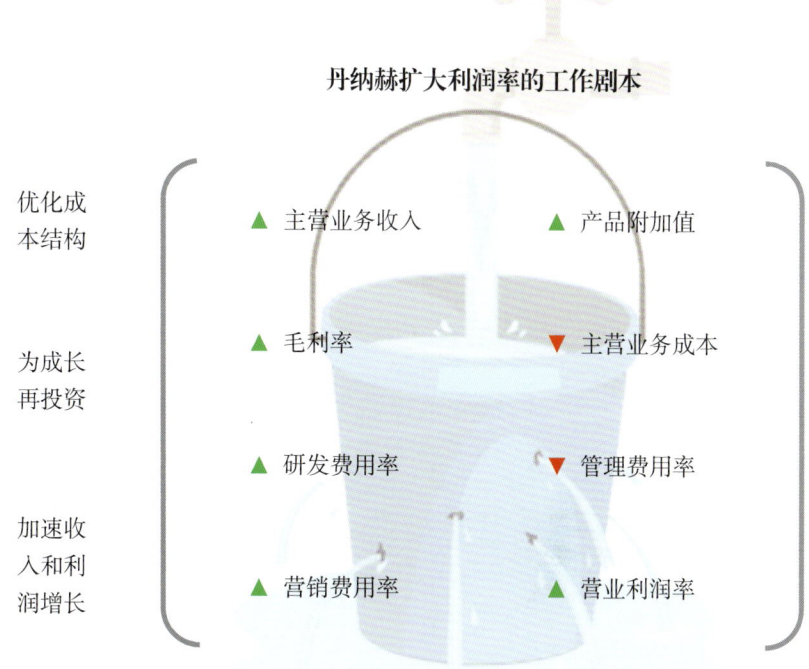

丹纳赫扩大利润率的工作剧本

优化成本结构	▲ 主营业务收入	▲ 产品附加值
为成长再投资	▲ 毛利率	▼ 主营业务成本
	▲ 研发费用率	▼ 管理费用率
加速收入和利润增长	▲ 营销费用率	▲ 营业利润率

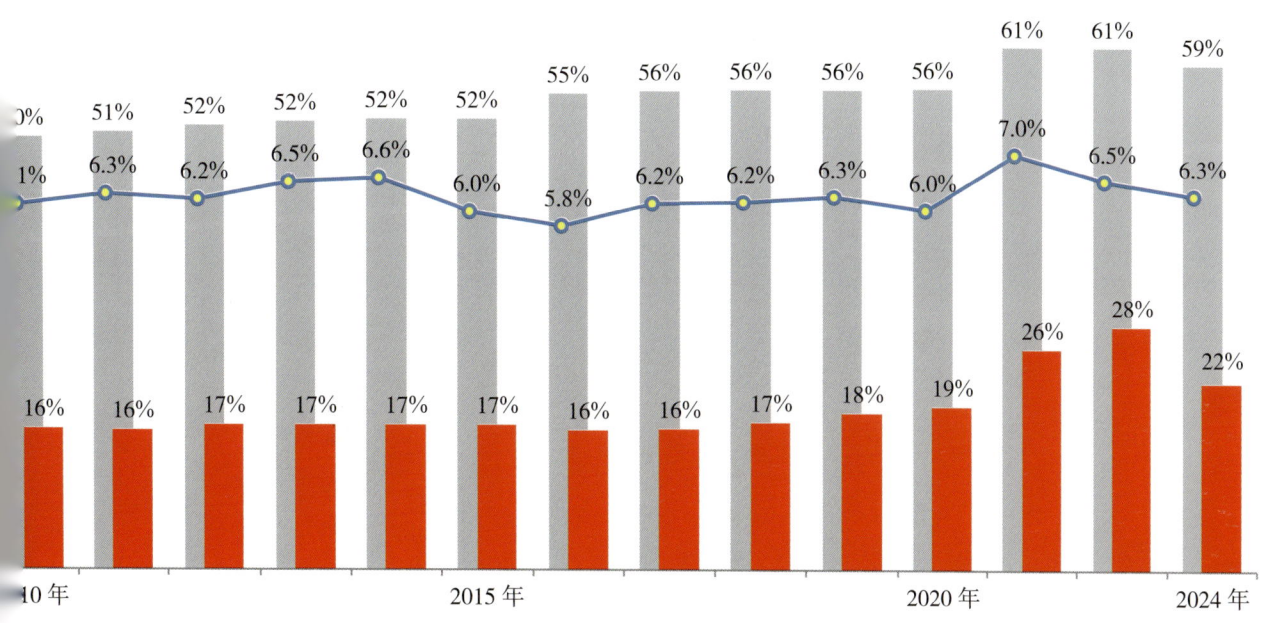

强劲自由现金流

资金蓄水池的水位持续升高

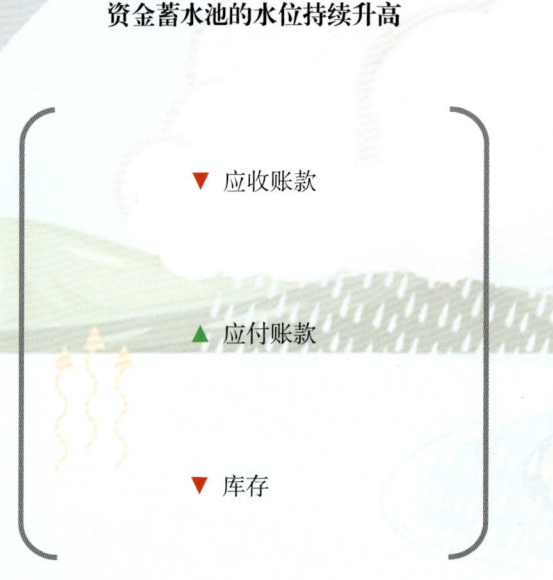

▼ 应收账款

▲ 应付账款

▼ 库存

连续 32 年自由现金流大于净利润

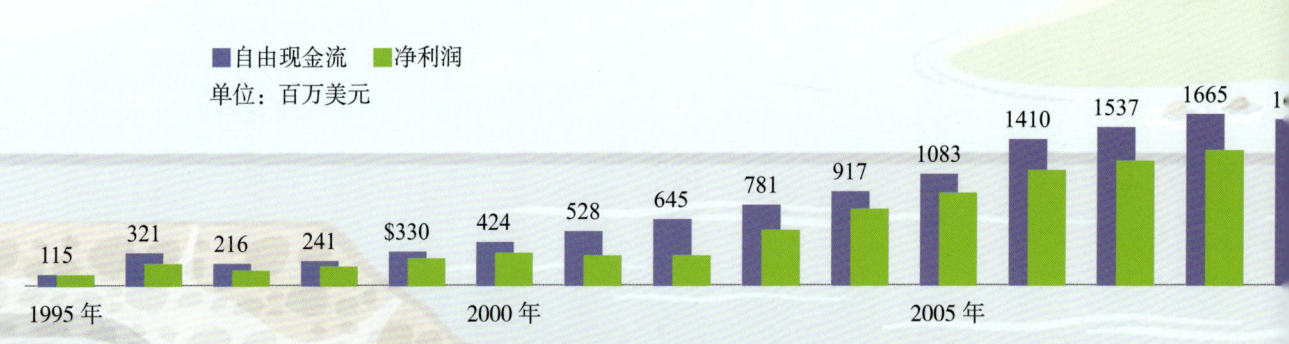

■ 自由现金流   ■ 净利润
单位：百万美元

115　321　216　241　$330　424　528　645　781　917　1083　1410　1537　1665

1995 年　　　　　　　　　2000 年　　　　　　　　　2005 年

与销售额和利润增长相比，最难得的是自由现金流。在中国资本市场能实现大量自由现金流的上市公司并不多见。因为大量应收账款的存在，企业也许有账面利润，但实际并不能产生真正的经营现金流，更不用说扣除资产性投资的自由现金流。

丹纳赫在经营期内始终保持自由现金流高于净利润。截至 2023 年，丹纳赫连续 32 年实现自由现金流高于净利润，每年的自由现金流和净利润的比例维持在 1.2 左右。对带来自由现金流的基础业务收入付出极大关注，始终保持手有余粮的从容状态，这是难能可贵的。

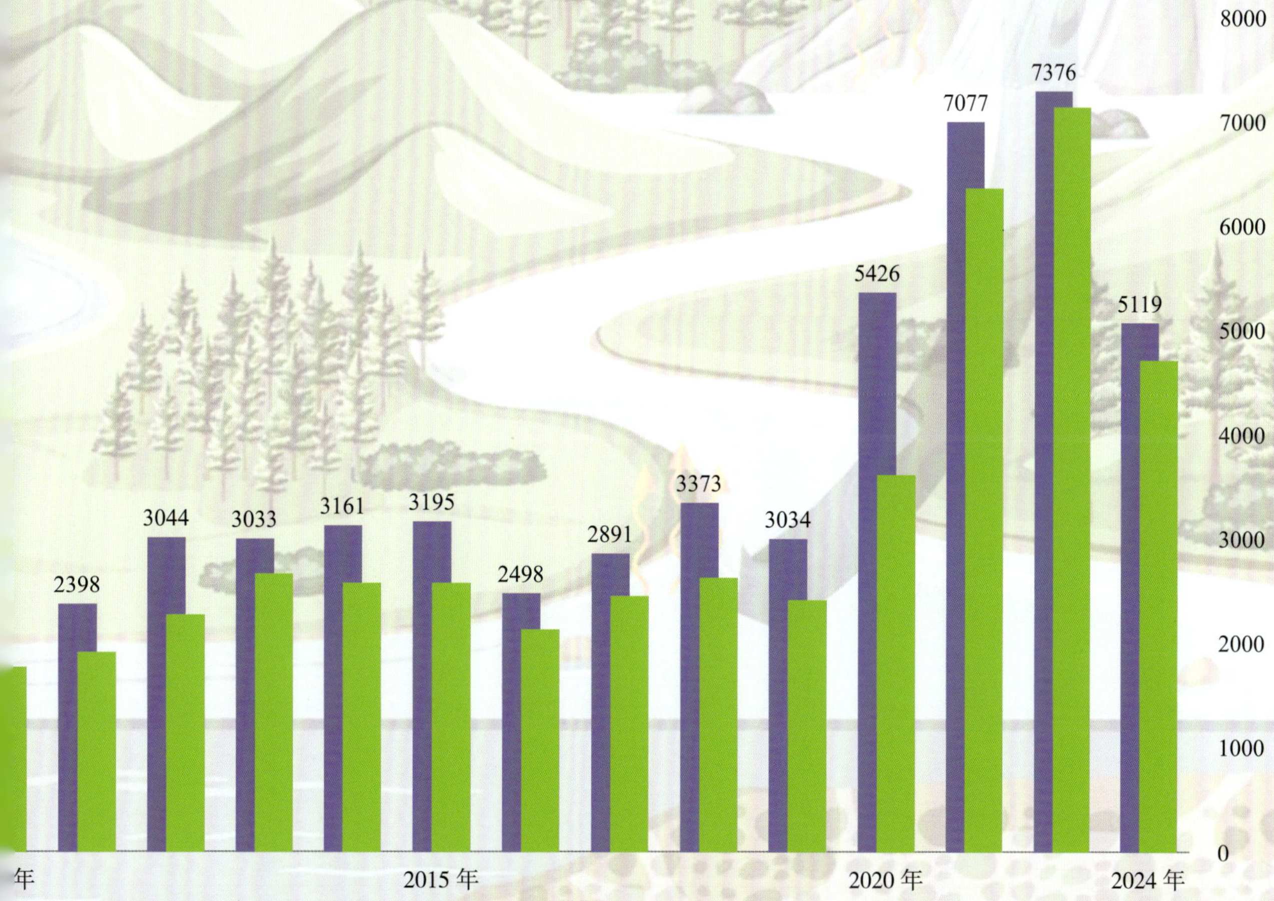

并购

我们统计了自 1990 年起,丹纳赫每一年的销售额中核心业务以及并购业务占比。可以看到,丹纳赫保持着核心业务和并购业务的同步增长,增长曲线趋于一致。这个图形很有价值,揭示了丹纳赫的并购整合和内化能力。它是以核心主业持续增长作为并购发力的基础,同时确保并购业务的成功率,也快速纳入正常增长轨道,使得原有核心业务和新纳入增量业务都能稳步向前,而不需要花原有业务的资源去补贴新纳入业务,或者停下脚步来消化新增业务。这展示出丹纳赫强大的系统赋能能力,可以同时统筹兼顾多个业务单元的快速增长。

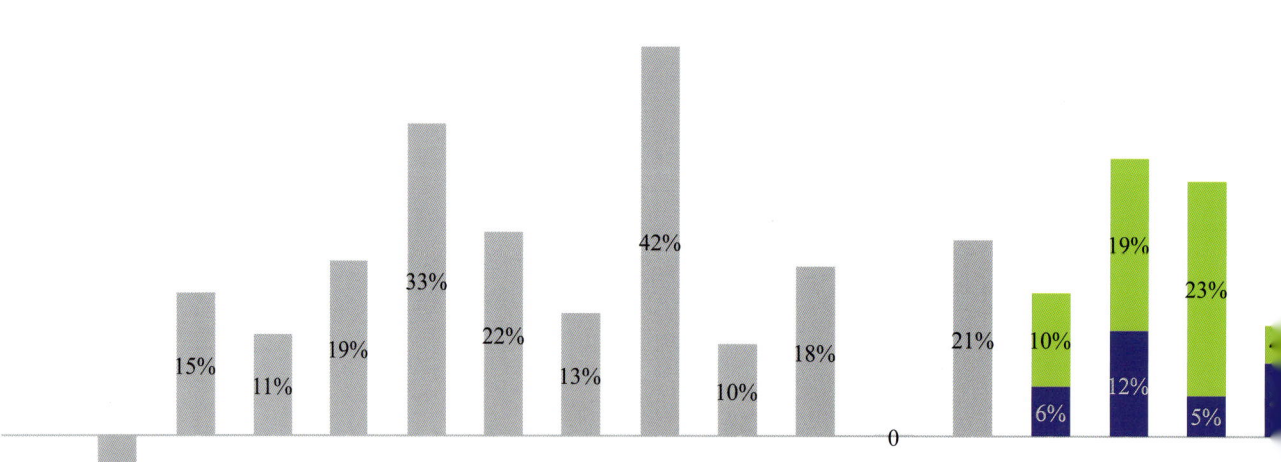

核心业务与并购业务增长贡献

并购业务对增长的贡献，在大多数年份是高于核心业务增长贡献的。在少数几个年份，比如 2009 年次贷危机期间，核心业务一度出现 15% 的下挫，但并购业务依然保持增长。历年的并购业务几乎没有出现负增长的记录，充分显示丹纳赫在 20 年跨度的时间单位里以并购作为业务拓展的主要手段，不仅善于吃下新目标，也同样善于把并购标的迅速导入增长正轨，擅长在飞行中换引擎，很好地驾驭并购中的变革管理，始终保有很高的并购整合成功率。

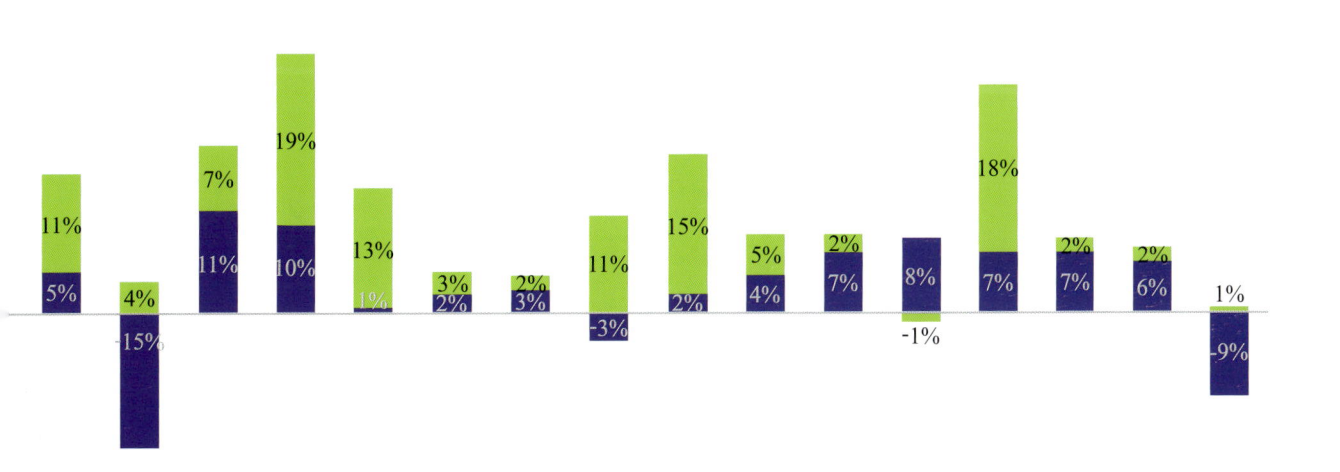

导入 DBS 体系

DBS 是丹纳赫的核心竞争力，也是丹纳赫与大部分世界 500 强企业的差异化撒手锏。没有 DBS 体系，业务飞轮就无法闭环。毕竟，通过持续并购进行增长的企业有很多，但是持续并购、持续成功的企业凤毛麟角。而这个持续成功，也是丹纳赫被称为"并购之王"的原因。DBS 体系不是一天建成的，而是几代丹纳赫人不断努力、添砖加瓦，通过实践不断优化的结果。DBS 自诞生起，经历了三个大的发展阶段。

1988 年，开始实践精益，逐步搭建精益板块工具。

2001 年，随着"价值销售"工具的加入，开启 DBS 的成长类板块。

2009 年，加入领导类工具，注重团队培养与成长。

DBS 的发展阶段，也映射出丹纳赫自身成长、赛道迁移和能力建设的历程。

1988 年　　　　　　　　　　1994 年　　　　　　　　　1999 年

1988 年　　　　　　　　　　　　　　　　　　　　　　2001 年

精益工具　　　　　　　　　　　　　　　　　　　　　成长工具

第一章　丹纳赫经营之道　026 / 027

Leadership 领导力
Lean 精益
Growth 成长

| 2009 年 | 2014 年 | 2019 年 | 2024 年 |

2009 年

领导力工具

精益时代

前文提到过，20世纪80年代，丹纳赫在"垃圾债券"支持下经历了极为猛烈的狂飙扩张时期。除了早期接管的盾大师、霍莫克和DMG，到1986年，他们还连续收购了生产汽车修理工具和千斤顶的亨尼西工业公司（Hennessey Industries）、芝加哥气动工具公司（Chicago Pneumatic Tool）。转售后分拆出的关联企业有生产工业小型气动工具的捷可勃斯设备公司（Jacobs Equipment），即杰克制动器公司（Jake Brake）和捷可勃斯卡盘公司（Jacobs Chuck）。后续又购入麦特克工具公司（Matco Tools）、生产电力变压器行业压力和温度测量仪器的夸立特尔公司（Qualitrol）、生产地下燃料存储测量传感器的维德路特（Veeder-Root）、生产运动传感器的达纳帕（Dynapar）、运动控制系统专家的科尔摩根（Kollmorgen）等不同类型的工业制造企业。

1986年底，丹纳赫在纽约证券交易所成功上市，综合收入从两年前的1亿美元攀升到4.5亿美元，甚至跻身全美财富500强之列。这一阶段，除资本平台DMG外，丹纳赫将旗下12家子公司规划为汽车/交通、仪器仪表、精密零部件和挤压产品4个大的业务板块。其中至少12种产品是市场领导者。

丹纳赫在1986年年报中写道："我们追求的目标是成为我们所提供的产品中最具创新意识和最低成本的制造商，我们寻求的市场地位是每一个产品线都是第一、第二或是非常独特的利基市场。"

然而，1987—1989年，在米尔肯和德雷克塞尔公司官司缠身之际，美国第4次并购浪潮也快速退却。

雷尔斯兄弟清醒地意识到收购是一回事，把企业持续经营好，经营出现金流是另一回事。他们在1989年前后启动新的方向，把赌注押在了来自日本丰田的精益生产方式上，这一回，他们再一次赢得了比赛。

丹纳赫走上精益之路看起来是一种偶然，但实际上也是一种必然。

1987年，丹纳赫集团捷可勃斯设备公司调整管理层。新上任的总裁柯尼希泽克尔虽然营销出身，却是精益生产方式的"死忠粉"。他几乎搜罗了所有能找到的关于精益生产的书籍，也多次去日本丰田考察学习。在他的大力推动下，公司自发地开展精益布局，在产线中引入生产单元，尝试"单件流"生产方式。

尽管如此，柯尼希泽克尔依然认为团队靠自发走上精益道路很难食髓知味，还是要找到真正的实战专家团队，来给团队赋能。

说来也巧，打瞌睡遇到送枕头的。1988年初，有一个为期一周的以丰田生产方式为内容的研讨和改善活动就在康涅狄格州的哈特福德研究中心举办，中心与捷可勃斯设备公司所在的布卢姆菲尔斯距离大约600公里。公司总裁、运营副总裁和生产负责人决定参加这次原汁原味的学习。

研习班的组织者是今井正明，他后来写有《改善》《现场改善》《战略改善》等书籍，是精益思想

> 丰田的风格并不是靠大家拼命工作而取得成果。它是一个倡导员工无止境地发挥创造力的体系。员工不是来丰田"工作"的,而是来"思考"的。
>
> ——大野耐一

的重要传播者。讲课的老师有岩田义树、竹中垦和中尾千弘,他们三位都来自一家刚刚成立的咨询公司——日本新技术咨询集团。这家公司真正的发起者是丰田生产方式的开创者大野耐一,而前面提到的岩田、竹中和中尾三位讲师还有一个共同的身份——大野耐一的入室弟子和他身边最亲密的精益战友。

一般认为,精益生产方式就是丰田生产系统的美国式翻译。日本人埋头做事,不善总结,是来自麻省理工学院的教授们把它叫作"LEAN"。通俗的说法大概是形容一个企业精瘦结实,没有肥肉。中国台湾地区把"LEAN"直接翻译为"精实生产"。

在一些生产经营者的认知里,精益生产最大的特点是减少浪费,降低成本,以便用更有竞争优势的定价卷倒对手。但事实上,精益的根本意义在于恰如其分地满足客户需求,解决客户难题。

采用精益生产方式并不意味着谋求价格战,但可以在同等价格下获得高得多的经营利润。

对当年的丰田而言,精益可不是一种锦上添花的存在,而是命悬一线、绝地反击、死里逃生的背水之战。

朝鲜战争之后的丰田,面对的是美军订单的断崖式下跌,为寻找民用市场出路,时任丰田汽车公司董事长丰田英二等人谋划到美国的通用、福特等大流水线基地实习考察,希望为日本汽车工业发展破局图强。

然而参观学习之后,丰田管理团队的内心不仅没有燃起希望,反而简直充满了绝望。对于需求巨大的工业标准化单品而言,批量流水线生产毫无疑问效率最高。因为规模越大采购议价能力越强。生产过程规模大,综合分工十分细化,在产线上可以把各个工位的作业标准化甚至机械化,大大降低对操作者自主性的依赖。规模化生产数量十分惊人,福特经典 T 型汽车通过流水线每 24 秒下线一台整车,巅峰时期年产量达 100 万台,占当时全球汽车总销量的 50%,单一型号累计产量 1500 万台。而 1953 年日本汽车年产量只有可怜的 8000 台。

福特汽车

丰田汽车

精益时代

战后的日本经济羸弱，既没有庞大的市场需求作支撑，也不具备大规模量产线的投资能力，要想从规模体量上对抗美国竞争对手无异于以卵击石。但丰田在汽车产业破釜沉舟的决心没有动摇。

丰田公司副社长大野耐一敏锐地意识到，如果是更多个性化需求出现，大规模流水线的优势地位将被撼动。

大批量生产的基本组织方式无法适应个性化零部件和生产工艺的高频调换。而且从质量管理角度，大批量生产一旦出现不良品，也意味着大批量召回和成本损失。如果可以按个性化需求定制，充分发挥人的主动性，就可以打破推动式往前的规模生产，改为更小批量地按定制化需求拉动式生产。拉动式生产甚至可以按照"单件流"方式运作。理论上讲，对个性化定制的产品，"单件流"拉动式生产相较大批量推动式生产效率大大提高。

丰田人给这种生产方式取了一个名字叫即时制生产（just in time），其中包括现场5S管理、标准作业、价值流管理、业务单元设计、生产布局调整、看板计划、多能工培养、计时生产等。其根本目的是按客户需求的时间、数量和规格实现交付，在过程中极大减少不增值环节，消除一切浪费。而另一个与之匹配的利器则是自动化，与即时制生产匹配。但在质量管理上要求第一时间识别、制动和解决，通过防呆防错和作业流程优化，确保不接受、不产生、不传递不良品。

极大地发挥人的主动性，在高要求的现场管理中知行合一，加上即时制生产和自动化作业科学方法，共同构成丰田生产方式（TPS）。

1973年，石油危机不断升级，丰田汽车靠着丰田生产方式生产多样化、低能耗、高功用的家用轿车，实现了对美国汽车同行的逆袭。大野耐一发挥了核心作用。但丰田是日本典型的家族企业，即便是大野耐一也在1984被边缘化，黯然交出丰田公司实权。追随大野耐一多年，真正开创和打造丰田生产模式的一众骨干，不得已出走丰田，成立新技术咨询集团，在美日贸易战的背景下，远赴欧美寻找新的赋能对象。这就有了前文提到的哈特福德培训班。

一周的课堂学习结束后，捷可勃斯设备公司把新技术咨询的专家们请到现场指导，克服了一系列文化冲突和令人崩溃的烦恼，他们不折不扣地将丰田生产方式导入到日常经营活动中。短短一年时间，捷可勃斯的质量、生产周期、准交率和运营成本发生了翻天覆地的变化。

这一变化理所当然地引起丹纳赫集团创始人雷尔斯兄弟和财务总监帕特·阿兰德（Pat Allender）的极大关注。他们不仅对生产效率和质量变化充满热情，还惊奇地发现，丰田生产方式既能实现精益生产，还能缩短生产时间，加速资金周转，为现金流结构带来巨大好处。

实现精益生产方式的企业，有很大机会保持自由现金流大过当期净利润，这是他们在杠杆收购进程中梦寐以求的资金流转状况。优质的现金流不仅支持公司发展壮大，还能偿付所欠债务。

而且，超级自由现金流还意味着新的内部资金来源，可以为新一轮收购补充"弹药"。

捷可勃斯设备公司采用的所有精益改善被推广到丹纳赫所有工厂。在这一过程中，他们也发现学习丰田方法有一个重大障碍，就是丰田喜欢用禅宗的方法育人。就像一条会游泳的鱼，面对求学者什么也不说，只是让他跟着自己在水里游；丹纳赫认为一定要先培养游泳教练，用标准化训练培养游泳高手。

因此，丹纳赫一直致力于让精益工具化，使其成为自洽的经营系统。2002年后收购吉尔巴克（Gilbarco）公司后，发现其也有一套内核是精益生产管理的体系，被称为CRISP（continuous rapid improvement system of production），丹纳赫将它们融合在一起，导入价值观和工作流程，升级为植根于精益生产和持续改善的丹纳赫经营系统（DBS），在其后的赋能式经营中发挥了重要作用。

捷可勃斯设备公司是丹纳赫第一个走上精益之路的公司，也是DBS的发源地 从1988年开始跟着日本丰田老师做精益，第一个十年得到了飞跃式的提升		
年份	1988年	1999年
销售额	6500万美元	2.2亿美元
员工数	550人	575人
车间面积	26000平方米	26000平方米
库存周转率	2转	25转
准时交货率	<20%	>99%
生产效率	3	35
营业利润率	4%	>30%
产品开发周期	72个月	16个月

* 资料来源于Art Byrne："What was Danaher Like in the Early Days of Lean？"，https://www.lean.org/the-lean-post/articles/ask-art-what-was-danaher-like-in-the-early-days-of-lean。

成长时代

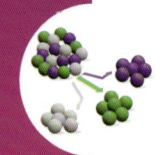

进入 20 世纪 90 年代，精益能力带来的效率提升为丹纳赫带来广泛的赞誉，人们普遍认为其精益能力已经成为仅次于丰田的存在。

但客观地讲，1990 年丹纳赫的综合销售额大约在 7.5 亿美元，规模上还只是一个中等公司。那些认为掌握了精益工具就自然会成为巨头公司的想法只是一厢情愿。

精益的出发点是生产运营，但如果没有市场份额的成长扩大，精益就会变成主妇不停地刷锅，但却没有米下锅，即便锅底光可鉴人，也做不出一桌可人的饭菜。

丹纳赫很清楚自己的任务，一边靠运用精益提升生产效率和品质，加快资金周转；另一方面要努力让收入具有确定性，实现可持续增长。如果丹纳赫经营系统能解决增长问题，才称得上是经营系统，否则只是生产环节的丰田好学生。

为了实现这一突破，丹纳赫邀请原百得公司（Black&Decker）的执行副总裁乔治·谢尔曼（George Sherman）出任首席执行官（CEO）执掌大局，创始人雷尔斯兄弟依然担任董事会主席和董事职务。这位空降兵高管的到来开启了丹纳赫极为重要的十年成长时代。

为什么是谢尔曼？这得回到另一个问题：丹纳赫需要什么样的人才来出任 CEO 的职位？我们评价人才容易从人才自身素养、教育背景、工作经历、能力品质来着手。而丹纳赫十分清楚，所谓人才，其实是符合企业特定发展阶段的特殊需求，所谓人尽其才，就是企业发展阶段和人才特质的匹配度高，组织跟人才融合产生化学反应。

丹纳赫彼时是一家中等规模的工业企业，创始人从业务一线后撤，什么样的人选最符合 CEO 需求呢？现在看丹纳赫当时的选人之道，CEO 的候选顺序基本上是营销、技术、生产、财务。也就是说，中小企业的执行一把手懂业务能打单，可以实现营收上台阶是首选。其次则是技术能力超强，能实现产品的前瞻性开发，说到底也是用持续创新带来营收突破。再次才是生产运营背景的管理层。他们往往擅长解决复杂问题，能让事情井井有条走出混乱，但不太能乘乱破局力挽狂澜。最后是财务这类中台岗位，他们头脑冷静、有纪律性，能条分缕析抓住问题的关键点，但更倾向于守成而不是变革。对于需要在瞬息万变的市场环境中作出大胆的关键性决断的中小规模企业来说，不冒险才是最大的冒险。

1990 年的丹纳赫并不需要像过去 6 年一样狂飙突进，它需要的领头人是能够让已经收入囊中的各个子公司分类成不同业务单元，要做减法。把非核心主营业务做剥离，该卖的卖掉，用以偿还前期高杠杆和高收益债券时期的利息和负债。在去杠杆化债的同时，让各个业务单元出现业绩的 15%～30% 的中速增长（为什么不是高速增长？高速增长往往是用资金投入和加杠杆来支撑的，经营性现金流往往为负数，只能等规模上来后进一步加杠杆，风险会不断积累），最终实现在各个所属赛道占到领先市场份额。

丹纳赫当时收购的不少公司都是气动、电动工具产品。他们渴望的 CEO 候选人应该熟悉泛工具赛道，有丰富的从业经验，能独当一面；也直面过惊涛骇浪，可以力挽危局。中国企业家张瑞敏先生也说，企业的领导层，要么是从笔筒子里出来的，要么是从炮筒子里出来的。真正的领导者还得从炮筒子里产生。炮筒子就是完整业务单元、业务板块或子公司；笔筒子往往是中台部门，比如财务、人力资源或者战略参谋部门。

看看谢尔曼的简历，我们会发现这是一位非常"实惠"的候选人。他生于1942年，比丹纳赫创始人斯蒂文·雷尔斯还大了9岁，早年在长岛大学获得工程学士，在肯塔基州的路易斯维尔大学获得工商管理硕士。这个教育背景中规中矩，但显然不是常青藤名校。24岁硕士毕业后，谢尔曼加入通用电气公司，13年间从一名毕业生雇员成长为家居和视听部门的总经理。其间杰克韦尔奇在通用电气也走上最高领导岗位，"中子弹杰克"在各个业务单元大刀阔斧瘦身，集中筹码出击，不能"数一数二"就放弃的经营思想对谢尔曼影响至深。

1979年谢尔曼被猎头挖到艾默生电气公司，担任割草机部门总经理并负责全球市场的拓展。

1985年百得公司的电动工具业务在日本和西德市场遭遇滑铁卢，急需一位熟悉行业又熟知国际市场的好手逆风翻盘，谢尔曼临危受任。5年后，他所领导的工具部门贡献了百得2/3的业务量，达到30亿美元，成为国际工具行业的"逆袭悍将"，他也升任百得集团副总裁，兼工具事业部总经理。

加入丹纳赫，是谢尔曼职业生涯的又一次跃升。如果说在百得集团，他做的是拯救公司核心业务的"白衣骑士"，在新公司，他要实现的则是百尺竿头更进一步。在就职声明中，他说："斯蒂文和米切尔过去5年融合了12家不同的公司，不断刷新盈利纪录，也实质性减少了债务。我要扮演的角色是增加战略性规划，使公司更加直观地以市场为驱动，进一步削减债务的前提下，继续把握机会对优质公司展开收购。"

谢尔曼认为战略是一种能力，而不只是口号和愿景。当你确定了目标，目标不会自己实现。在执行的过程中不断把节点目标和现实结果比对，看清楚差距和背后的根本原因，进而激励团队在根因上解决问题。解决问题过程中构建团队能力，动态调整动作，不断纠偏误区，最终确保战略目标的落地实现，就是战略能力的根本含义。

而战略能力的简洁诠释就是"选对赛道，赢得比赛"。对中等规模企业而言，选择赛道的标准必须是"赢"（win）。如果一个赛道没有规模显然没有获利空间，当然谈不上赢；但如果一个赛道太宽，又会出现巨头对手，很容易碰得头破血流，依旧不能赢。因此最适合中等规模企业的是利基赛道。

"利基"是一个法语的英译词，原义为壁龛。法国人在造房子的时候喜欢在两面墙的夹角处打一个洞，放置圣母像，这个洞口不会太大，但里面却足以摆下圣像、圣经和圣器。因而利基也用来形容那些规模有限但纵深充足，可以获取较高毛利率的市场。

成长时代

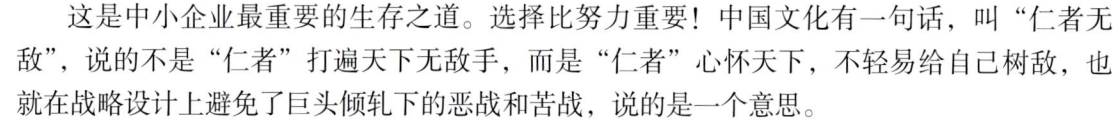

这是中小企业最重要的生存之道。选择比努力重要！中国文化有一句话，叫"仁者无敌"，说的不是"仁者"打遍天下无敌手，而是"仁者"心怀天下，不轻易给自己树敌，也就在战略设计上避免了巨头倾轧下的恶战和苦战，说的是一个意思。

谢尔曼曾经为百得公司在深度营销和客户关系管理上作出过重要贡献。他把这种理念也引入丹纳赫，对赛道的头部客户展开大客户营销，用团队精耕细作的"农耕模式"替代销售高手各凭手段的"狩猎模式"。各个业务单元都构建客户池，搭建销售漏斗管理体系，建立起业务发展的营销日常管理。这些流程很快变成丹纳赫的基础设施，面向供应商和头部客户的赋能、倾听客户声音、价值销售等基础工具很快纳入丹纳赫经营系统工具箱里。战略、营销与创新开发等共同构成丹纳赫工具箱的成长类模块。

丹纳赫对细节管理投入巨大精力，最多时曾同时追踪 50 多项绩效和财务指标。但管理也是有成本的，如果不能集中精力，就不能聚焦资源。谢尔曼和他的财务总监去芜存菁，把管理的中心集中在 8 项核心指标，他们称之为核心价值驱动（core value driver，CVD）指标。包括面向客户的外部质量不良率和准时交货率；面向股东和财务的主营业务增长率、运营利润、资金周转率和投资回报率；面向员工的内部填充率和主动离职率。当这些核心指标的计划目标和实际结果在一张保龄球图中同时呈现时，最高管理层可以直截了当地获悉这家企业的问题和短板、优势与劣势、趋势和改进机会。

谢尔曼和财务总监还贡献了一条丹纳赫核心价值观——"我们为股东奋斗"。这句话背后的意义不是取悦创始人兄弟，而是提醒上下管理者，公众公司要主动管理投资者沟通，积极争取并支持股东和行业分析师是一项战略性工作。只有说到做到，始终为投资人带来可预期回报，资本市场才会给予更多的资源和关注。事实上，丹纳赫拥有极为忠实的股东基础，每临重大产业投资机会需要增发或者定向募资的关键时刻，股东们都用真金白银投下赞成票。

2001 年谢尔曼卸任。在他的 11 年任期里，丹纳赫股票的复合增长率是 26%，同时期标准普尔的复合增长率为 10%，巴菲特的复合增长率为 23%。营收也从 7.5 亿美元增长到 38 亿美元，员工数从 7000 人增长到 23000 人。更重要的是，他帮助丹纳赫筑牢了成长板块的经营系统基石，丹纳赫更加得心应手地收购、整合，输出自己掌握的战略和成长能力。

丹纳赫在这一阶段的并购特点是，先沿着工具赛道延展收购，1995 年之后果断进入全新赛道，开始赛道迁移的历程。选中的并购对象往往是产品好、市场空间大，但财务表现不尽如人意。其中一些经典收购有：

1990 年收购伊斯科手动工具（Easco Hand Tool）。1994 年收购阿姆斯壮公司旗下的工具业务，这也是拥有业内诸多知名品牌的一家公司。随后进入美国西尔斯百货的工具主供应商序列，西尔斯在当时的美国可是比今天沃尔玛和亚马逊还要厉害的存在，意味着丹纳赫在工具领域成为有影响力的主要企业。同一时期，继续剥离那些利润率较低、周期性较敏感的业务，把为汽车产业生产轮胎、工具和部件的公司卖掉。理由很简单，这些领域里开始出现规

模性的巨无霸，丹纳赫无法承受价格战，因此选择退出。

1995年，收购亨士乐（Hengstler），这是一家德国著名的工业元器件制造商。产品线覆盖计数器/计时器、旋转编码器、工业级温控器、继电器等。很显然，从产业链和赛道角度看，工业元器件比汽车轮胎和配件的产业规模小得多，但利润率却可观得多。特别值得一提的是，亨士乐公司拥有全球特别是欧洲品牌和营销网络，可以在丹纳赫工业品营销中发挥重大作用，这也是谢尔曼致力于业务成长的草蛇灰线。

1996年，收购美国西格玛（Sigma）公司。

1998年收购福禄克（Fluke）公司，这是一家电子测试设备制造商。

1999年收购哈希兰格（Hach-Lange），这是一家水质分析仪生产企业。

1990年丹纳赫有12家子公司，1995年倍增到24家，2000年继续倍增到51家。这是丹纳赫摆脱汽车周边相对低利润产品，进入高利润领域的重要探索期。新进的业务领域包括电子测试仪器、水质仪器、工业元器件、温度和压力传感器，但却杂而不乱，内部快速协同高效成长。1985年丹纳赫90%的收入源自传统的汽车轮胎和橡胶制品，2001年，超过一半的业务来自具有科技护城河的环保、电子测试和运动控制平台，传统工具业务占比降到30%以下。

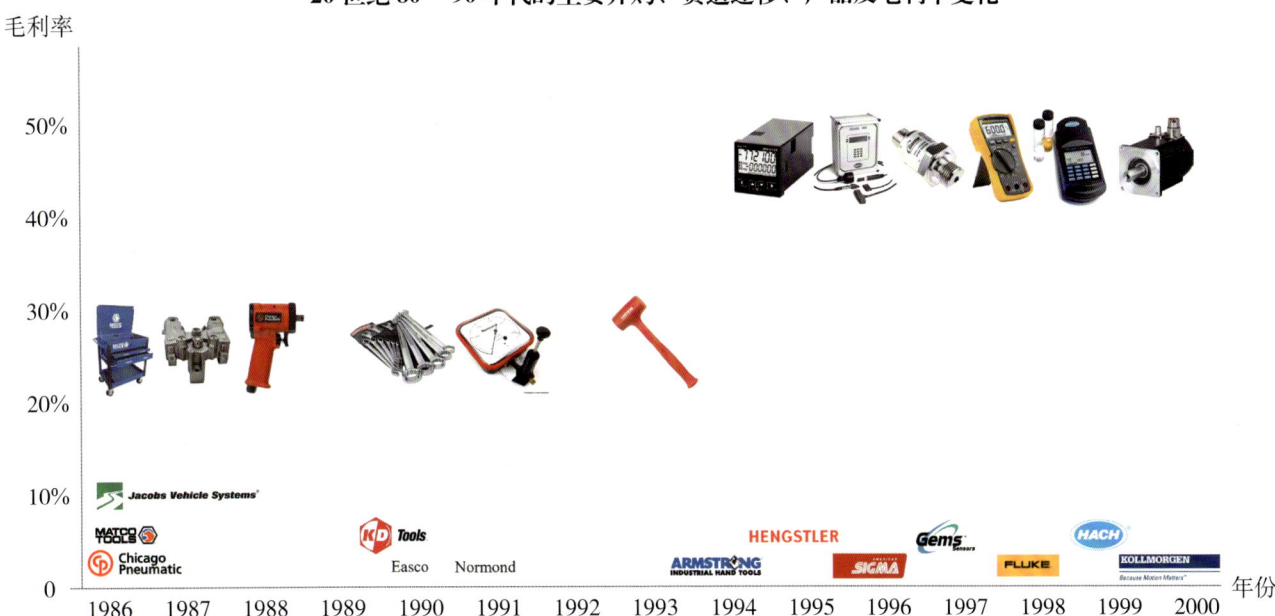

20世纪80—90年代的主要并购、赛道迁移、产品及毛利率变化

领导力时代

经过 15 年激荡，丹纳赫已经形成了多元化阵地，有相当不错的产业资本回报，也初步形成独具特色、兼具精益和成长的 DBS 经营系统。

剩下的似乎应该顺理成章，在这些特定赛道持续深耕，构筑护城河，加大科技壁垒，利用资本优势碾压和削弱对手，进而实现关键领域收购、控制市场……

如果只是理解到这里，对不起，我们其实一点儿也没有读懂丹纳赫。丹纳赫最大的产业魅力是领导力，而这种领导力的最核心含义就是"引领众人，去向前所未至的地方"。

丹纳赫的 DBS 从问世的第一天就是舶来品，是脱胎于丰田的精益生产。而精益生产不是什么专利，它是一种可以经由学习和变革习得的管理技术。丹纳赫可以学，它的竞争对手就不能学吗？如果自己学不会，就不能从丹纳赫内部高薪挖出一些骨干，跟着学吗？事实上，一部分行业对手就是这样做的，而如果大家都这样做，再祭出价格战的大旗，丹纳赫的优势又在哪里呢？

丹纳赫的理解与众不同，它意识到价格战背后当然是同质化。产品和服务的同质化，也是生产技术的同质化，而本质上是产业认知的同质化。要想打破价格战和同质化的困局，最好的办法是开辟独特战场，别具慧眼地遴选新的产业并购标的，通过聚焦独特业态来对冲规模化市场的同质化竞争。

它这样描述这一阶段所要求的"新产业标的"：

① 这些行业要有所规模，但又不能规模太大，超过 100 亿美元的大市场就不适合（典型的"有丰田汽车的市场我们不去"）。

② 新产业与周期性经济因素最好弱相关，无论如何不能强相关，无论宏观经济景气与否都能保持稳定可持续的市场成长性（比如汽车、房地产就是典型的经济周期强相关，消费预期和利率政策紧密关联；牙科诊所则是弱相关，拔牙决策与利率高低没有直接关联）。

③ 新产业最好是有限规模，但处于分散状态，就是头部会有数亿体量的四五家第一梯队企业，但尾部还有数十或上百家千万量级甚至更小规模的碎片化从业企业，这是理想的正态分布产业图景。

④ 这些产业最好有中技术路线存活的机会，而不是只有高科技。中技术路线简单说就是不发明新技术，而是把一些成熟技术在该领域找到新应用，最大限度降低高新技术路线带来的"沉没成本"和巨量"营销成本"（越是高新技术企业，教育市场成本和营销费用往往越高）。

⑤ 硬件应该是主要的产品形态，可以包含一部分软件，但服务必须有硬件产品作为载体，最好是检测仪器、测试设备带来持续的服务。

在这样的新产业新赛道里，什么样的企业特别适合丹纳赫经营系统切入，提高并购整合的成功率呢？还有三个条件：

① 并购标的的毛利率和净利率差距越大越好。越是高毛利率、低净利率的企业越适合 DBSO（丹纳赫经营系统办公室）的赋能团队短时间直指病灶，吹糠见米，见利见效。

② 在业务结构里最好有耗材型业务。依托仪器和专用设备，一次开发长期锁定后续服务订单，这是最有可能获得稳定市场份额的业务形态。

③ 团队优秀，能接受变革思想和持续改善的文化理念。

在领导力发展阶段，拉里·卡尔普（Larry Culp）、托马斯·乔伊斯（Thomas Joyce）、瑞纳·布莱尔（Rainer Blair）三位 CEO 先后发挥了巨大作用。

卡尔普似乎塑造了经典意义上的"赋能式经营"。他先后毕业于华盛顿大学、哈佛大学。1990 年作为管培生加入丹纳赫集团，最早从被收购的从事油气测量领域的维德路特公司开启职业生涯，短短三年时间就成为公司总经理。1995 年，卡尔普升任丹纳赫集团高管，领导环境和电气检测事业平台，兼任福禄克和福禄克网络总经理。1999 年，任职丹纳赫集团副总裁，2001 年出任丹纳赫集团 CEO。

卡尔普身上一个很大的特点是亲力亲为，对精益所倡导的"三现"（现场、现物、现实）原则坚定不移。他在 DBS 的持续进化上倾注大量心血。他认为一个公司的最大竞争力源于内驱力，就是在战略上通过"优先规模市场"原则选对赛道。而在赢得比赛的过程中要不断设定合理目标，全员持续改善，在日常管理基础上，精进改善，并且敢于尝试过去没有做过的动作即突破。当整个组织前进有清晰的方向，而每一个节点目标的达成出现偏差时，有人自觉自发地查找根因，主动纠偏，追踪结果，优化流程，那么这就是一个有内驱力的组织，就有无穷的进步空间。对手很难窥探到内驱力组织真正的要害，更无法追随和击败一家建立了内驱力竞争优势的企业。

所谓领导力，就是
引领众人，去向前所未至的地方

领导力时代

卡尔普是赋能平台的大力支持者，他热衷于把不同的并购对象放到各个不同的行业运营平台里，互相并不直接发生业务连接，由极简总部来指导。这个做法相当于在多元化的产业平台之间设置了防火墙，即便有部分产业出现问题，整个集团的事业根基也不会出现颠覆性的危机。

资源则可以在不同板块之间共享与调配，比如所有的采购业务都由集团供应链平台来统筹，供应商资源充分共享。他认为只要找到足够高"毛净利差"的好赛道，特别是发现更多设备加耗材型业务（销售效率极大提升），则输出DBS本身就是很好的产业整合方式。

与创始人雷尔斯兄弟的观点一致，卡尔普对自由现金流保持绝对关注，他的收购逻辑就是通过财团支持，收购有潜力的业务单元，并且激发出远高于其自身历史极限的自由现金流，进而在其所属行业周边或上下游展开持续收购，获取更广泛的自由现金流，构筑产业内的生态支持系统。

卡尔普对人才的看法是"平凡人做伟大事"，他不喜欢"明星员工"，总是把"最佳团队制胜"挂在嘴边。他深信是日臻完善的流程在支撑企业的不朽，优秀的人才只有按流程高效作业，才可能形成合力创造价值。任由"明星员工"施展个人能力，随意破坏流程和激励原则，只会加速毁掉协作的组织文化。

卡尔普更看重那些隐藏在市场缝隙之间的，当下看起来具有典型利基市场特征的小众市场。他在15年任期里先后主导了伟迪捷（Videojet，自动标识设备）、卡瓦（Kavo，牙科设备）、徕卡显微系统（Leica Microsystems，医用图像设备）、维信系统公司（医疗专用设备）、盛邦（Sybron，牙科医疗设备）、哈希化学处理公司（水质诊断和处理）、爱博科学（测量仪器）、贝克曼（Beckman，检测设备）的并购，把集团营收总额从40亿美元带到了200亿美元，每股收益从0.7美元拉高到3.7美元，股票价值从11美元上涨到62美元，给股东和利益相关人带来丰厚回报。

2014年，卡尔普辞去CEO职务，乔伊斯成为新的掌舵人。他在加入丹纳赫之前曾经是安达信咨询公司一位优秀的咨询顾问，为许多工业企业做过精益咨询和流程优化服务。乔伊斯比卡尔普早一年进入丹纳赫，在出任CEO之前，他为丹纳赫工作超过25年，担任过水质处理板块和生命科学部门的负责人。对他的任命进一步彰显丹纳赫的生命科学板块将在整个业绩版图里发挥更具影响力的作用。

乔伊斯要做的是把丹纳赫转型成一家医疗和生命科学为主业的公司。他不像前任一样执着于复制新战略业务平台和事无巨细抓业务，而是要重新调整手里的投资组合。简言之，不管一盘生意过去或者现在看起来多么好，只要在前进的趋势上不代表未来，就要从丹纳赫的投资组合中剔除出去。不仅追随而且创造趋势，成为丹纳赫集团的战略方向。

乔伊斯主导的第一宗大交易是2015年140亿美元高价收购颇尔公司（Pall），当时的交易价格高得让人咋舌，但丹纳赫毫不犹豫地买下。对他们而言，一旦看好了这家为生物科技公司制造过滤器的玩家，即便代价高昂也要迎着趋势进击。

乔伊斯上台后，丹纳赫面临重大业务重组决策。彼时丹纳赫同时涉足两个迥异的领域，一个是传统工业领域，另一个则是未来医疗业务。将一枚普通鸡蛋和一枚有机鸡蛋放到一个篮子里显然对鸡蛋组合的估值没有好处。华尔街认可的方向，要么是快速发展的技术，要么是稳定专注的单一业务，但绝不能是一桌子大烩菜。

2016年，丹纳赫决定一拆为二，医疗、水质和编码打印业务留在丹纳赫主体，其他所有传统工业资产都注入一个新的上市平台福迪威（Fortive）。新收购的 Pall 公司继续注入丹纳赫主体。有人说丹纳赫把低收益的传统工业板块装进了福迪威，事实并不尽然，福迪威的经营水平并不是乏善可陈，其毛利率依然高达 60%。但显然公司的未来不在于当下的盈利，而是在于对未来趋势的下注，丹纳赫用行动给出了自己的答案，资本市场给予了正面回应。

2018 年，丹纳赫又以 40 亿美元代价收购了制造分子诊断设备的赛沛。

2019 年，分拆牙科业务，成立独立上司新主体盈纬达（Envista）。

2020 年初以 200 亿美元的大手笔收购了通用电气旗下生物制药业务思拓凡（Cytiva），得以融入快速成长的生物技术领域。

斯蒂文·雷尔斯在对乔伊斯的评价中说："在 6 年首席执行官任职期间，他表现出出色的领导能力，创造的股东回报率是标准普尔 500 指数的 3 倍。他在大幅度提升投资组合方面发挥了重要作用。"

2020 年接任乔伊斯的新 CEO 布莱尔，曾经担任丹纳赫生命科学平台的执行长，亦曾出任 Pall 公司总裁。

2022 年，丹纳赫全年营业收入达 315 亿美元，毛利率超过 60%，经营现金流量 85 亿美元。

2023 年初，Pall 公司将生命科学业务剥离出来，装入 Cytiva，对创新疗法赛道的关注度空前高涨。

2023 年 2 月，丹纳赫继续宣布将环境与应用解决方案业务剥离，成立伟励拓公司（Veralto），进一步促使主业向生物技术、生命科学和体外诊断集中。

2023 年 8 月，丹纳赫宣布以 57 亿美元交易价格收购英国生命科学用品制造商 Abcam，后者于 1998 年成立于剑桥，为全球 2/3 的生命科学家提供超 11 万种蛋白质靶点研究产品，包括抗体、蛋白质、裂解液、生化试剂、试剂盒和检测服务，以推进药物发现、生命科学和诊断。

传奇还在书写！

23年 环境与应用解决方案板块剥离，分拆为 Veralto

20年 收购通用电气旗下生物医药业务 Cytiva；Rainer Blair 接任丹纳赫 CEO

19年 牙科板块剥离，分拆为 Envista

16年 传统工业板块剥离，分拆为 Fortive

14年 Larry Culp 卸任 CEO；Thomas Joyce 出任 CEO；丹纳赫营收 200 亿美元

在生命科学领域连续收购标志：收购 Leica Microsystems，Sybron，Beckman 等

04年 进入医药和诊断领域标志：收购 Kavo，Gendex，Radiometer

01年 Larry Culp 出任 CEO；丹纳赫营收 40 亿美元

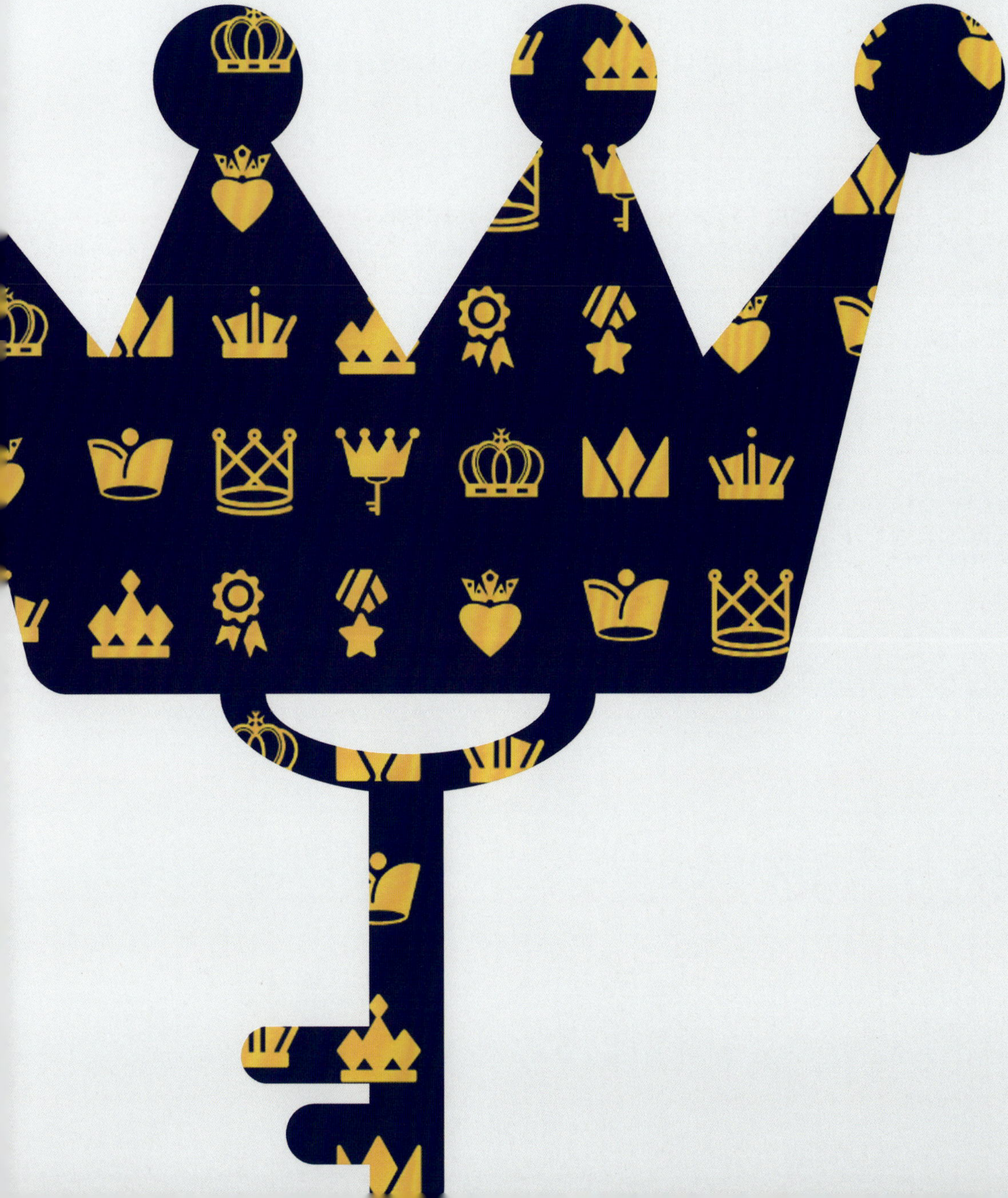

第三节

丹纳赫并购战略与经营系统

并购战略的核心是选对赛道、选准公司

大约 10 年前，我们开始研究丹纳赫的时候，身边知道这家公司的人并不多。即便在 10 年后的今天，即使丹纳赫已然成为一家世界 500 强上市企业，也并不为公众所知。

丹纳赫的低调也许是产业原因。它进入的所有赛道都深深地隐藏在产业链隐蔽而关键的位置，不为人知但不可或缺。丹纳赫不开加油站，但拥有全世界最好的储油罐液位测量产品；丹纳赫不开医院，但顶级医疗服务机构和医学实验室都在用它的体外诊断和生命科学实验室解决方案。

丹纳赫是典型的耐心资本和实体产业的融合体，它真正的标的并不是一个个公司。它在不断地观察、研判，进入新赛道，寻找产业新机。它并不追求规模庞大，但通过经营系统赋能，不遗余力地提升运营效率，无论是在传统制造还是崭新的生命科学赛道，始终在品质、交期、人效、坪效、毛利、周转上傲视同侪。

丹纳赫将收购分为三大类：新平台收购、邻近市场收购与补强收购。新平台收购是指每当要进入选定的新赛道，丹纳赫会先选择收购一个在细分市场有影响力的公司作为桥头堡，即新平台公司。该企业通常处于行业的第一梯队，拥有品牌势能、市场份额和核心技术团队。邻近市场收购指的是以行业平台公司为依托，收购更小规模同业企业，共享资源，形成战略协同，构成对主要竞争对手的围攻态势。补强收购是收购技术和产品领先型企业，通过客户、渠道、供应链和生产技术的全方位共享，实现对客户需求的精准满足和快速覆盖，实现对竞争对手更高效率的打击。

丹纳赫选择的并购时机未必是最佳时机。在出售自动化仪表集团的时候，工业品尚处于低位；而换手购进的医疗检测仪器，则是市值高昂的时候。但是，丹纳赫的投资观是，只论未来趋势看速度，不以当下高低论价格。换言之，丹纳赫从来不在乎自己的过去，也不局限于现在是什么，它只专注于未来会成为什么。

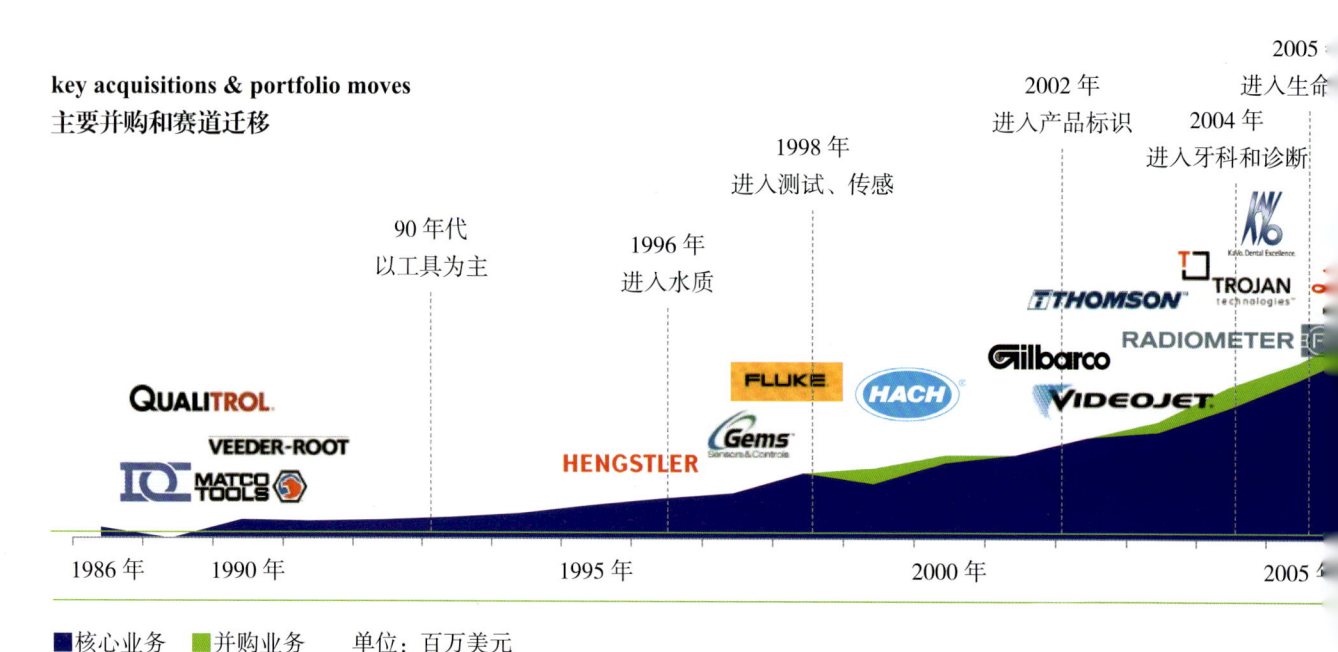

key acquisitions & portfolio moves
主要并购和赛道迁移

核心业务　　并购业务　　单位：百万美元

1. 对公司现有的行业组合不断审视，找到朝阳产业

丹纳赫的一项核心能力是赛道的选择和判断，他们在做产业选择时不以过去甚至不以当下的盈利能力作为取舍标准，而是以未来的盈利趋势作为根本判断，一旦发现那些有限规模的真实利基市场，发现那里具有高毛利和高费用的显性特征，特别是又存在从产品、设备到后市场耗材延伸的机会，则会迅速加以研究和渗透，建立起对行业和标杆企业的实质性追踪和关系，为后续行动提供有实质意义的战略情报。

实际上，企业总是伴随着产业一步步增长，但增长曲线越来越平缓，直到最后走向衰落。在前一个产业增长走向衰退之前，开始布局下一轮的增长基础（产品、产业及其对应的资源与能力），等到前一轮增长乏力的时候将其剥离，新一轮增长已经接力。

随着公司规模越来越大，业务线越来越多，逐渐从"一对一"的接力变成"多对多"的接力。另外，在市值增加到过高之后，也会拆分成规模相对较小的公司，这样不仅可以各自高效率地运营，而且拆分以后可以被并购的合理规模的对象企业也更多了。

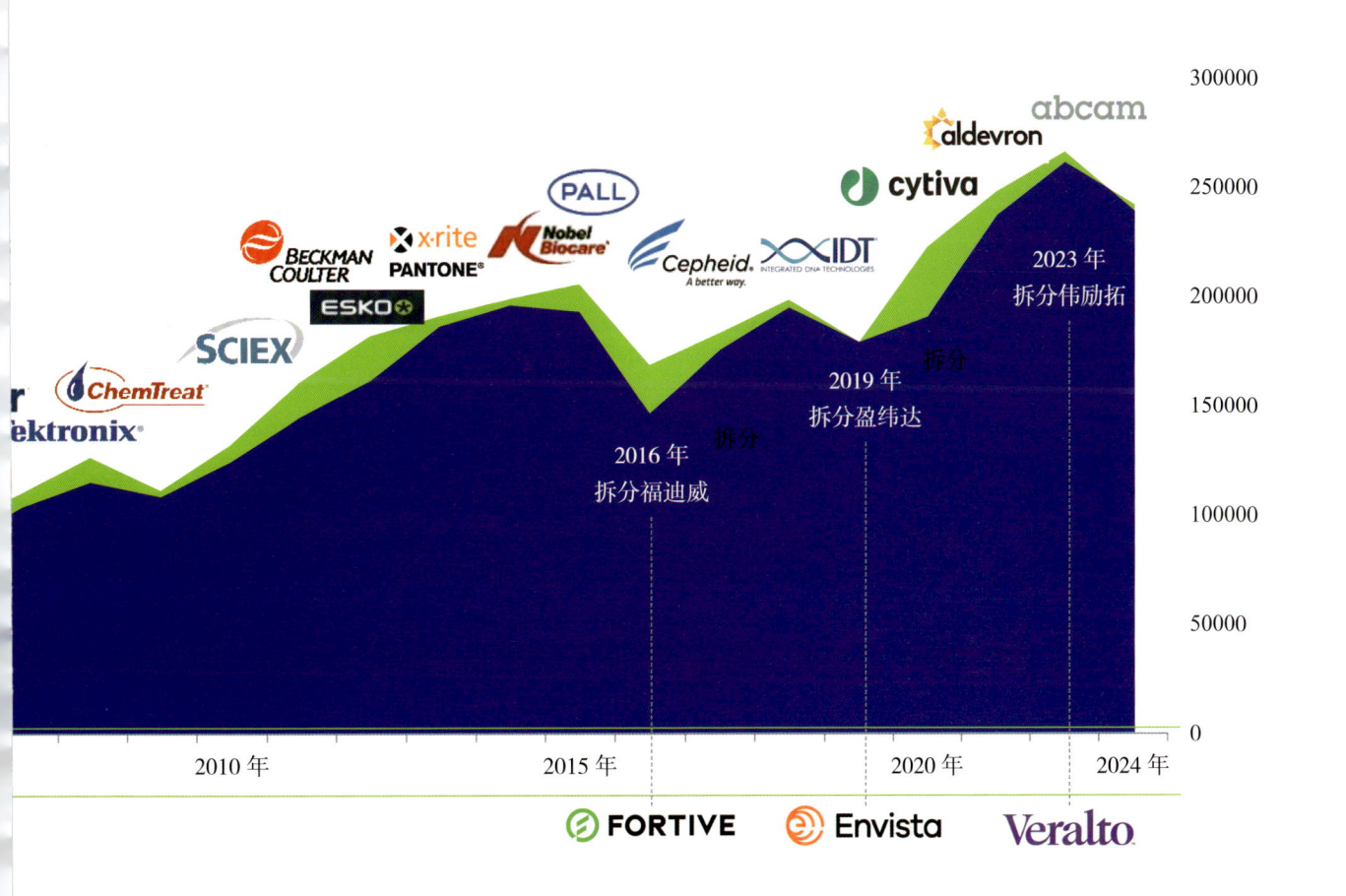

并购战略的核心是选对赛道、选准公司

4. 挑选、跟踪、并购细分市场的隐形冠军

丹纳赫绝对不是单纯地靠大资本并购成长的土豪公司,其并购后的整合逻辑非常系统和清晰。丹纳赫在挑选、跟踪、并购朝阳产业中特定细分市场/利基市场的标杆企业(广泛扫描,长期追踪,着力关系培育)方面具有独特优势。

丹纳赫并购的企业必是利基市场的隐形冠军,同时所投企业在管理上存在改善空间或者发展遇到瓶颈,通常有较高的毛利率、较高的销售及管理费用率、资产密集度高(asset intensity),未来可以通过

DBS 系统加以改善，以及借助丹纳赫平台的渠道和资金实力，使得被收购企业获得更大的发展空间。

同时，被收购企业要有丰富的运营经验和企业家精神，收购后会尽可能保留原来的管理层和团队，只在财务、管理、技术系统等层面上进行融合赋能。

选择企业时，还要考虑和现有平台内主要公司业务互补，以及和一定的行业周期互补。即新收进来的标的公司要和原有的团队形成配合，实现协同效应。

系统赋能的核心是赢得比赛、复制能力

丹纳赫在40年时间里，跨越传统制造，向先进制造转型，是传统制造企业向科技和能力型企业转型的成功范例，成为领跑特定赛道的卓越公司。一路走来，整合并购案例超过400宗，大部分是中小规模企业。这些被整合者有各自的文化、行业、产品和经营特征，但无一例外地成功融入丹纳赫经营体系，在各自的赛道向下扎根、向上进化，业务蓬勃发展，平均毛利率从30%拉升到超过60%，经营现金流持续优化。而这些成功的背后，就是丹纳赫引以为傲的DBS经营系统。

丹纳赫的发展历程有自身时代背景和历史条件，有些外部条件特别是产业环境并不具备可复制性。我们认为中小企业研究和借鉴丹纳赫道路，并非简单学习它如何把规模做大，也不是机械照搬它的多元化并购。真正的价值在于它在发展过程中锻造出的秘密武器——为产业整合对象赋能而生的DBS经营系统。

丹纳赫是这样解释自己的成功秘诀的：

杰出的人才 ＋ DBS ＝ 卓越的业绩

很多人把DBS经营系统粗浅地理解为一系列能够快速提效的精益改善工具，把DBS系统当成了神药。对于什么是DBS经营系统，丹纳赫是这样解释的：Who we are and how we do what we do。DBS系统告诉全员"我们是谁，我们用什么方式工作"。因此，DBS绝不仅仅是一些"用了最好"的改善工具，而是从价值观到人才观、从文化理念到行为规范、从工作方法到改善工具的一整套体系，是全员的信念和行为准则。

丹纳赫的赋能式经营系统就像手机或者电脑的操作系统，深深地嵌入全员的行为细节，使整个组织始终围绕"选对赛道，赢得比赛"运转。经营体系帮助各业务单元在解决问题过程中，通过组织能力成长持续打胜仗。

DBS系统包含三个核心元素：价值观、领导力要素（对人才的期望）、流程与工具。价值观定义了"我们是谁"，领导力要素、流程与工具定义了"我们如何工作"。

DBS系统最大的特点就是它的强落地性。丹纳赫为所有被并购企业规划了一条融入路线，能够在短短几年内，把整体系统复刻到被并购的企业里，同时实现业绩的增长。这条路线图分为五个维度（战略洞察力、流程与工具、组织、人才、文化），四个阶段（入门、基础、成熟、高级），规定了在每个阶段的每个维度，都需要做哪些工作，毕业的标志是什么。

DBS系统的logo传递了三个信息：①外面的圆环包含了五个核心价值观；②优秀的人才，制订卓越的计划，用战略驱动过程管理，并实现超凡的业绩；③超凡的业绩一定是以客户的视角考量成功，也就是最中间的支柱。它全面诠释了DBS系统的核心文化。

丹纳赫对并购对象的整合通常要在3~5年完成，在这期间，文化和价值观融合、战略与变革能力重塑、经营语言同频、经营系统工具导入、组织和人才培养逐次展开。

文化与价值观融合

在并购后的整合与协同过程中，DBS文化融合与团队建设的重要性不容忽视。丹纳赫作为一家具有远见卓识的企业，深刻理解这一点，并在实践中积极推行。在塑造共同价值观方面，丹纳赫表现出色。它通过推动DBS文化建设，积极倡导并践行公司的核心价值观，通过内部宣传、培训和激励机制等方式，确保各业务部门能够形成统一的发展理念和目标。这种共同价值观不仅为公司的整体发展提供了有力的支撑，也为员工个人成长提供了明确的方向。

并购完成的3个月内，必须启动文化和价值观融合工作。不管被并购主体原来秉承什么样的文化价值观，此时都要按照DBS价值观要求融合与执行。事实上，在并购决策过程中，是否具备价值观融合的潜力一直是重要的评价维度。

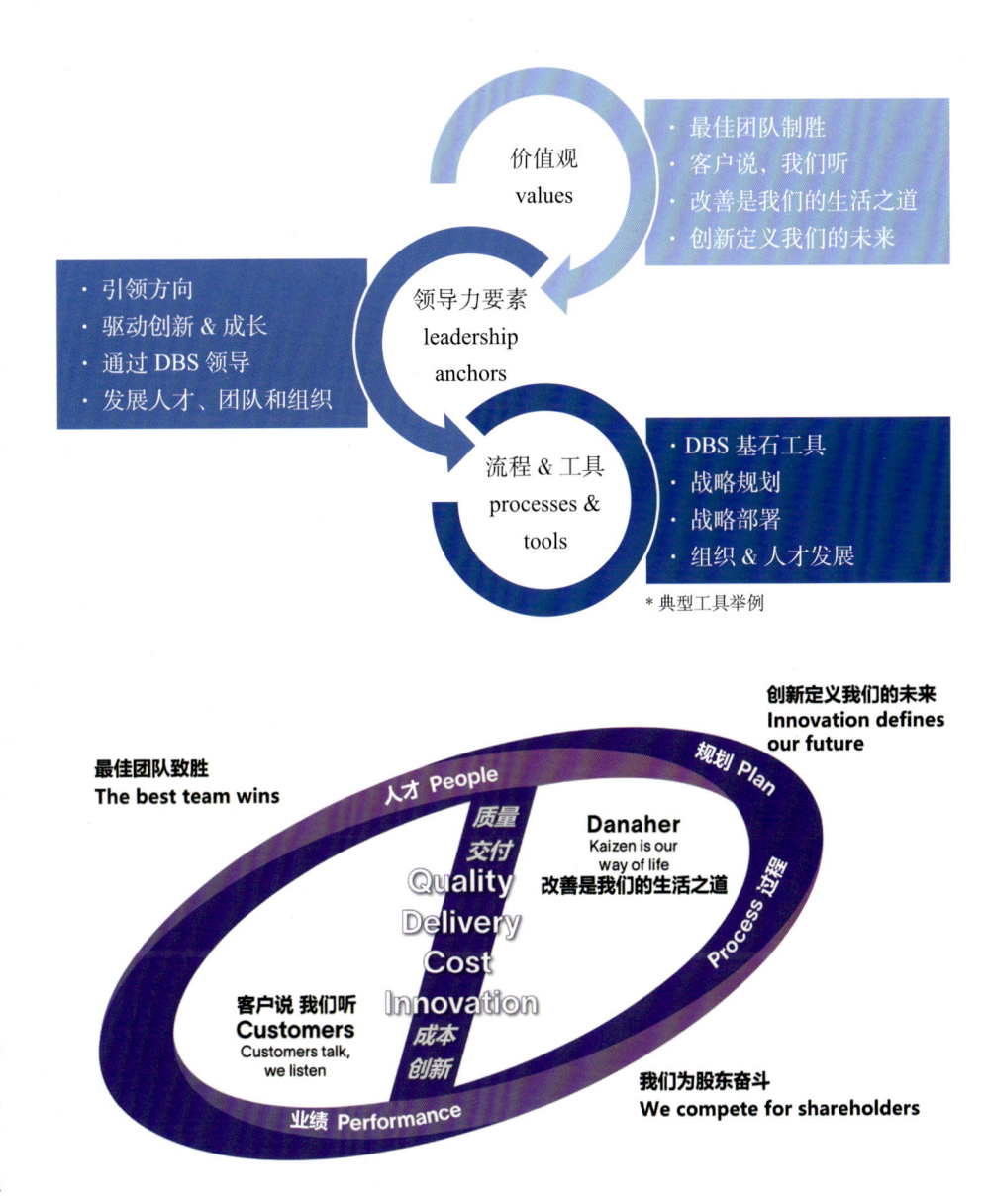

价值观 values
- 最佳团队制胜
- 客户说，我们听
- 改善是我们的生活之道
- 创新定义我们的未来

领导力要素 leadership anchors
- 引领方向
- 驱动创新 & 成长
- 通过 DBS 领导
- 发展人才、团队和组织

流程 & 工具 processes & tools
- DBS 基石工具
- 战略规划
- 战略部署
- 组织 & 人才发展

*典型工具举例

最佳团队致胜 The best team wins
创新定义我们的未来 Innovation defines our future
客户说 我们听 Customers talk, we listen
我们为股东奋斗 We compete for shareholders

人才 People　规划 Plan　过程 Process　业绩 Performance

Danaher Kaizen is our way of life 改善是我们的生活之道

质量 Quality　交付 Delivery　成本 Cost　创新 Innovation

文化与价值观融合

最佳团队制胜

- 卓越人才在丹纳赫快节奏且结果导向的文化中绽放天赋，而我们的价值观由人展开。
- 我们看重伙伴和他们独特的贡献，并投资于他们的成长。
- 选育用留最具才华和尽可能多元的团队是我们的热情所在。
- 我们每一天都将能力领先、重视合作、积极投入的团队置身于业务战场。

核心价值观是丹纳赫在经营中坚持的基本信念和原则

价值观定义了公司的文化

客户说，我们听

- 我们团队最重要的责任是去倾听客户。
- 我们持续探索客户需求的深入洞见，既包括有形的层面，又包含隐而未现的层面。
- 我们所擅长的客户聚焦，帮助我们创造性地提出满足客户需求的新方案。
- 通过我们的流程和产品，我们致力于每一天交付更大的价值，并超越客户预期地改善他们的体验。

改善是我们的生活之道

- 通过改善（持续提升），我们 法以利益众人的行动回应客 需求。
- 客户挑战我们，我们自我挑战 从而持续改善，我们设置高 准，并互相督促。
- 深植于DBS文化，我们不懈

第一章　丹纳赫经营之道

价值观

指导员工的行为

影响决策，帮助丹纳赫实现使命和愿景

求持续让事情变得更好——以一种有意义的方式，贡献于我们的公司、客户和更大的世界。

不断改善的内驱力让我们领先于竞争对手，让我们创造持久的价值，让我们得以在全球范围有着持久的影响力。

我们为股东而奋斗

- 通过落实核心价值观，我们为股东创造最高价值。
- 过往的优异财务表现使我们能够不断将资金投回业务发展与人才成长，实现公司与人的无尽潜能。
- 日复一日地保持诚信的最高标准、卓越的客户服务和构筑更好企业的承诺，让我们赢得了股东的青睐。

创新定义我们的未来

- 我们持续改善的重要方式就是通过创新而有所作为。
- 客户依靠我们交付的创新性产品去满足他们最迫切的需求，从而得以通过我们去寻找机会、定义未来。
- 通过实现重要的技术创新，我们改变人们的生活。
- 通过帮助客户成就非凡事业，我们在全世界提高人们的生活品质。
- 创新是我们终极的竞争优势，我们寻找各种跳出框架的想法，来提供价值，促进创新。

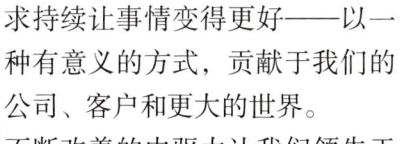

全集团同频经营语言

为了更高效地管理跨平台、跨行业的几百家公司，一套集团内管理的"普通话"很重要。丹纳赫总结出一套 CVD 指标体系。丹纳赫旗下，不论是什么板块、什么行业、什么业务模式的公司，都将这 8 项 CVD 指标作为衡量成功的标准。所有公司的业务汇报都围绕这 8 个指标进行。

CVD 的 8 项指标，分为三部分：面向客户，面向股东，面向员工。

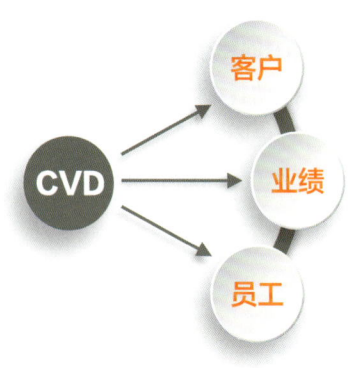

CVD

- 客户
  - 外部不良率（PPM）
  - 准时交货率（OTD）
  - → 质量第一，交付第二
    关注客户，保证长久竞争力

- 业绩
  - 核心业务增长（主营业务销售额）
  - 息税前利润率（EBITDA）
  - 营运资金周转率（现金流）
  - 投资资本收益率（ROIC）
  - → 核心业务增长
    提高投资回报，强劲自由现金流

- 员工
  - 人才内部供给率（IFR）
  - 员工主动离职率
  - → 极度关注人才培养
    投资于企业持续进步的原动力

面向客户

外部不良率（PPM）

客户购买的产品上经历了多少缺陷，这些缺陷乘以百万以放大观察，被表达为"百万分之外部不良率"。丹纳赫期待的 PPM 在 500~1000。

准时交货率（OTD）

按照客户需求的时间准时交付的比率。丹纳赫期待的 OTD 在 98% 以上，OTD 本身不是一个单独评价的指标，还需要结合库存周转次数来观察，如果高 OTD 是以大量库存支撑实现的，并不意味着综合经营能力强，丹纳赫在工业领域里期望的是高达 98% 的 OTD，同时确保库存周转次数超过 15 转（电子类产品还要大幅度超过 15 转）。

面向股东

核心业务增长

在没有收购或汇率波动的帮助下，现有业务的内部增长。当能够很好地为客户服务时，就会比所服务的市场内生增长率扩展得更快，并创造出真正的股东价值。丹纳赫在细分市场期待的核心业务年化复合增长率为 10%~15%。

息税前利润率（EBITDA）

息税折旧摊销前利润占销售额的百分比。用来衡量增长和降低成本活动的质量。当盈利能力持续扩大时，对未来进行投资并为股东提供服务的能力也得以保障。丹纳赫期望的毛利率超过 50%，营运利润率在 20%~25%。

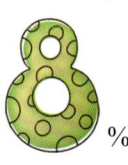

500 PPM **98**% **15**% **25**%

巴别塔

《圣经》中有一个巴别塔的故事。大洪水之后，当时，所有的人类都说同一种语言，有着共同的文化。有一天，人类决定建造一座通往天堂的高塔（通天塔）。上帝看到人类的行为后，害怕人类的力量过于强大，从而引发更多的骄傲和罪恶。于是，上帝决定让人类讲不同的语言，使他们无法相互理解。

由于语言不通，建塔工作无法继续，最终人类被迫各散东西。这座未完成的塔被称为"巴别塔"，意为"混乱"。巴别塔的故事说明了共同语言的重要性。共同语言能让组织更强大。

营运资金周转率（现金流）

丹纳赫特别关注自由现金流，期望各业务板块产生的自由现金流大于当期利润金额，把重点放在库存、应收账款和应付账款上，以提高全年的资金周转次数。丹纳赫期待的营运资金周转次数应该超过12转。

投资资本收益率（ROIC）

被并购公司在并购后的第3年（或第5年）的税后利润与投资资本间的比例。ROIC反映丹纳赫在收购投资中标的选择及投后整合的能力。如果未能选择好的公司，并把它们整合好，则股东宁愿得到一大笔红利，也不愿再投资丹纳赫。丹纳赫希望的ROIC是，补强并购第3年大于10%，新平台并购第5年大于10%。

面向员工

人才内部供给率（IFR）

这个指标反映了内部培养人员填补职位的频率，一般希望在75%。即每提升/任命4名中高层管理人员，有3名是出自内部培养的梯队成员。IFR衡量的是培养员工梯队的组织能力，对维持DBS文化，推动团队持续成长十分必要。

员工主动离职率

非一线员工主动离职的人数占总人数的比例。主动离职的比例如果在5%左右，视同正常和平均水平；如果这个指标突破10%，则认为组织出现了重大挑战，导致员工难以保有较高水准的敬业度，需要做文化重塑或者重大管理团队调整。

12 转　　**10** %　　**75** %　　**5** %

改善与经营工具导入

丹纳赫最为人们赞誉的是它把经营系统工具化，用可学可用的工具推动改善，同时收获团队能力提升和目标达成。丹纳赫为提高经营系统的转化效率，把经营系统变成看得见摸得着的工具箱。在工具箱的系统化、结构化、层次化、工具化上注入大量精力，构建起完整闭环、实用高效的管理工具箱。这对促进被收购企业快速融合、培养高度同频的经营人才大有裨益。

DBS 工具箱包括基石类、成长类、精益类、领导力类等分部工具。

DBS 工具箱也是持续动态优化的，随着业务对象的调整，不断会有增减调节，以适应新业务、新业态的需求。

一旦战略工具中的保龄球图安装运转起来，就会逐月暴露出经营中的主要问题，这时候企业可以自主改善，就是由经过多轮训练、拥有黑带认证的高段位员工带领初级员工对这些工具包进行自学习，设计自主改善周。如果不能有效解决问题，可以向各平台 DBSO 寻求支持，后者会派出资深专家予以指导，指导形式通常是专题改善周。

DBS 的基石类工具一共有 8 个，包括客户之声（VOC）、价值流图析（VSM）、标准作业（SW）、事务性流程改善（TPI）、改善活动基础、5S、问题解决流

GROWTH 成长

Dream 梦想	Develop 开发	Deliver 交付	Reliability 可靠性
Segmentation 市场细分	Product Planning Group 产品决策管理	Web Marketing (SEO & PPC) 网上营销	Reliability PD Boot Camp 可靠性训练营
Ideation 创新设想	Product Life Cycle Management 产品全生命周期管理	Transformative Marketing 创新营销	Customer Defect Tracking/Resolution 客诉追踪与解决
Innovation Process 创新流程	Accelerated Product Development 快速产品开发	Lead Nurturing 线索培育	Supplier Quality Management 供应商质量管理
	Speed Design Review 快速审计审核	Price Leakage 价格管理	Design for Reliability 可靠性设计
	Project Management 项目管理	Funnel Management 销售漏斗管理	Failure Mode Effects Analysis 失效模式分析
	Software Boot Camp 软件开发管理	Sales Force Initiative 销售团队管理	Quality System Basics 质量系统基础
	Lean Software Development 精益软件开发	Value Selling 价值销售	Customer Service & Support 客户服务与支持
	Personal Review & Team Inspection 团队设计评审	Strategic Negotiations 商务沟通策略	
	Software Process Automation 软件开发自动化	Inside Sales 销售运营管理	
	User Experience DNA 客户体验		
	Intellectual Property Process 知识产权管理		

DBS FUNDAMENTALS 基石工具

Voice of the Customer 客户之声	Value Stream Mapping 价值流图析	Standard Work 标准作业

程（PSP）以及可视化日常管理（DM）。

丹纳赫要求被并购企业在一年内学习和导入基石类工具，其后则是根据经营中暴露的问题，在自主改善和外部改善周活动中，系统学习和使用各项工具，提升能力。

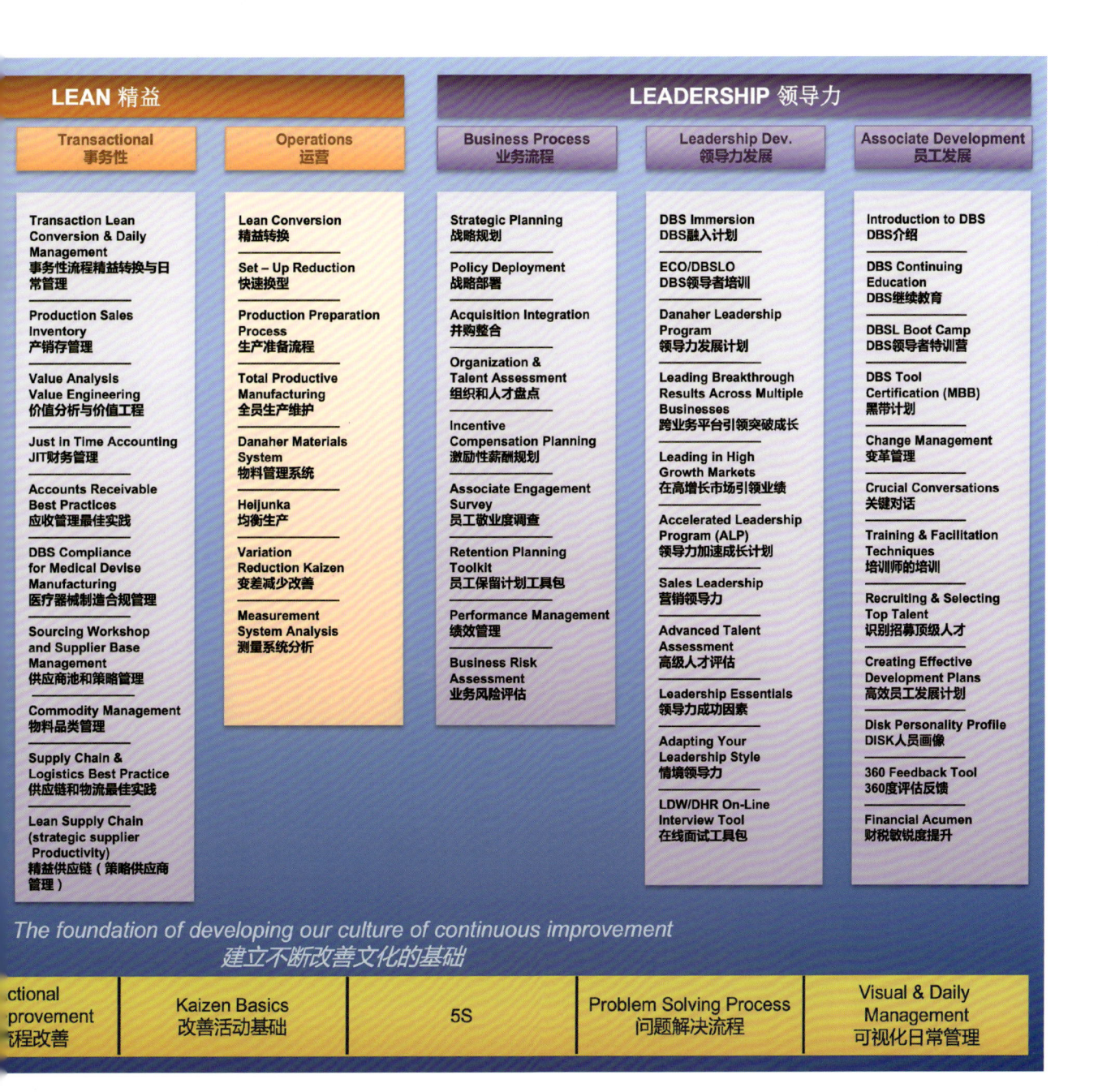

LEAN 精益

Transactional 事务性
- Transaction Lean Conversion & Daily Management 事务性流程精益转换与日常管理
- Production Sales Inventory 产销存管理
- Value Analysis Value Engineering 价值分析与价值工程
- Just in Time Accounting JIT财务管理
- Accounts Receivable Best Practices 应收管理最佳实践
- DBS Compliance for Medical Devise Manufacturing 医疗器械制造合规管理
- Sourcing Workshop and Supplier Base Management 供应商池和策略管理
- Commodity Management 物料品类管理
- Supply Chain & Logistics Best Practice 供应链和物流最佳实践
- Lean Supply Chain (strategic supplier Productivity) 精益供应链（策略供应商管理）

Operations 运营
- Lean Conversion 精益转换
- Set–Up Reduction 快速换型
- Production Preparation Process 生产准备流程
- Total Productive Manufacturing 全员生产维护
- Danaher Materials System 物料管理系统
- Heijunka 均衡生产
- Variation Reduction Kaizen 变差减少改善
- Measurement System Analysis 测量系统分析

LEADERSHIP 领导力

Business Process 业务流程
- Strategic Planning 战略规划
- Policy Deployment 战略部署
- Acquisition Integration 并购整合
- Organization & Talent Assessment 组织和人才盘点
- Incentive Compensation Planning 激励性薪酬规划
- Associate Engagement Survey 员工敬业度调查
- Retention Planning Toolkit 员工保留计划工具包
- Performance Management 绩效管理
- Business Risk Assessment 业务风险评估

Leadership Dev. 领导力发展
- DBS Immersion DBS融入计划
- ECO/DBSLO DBS领导者培训
- Danaher Leadership Program 领导力发展计划
- Leading Breakthrough Results Across Multiple Businesses 跨业务平台引领突破成长
- Leading in High Growth Markets 在高增长市场引领业绩
- Accelerated Leadership Program (ALP) 领导力加速成长计划
- Sales Leadership 营销领导力
- Advanced Talent Assessment 高级人才评估
- Leadership Essentials 领导力成功因素
- Adapting Your Leadership Style 情境领导力
- LDW/DHR On-Line Interview Tool 在线面试工具包

Associate Development 员工发展
- Introduction to DBS DBS介绍
- DBS Continuing Education DBS继续教育
- DBSL Boot Camp DBS领导者特训营
- DBS Tool Certification (MBB) 黑带计划
- Change Management 变革管理
- Crucial Conversations 关键对话
- Training & Facilitation Techniques 培训师的培训
- Recruiting & Selecting Top Talent 识别招募顶级人才
- Creating Effective Development Plans 高效员工发展计划
- Disk Personality Profile DISK人员画像
- 360 Feedback Tool 360度评估反馈
- Financial Acumen 财税敏锐度提升

The foundation of developing our culture of continuous improvement
建立不断改善文化的基础

| ctional provement 程改善 | Kaizen Basics 改善活动基础 | 5S | Problem Solving Process 问题解决流程 | Visual & Daily Management 可视化日常管理 |

组织发展和人才培养

丹纳赫给我们的重大启发在于，不仅会做并购，更会做整合，才能让并购式增长成为可能。丹纳赫在投后整合的过程中，做对了很多事，因此书写了连续收购几百家企业都获得成功的传奇。其中，组织架构调整与人才发展是至关重要的环节。

组织架构调整与人才发展的核心目的有两个：一是为了让 DBS 经营系统更好地落地，二是为未来的并购输出更多经营管理人才。

组织架构

不同于一般的职能部门式的组织架构调整，丹纳赫在收购完成后的第一时间，做的是在新收购企业建立 DBSO。DBSO 是企业内部的赋能部门，类似内部的培训机构和咨询公司，也可以看成是"组织内部的麦肯锡"。DBSO 的团队具备丰富的实战经验和 DBSO 专业知识，能够迅速融入新的业务环境，确保业务整合顺利进行。DBSO 大力支持被并购企业的本地 DBSO 部门推动经营系统的建立，以及符合 DBS 要求的人才识别和培养。

DBSO 的工作方式是通过前文提到的"改善周"的方式进行。改善周有两个主要形式：一种是将经营系统的管理方法迅速"安装"到被并购企业；另一种是使用工具箱中的工具，帮助被并购企业改善。

安装的方式，目的是让各被并购企业的经营管理方法迅速统一。用标准语言工作，能够极大程度上帮助提升管理效率，也让集团总部同时管理几百个跨行业的公司成为可能。

例如，销售漏斗安装的改善周，用 5 天时间，让被并购企业迅速将销售机会管理的方式，统一为 DBS 的漏斗管理方式。

这种"安装"的方式能够获得成功，很大程度得益于 DBS 体系 30 年在几百家企业实践中的知识积累和经验总结，使得经营系统的工具能够广泛适用于不同行业不同产品的情况。

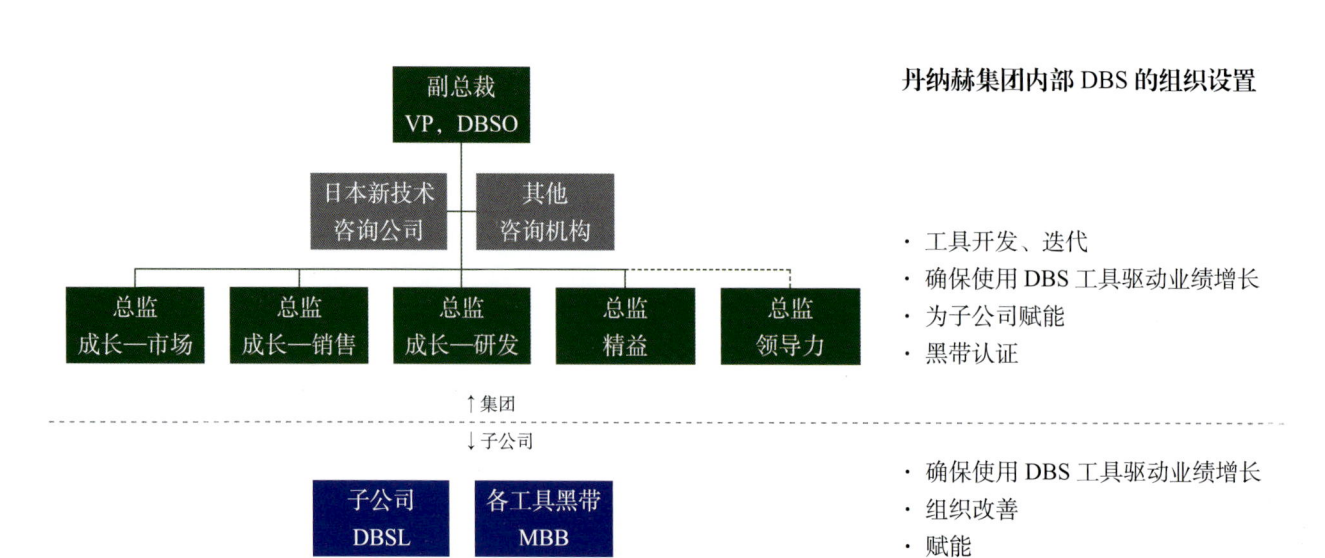

丹纳赫集团内部 DBS 的组织设置

集团层：
- 副总裁 VP, DBSO
  - 日本新技术咨询公司
  - 其他咨询机构
  - 总监 成长—市场
  - 总监 成长—销售
  - 总监 成长—研发
  - 总监 精益
  - 总监 领导力

- 工具开发、迭代
- 确保使用 DBS 工具驱动业绩增长
- 为子公司赋能
- 黑带认证

子公司层：
- 子公司 DBSL
- 各工具黑带 MBB

- 确保使用 DBS 工具驱动业绩增长
- 组织改善
- 赋能

改善的方式，目的是帮助各公司解决问题，提升业绩指标。改善周的形式，与一般的先列目标、次列行动计划，再去执行的方式相比，最大的益处就是快。在3~5天的时间内，能实现传统方式几个月才能实现的提升。例如，流动生产的改善周，可以在5天时间里改造一条产线，让生产效率提升一倍。采购降本的改善周，可以在3天时间里，填充出未来一年的降本机会漏斗，实现3%~5%的降本。

人才培养

人才培养与激励机制在并购后的整合过程中占据着举足轻重的地位。丹纳赫充分认识到优秀人才对于公司发展的重要性，致力于全球最佳雇主品牌建设，提供全面的培训和发展机会，帮助员工不断提升专业技能和综合素质。丹纳赫注重新旧团队成员之间的协作与沟通，确保各团队之间能够形成紧密的合作关系，共同推动业务的持续发展。丹纳赫建立了具有竞争力的薪酬福利体系，以吸引和留住行业内的优秀人才。这些措施不仅有助于提升员工的工作积极性和满意度，更能够为公司的长远发展奠定坚实的基础。

在人才发展方面，丹纳赫有几个多年来秉承的核心理念和有特色的地方。给大家做一些简单的介绍。

甄选优秀人才

丹纳赫认为，优秀的人，做卓越的事。因此，丹纳赫长期致力于从内外部甄选优秀的员工。

MBA总经理培训计划

丹纳赫每年在美国顶级的商学院招募MBA教育背景雇员，为其制订6年期的中长期领导力培养计划，在这6年间会轮岗3~4个不同的重要职位、不同的部门，并指派资深的高管作为导师。培训目标是：在这6年里，要获得足够多的行业知识、商务的人脉，积累一些成功案例，并且浸润在整个DBS文化中。这个计划希望实现的目的是培养的人才能够接任丹纳赫下属公司总经理的职务。丹纳赫现在的一些高管包括前CEO都是这样的发展模式。卡尔普20多岁从哈佛毕业后就直接加入丹纳赫，然后作为前任CEO的助手，辅助进行整个战略的制定，包括完成一些并购。

组织发展和人才培养

高潜人才培养计划（high potential coaching program）

丹纳赫认为，优秀人才的培养一定是面向未来的。除了正常的员工发展计划外，丹纳赫还有一个高潜人才培养计划。丹纳赫对高潜力人才的定义是"未来能承担领导角色的高绩效员工，有着和企业相一致的价值观和战略愿景，强烈的自我成就动机，能够在不断变化的环境中持续学习，找寻解决问题的方法，表现出独特的人格魅力和领导力潜质"。高潜人才就是各级管理岗位（尤其是高级管理岗位）的梯队人才池。

高潜人才的评估，考虑现在和未来。相较于现实的能力（绩效表现），潜力才是指向未来的增长力量，是一种可以帮助组织应对未来完全不同且越来越复杂环境的综合适应力。因此，高绩效不等于高潜力，高绩效只是识别高潜力员工的起点。

潜力的识别遵循 3A 模型，即 agility（敏捷）、ability（能力）、aspiration（抱负）。一般来说，只有 1/7 的高绩效员工具备高潜力，高潜力员工只占总员工数的 3%。

每一位被识别出来的高潜员工，都会在总公司的人力资源那里直接挂上号。在总部的人力资源部门也会有专人负责高潜人才，对其直接进行管理。（大部分高潜员工不知道自己是高潜人才）

每一个高潜人才，都会有自己的专门档案，有详细的个人发展计划，并分配所需要的资源。比如说有一些海外的 DBS 培训会优先选派这些高潜人才去参加。也会为其提供充足的机会进行轮岗，以熟悉不同的业务部门。其中一种轮换是把这些高潜人才派去 DBSO 轮岗，通过给不同业务部门赋能（包括通过进行一些项目的改善去提升他们的业务），让高潜人才更加理解和拥抱 DBS，以这样的方式培养未来领导层的接班人。不同的子公司会有一些各具特点的特殊做法。例如在泰克公司会有一个导师体制，而且是跨部门安排导师。这个导师和高潜员工也会联合开发一些项目。

培养优秀人才

在培养人才方面，丹纳赫不遗余力。很多企业认为，花大价钱培养员工，但是员工离开了，不是白白浪费吗？但是丹纳赫认为，如果我们不培养员工，员工却决定留下来了，公司该怎么办呢？

丹纳赫的人才培养是系统性的。有基于岗位的胜任力模型和发展计划，它的最大特点是，一切围绕 DBS 经营系统进行。

譬如，所有员工，不论是新入职的，还是跟随被并购的公司加入丹纳赫的，在加入初期都要参与为期 3 个月的沉浸式培训和赋能计划。丹纳赫的人力部门认为招收优秀的雇员，让他们高度认同公司文化价值观，并具备领导力，是整个公司最核心的工作。即便有些新员工在 3 个月内因为无法文化融入而离职也是一件好事，因为提前作出了价值观筛选，就可以避免后期为其付出更大的管理和更换代价。

为了让 DBS 系统的文化与工具能真正地贯彻实施下去，DBS 系统会和全员的绩效考核挂钩且占据重要比例。在丹纳赫，所有员工的绩效考核和激励，都由两个部分构成。一部分是绩效目标，也就是做了什么；另一部分是领导力要素，也就是用什么方法做的。这两个部分各占 50% 的权重。在绩效目标的部分里，又分为两个部分：一部分是公司的整体业绩达成率（CVD 指标）；另一部分是个人绩效达成率，而在个人绩效里，至少有 10% 权重的目标要和使用 DBS 工具做改善相关。

在人才培养方面，最具特色的，是黑带培养计划和领导力培养计划。

黑带培养计划

关于经营系统人才培养，在 2002—2019 年，丹纳赫内部叫黑带（MBB）认证。2019 年之后，随着 DBS 体系的发展，以及对人才培养的日益重视，改为 CP（certified practitioner）认证程序。黑带和 CP 认证的本质都是一样的，围绕体系工具箱中的工具，培养出一批批懂理论、会实践、出成果的人才。深度认同 DBS 体系能够帮助提升业绩，并能够应用工具真正地帮助提升经营业绩。认证分为三个能力层级，最基础的是 CP 认证实践者，中级的是 ACP（advanced certified practitioner），最高级的是 process owner，即某 DBS 工具负责人。

黑带培养计划，一方面给了员工发展通道，让员工更愿意在丹纳赫体系内工作；另一方面这些员工也成为 DBS 系统最忠心的拥趸，是将 DBS 文化和工具推广到各被并购公司的中坚力量。

领导力培养计划

丹纳赫非常强调领导力。领导力不等于"领导"。领导力和员工在公司内的年资、组织架构中的级别无关，领导力是关于如何自我驱动，如何激发和引领他人，达成共同的目标。

在 DBS 系统中，对什么是领导力进行了详细的规范，也就是领导力要素。

对于领导力要素而言，丹纳赫将组织内部各个层级分为三层——个人贡献者（不带团队）、经理/高级专业人员、高级管理者/专家专业人员，为每一层的员工定义了如何发展领导力。

| 引领方向 | 驱动创新 & 成长 | 通过 DBS 领导 | 发展人才和组织 | 行为诚信 |

U2

第二章

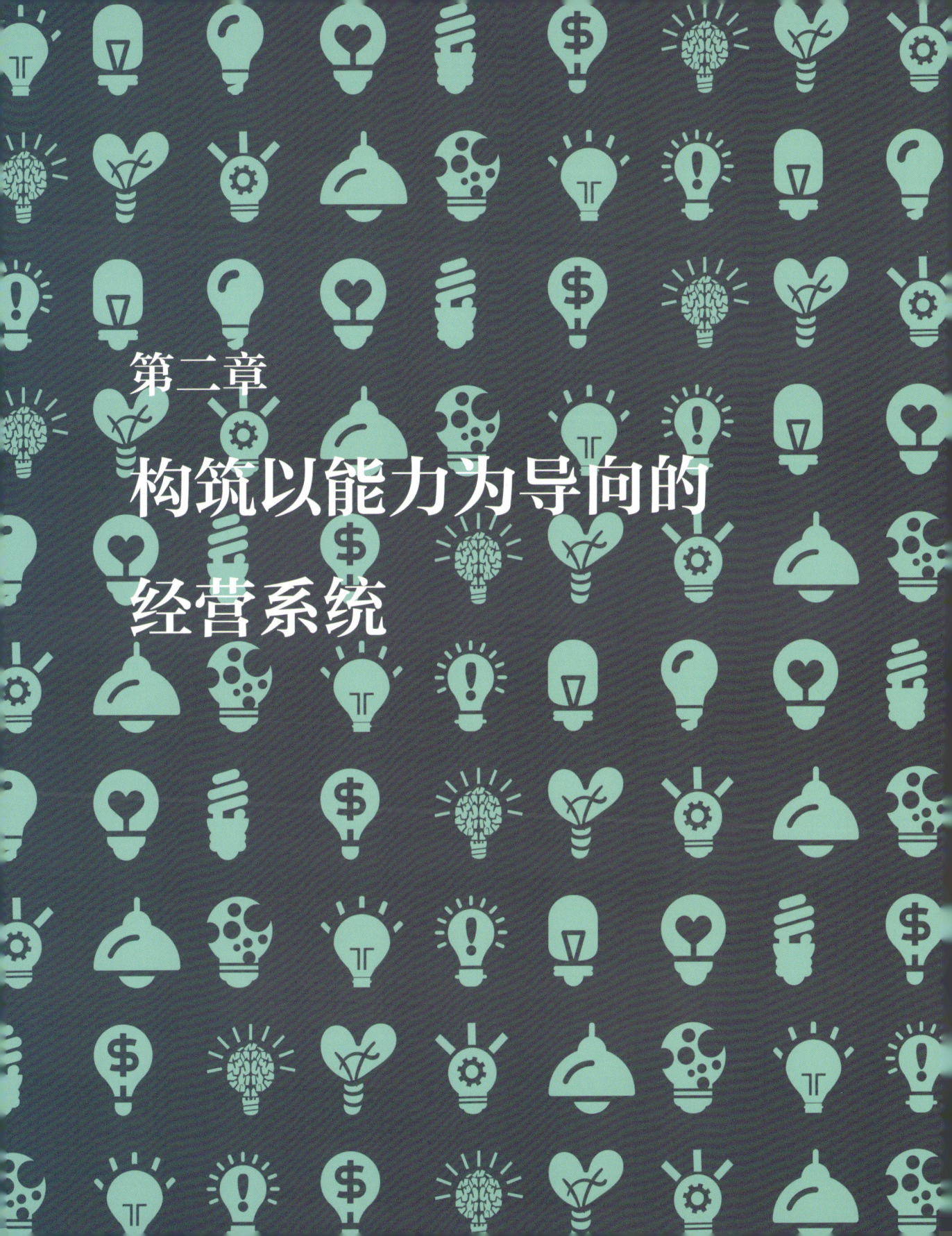

构筑以能力为导向的经营系统

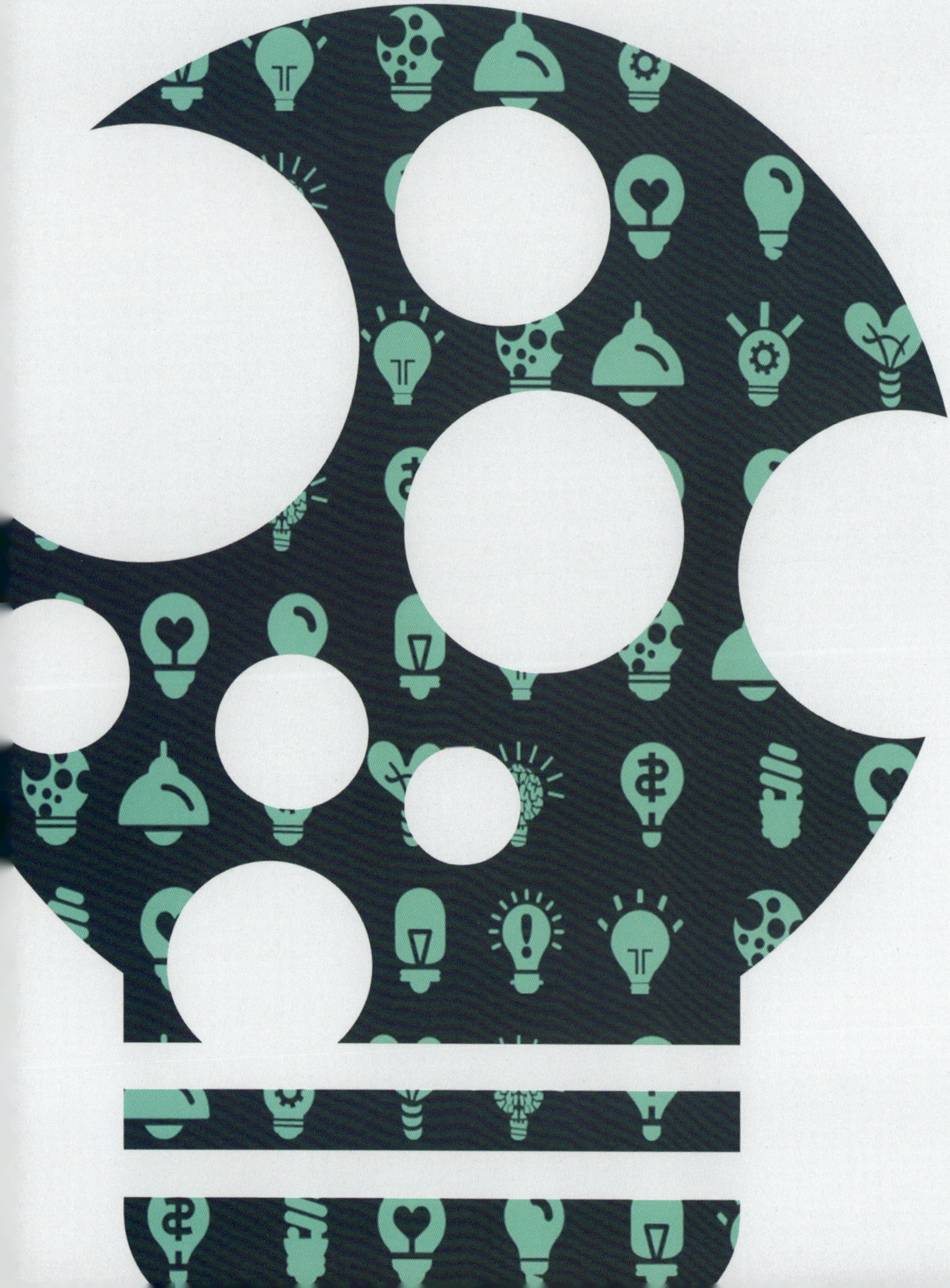

第一节
中小制造企业的"十面埋伏"

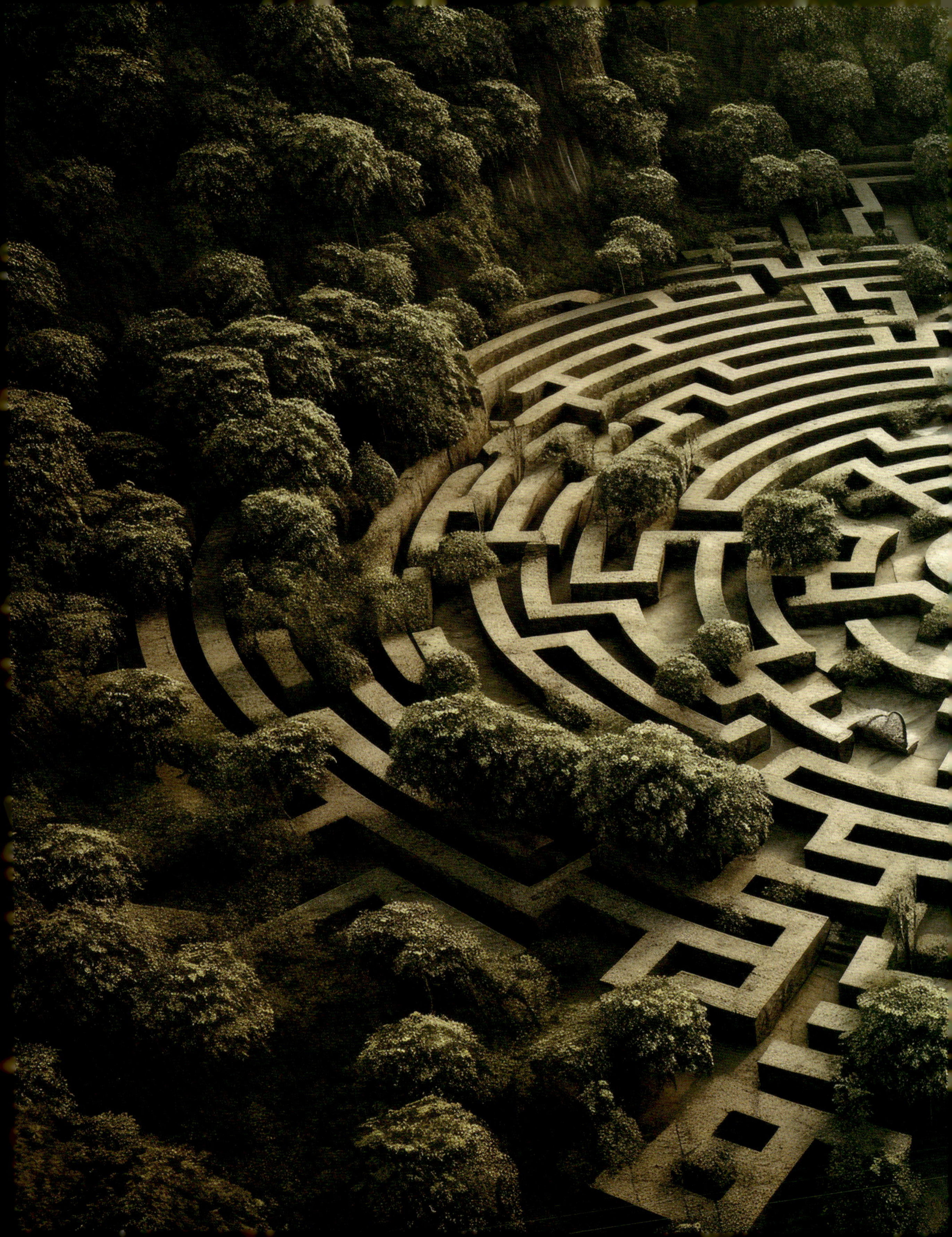

2023年以来，国内中小制造企业面对的经营压力不断加大。大家普遍抱怨价格太卷，成本攀升，市场缺少增量，前途十分迷茫。从产业经济发展的角度，大量中小制造企业必须直面的是生存问题。如果沿用过去40年"资源牵引""规模导向""低水平碰机会"的发展逻辑，恐怕超过2/3的中小制造企业都要被迫退场。很多企业主根本没有意识到身处巨大变革的浪潮之中，总觉得是周期因素，只要熬过去总会春暖花开。但这是世界百年未有之大变局，全球如此，我们的产业亦是如此。中小制造企业要跟上中国式现代化的班列，要好好睁眼看看就在眼前的"十面埋伏"，做好认知重构，才有机会杀出重围。

一面埋伏：人类处在重大科技革命的子时，制造业将迎来革命性变化

中国经济从高速增长进入高质量发展阶段。经济增长的旧动能减缓了，新动能还没有完全释放出来，数量型增长要让位给质量型增长。

当前，全球大多数国家和地区陷入增长乏力的困局。一方面经济增速有限，另一方面许多国家物价还在持续攀升，经济学描述20世纪七八十年代的滞胀幽灵仿佛又重新回到现实生活里。

如果从50年的经济周期来回看全球经济，面对1972年经济寒冬里的人们，我们大概率会予以宽慰。冷战终究没有演变成热战，全球经济总量在随后的50年里达到10倍增长。人类将在30年后进入互联网时代，前所未有的虚拟经济贡献了巨大的经济增量。过去无法想象的工作机会涌现出来，年轻一代完全摆脱了父辈的认知束缚，在农田里劳作或者在机床边度过一生的父亲不可能指导他的"码农"儿子怎样思想和工作。人类社会的思维模型也在急剧变化，今天被互联网和电子商务加持和链接的经济超过全球经济总产值的一半以上，我们已经进入一个50年前人们无法理解的生存状态。

相信50年后回看今天，后人也会以宽慰的心态对待今人！许多创新科技正在向应用转化，新材料、新能源、生命科学、生物技术都在孕育巨大的变革能量。这其中至关重要的新动能很有可能是以人工智能为支撑的智能（人形或异形）机器人的全面突破。

工业革命以来，人类所有的努力都在发明和优化便于人使用的工具。未来60年，最重要的发明将突破"人类使用"进入"自主使用"。简言之，机器人将全面与人协作，在一些领域实现对人类劳作的全替代：工农业生产大量启用高级人工智能支撑的人形机器人，在生活服务领域智能机器人在养老、育儿和陪伴上大有可为。在科学研究等一些需要更多创造性的领域，机器人也能展示出前所未有的优势，与人类协作大大提高科学研究的效率。

智能机器人将会完胜汽车等传统产业，成为发展的重要新动能。未来智能机器人将遍布我们的生产生活诸场景，也会催生出一批前所未有的新业态公司。假如说过去社会运行和生产规则是给人准备的，智能机器人的登场将带来革命性变化。

跟上科技大变革的时代，要求制造从业者保有好奇心，具备观察前沿技术、根据应用场景迭代创新的能力。中小制造企业要清醒认识到科技革命的趋势，要么加入其中成为智能机器人系统的一个优质供应商，要么在特定的应用场景上领先一步，开启用智能机器人生产方式改造传统生产方式的伟大实验，从而主动拥抱未来，创造未来。

二面埋伏：以高质量发展推进中国式现代化标识出高风险区域

推进中国式现代化要坚持"创新、协调、开放、绿色、共享"的新发展理念，这也意味着获取未来财富的方向。中国经济面临的主要挑战是跨越中等收入陷阱，须大力提升企业创新能力，激发人才的创造能力。基本实现社会主义现代化的主要目标是在2035年人均GDP达到2万至3万美元，这是进入中等发达国家的重要标志。

中小制造企业要看明白时代大势，就要理解中国经济独特的总体设计。我们可以借助鸟笼经济理论来做一个解析。搞经济就像一个装着鸟儿的鸟笼，中小制造企业毫无疑问是鸟笼中的鸟，这意味着：第一，经济体量有大小之分，中小制造企业不是飞鸟中的大个子，必须在特定的区域找好自身定位，不唯规模论英雄，走好专精特新之路；第二，要找到自己的生存空间，避开与大鸟的正面对抗，在自己选定的一隅深耕筑巢；第三，中小制造企业要顺应新发展理念，比如坚持绿色发展，不能在业务开展中触碰环境保护的政策红线，要在产品的全生命周期管理中确保绿色环保，给客户和社会带来可持续价值。

丹纳赫在进入新产业、开展新并购的进程中非常重视纪律和风险评估。在发展早期，它总是选择辅助还不是主攻的赛道，把所有的机会都放到风险的框架里充分评估。例如，丹纳赫不会选择周期性强相关的赛道，避开房地产、大宗商品交易，甚至对汽车这样的与经济景气程度密切相关的行业也选择逐次减少。它明白，对中小企业而言，安全和避险是在决策之初就要设计出来，并且用纪律来约束的。最大的安全是远离伴随经济周期大起大落的地方，最大的风险来自大赛道的大体量对手。在大赛道，体量就是优势，而创新能力和对客户需求的快速响应能力，才是中小制造企业的优势和提升方向。

三面埋伏：中小制造企业靠"资源导向"发展模式难以为继

所谓资源导向型经济增长模式，主要是指通过要素资源的高密度投入换取经济数量型增长。具体到制造业，就是通过资金、土地、通用设备、普通劳动力等要素资源的密集投入，推高公司业务收入。在经济发展早期，即产能不足，新增海外订单充足的特定阶段，通过要素资源密集投入拉动经济增长是一种立竿见影的有效手段。但一旦进入经济发展的瓶颈阶段，特别是出现产能持续过剩，需求又明显不足的情况下，低水平要素资源投入一定会产生边际效应递减。投入增加却增长停滞，甚至萎缩。改革开放40多年来，在各个传统生产领域，普遍是产能多过需求，土地、厂房和设备等不动产投资是天文数字。今天再把手头的资金变成土地、厂房和设备等一般性产能很难获得理想回报。

中小制造企业要清醒地认识到重资产的危害和边界。一般认为固定资产即土地、一般性加工设备和厂房在总资产中的合理占比应该是15%~25%，即使再高一些，也不超过40%。超过这个临界点，中小制造企业可能就误入了重资产的歧途。评价高效率制造单元或者工厂的重要标准不是看投入，而是看投入结构和产出效率。所谓投入结构，就是减少固定资产在总资产中的占比，减少土地厂房和一般性加工设备在固定资产中的占比。增加具有特定功能和增值作用的开发、测试、实验设备和软件，特别是用于关键性能功能、可靠性、材料的测试，关键性能加工装置，设计仿真软件等，持续增加用于关键性能、功能检测的高等级检验测试设备的占比。所谓产出效率，就是要核算每一平方米用地，每一个员工所带来的收入、利润和现金流水平，由此来提升资源使用效率，获得超越对手的竞争力。

当我们走进全球效率标杆制造企业，会惊奇地发现，其厂房面积、人员数量、固定资产总量似乎不像我国很多中等规模企业那样显得气势恢宏，但在坪效、人效、创新的投入产出比、资金和存货周转能力、盈利水平等各项指标上，它却"遥遥领先"于同业对手。中小制造企业真正的优势不是凭借谁的要素资源投入多，而是看谁的投入产出效率高。中小制造企业要用有限的资源，创造出更高效率和更好回报。如何获取这种能力，是我们要持续学习和超越的。

对于中小企业，"资源导向""规模导向"的老路一去不复返了

四面埋伏：中小制造企业靠"规模导向"价格内卷没有出路

中国有一句老话叫"薄利多销"，原本指的是小商小贩为了在市场夹缝中求生存，只好降低自己的盈利预期，宁可少赚一些单品利润，也要多卖一些数量，多占有一些市场，认为只要规模大了，就可以向供货商施加压力，多分得上游环节一点儿利益。近年来，"薄利多销"变成"价格内卷"的同义词，整个制造业要活下去，就得不断降价降利，而这种你卷我也卷的恶性竞争，最后一定是整个产业链陷入不可持续的恶性循环陷阱。大家一味在价格上做文章，对产品的品质稳定性、生产制程管理不以为意，更不用说在创新领域投入新增资源，这样的群体行为只能造成低价横行、劣币驱逐良币、假冒伪劣盛行，最终损害整个价值链企业、用户和消费者核心利益。

中国的GDP总量高居全球第二，制造业规模早已是全球冠军。但许多地区和产业的快速增长相当程度上是通过加资金杠杆、加产品库存、加环境污染、加社会成本和对人的工具异化使用得到的，这与人的全面发展、产业经济的高质量发展、追求美好生活背道而驰。中国经济要从规模大转变为质量高，最重要的是增进企业的聚焦性、高效性和创新性。中小制造企业如果死守着"薄利多销""价格内卷""剩者为王"的经营理念，只能是慢性自杀，更不会等来美好的未来，必须调整理念，果断转型，从一般性通用产品的规模化市场退出，彻底改变同质化竞争的梦魇。

我们反观丹纳赫、尼德科、伊顿、赛默飞等一批优秀制造企业发展历程，会发现一个有趣的现象，它们总是坚定地进入利基市场，即那些大型竞争对手因为规模有限不愿意进入，小的竞争对手又因为能力有限不构成实质性威胁的市场。在100亿美元左右的有限规模市场里，持续瞄准占到市场份额一半左右的头部客户，提高品质和交期的稳定性，紧盯客户特定需求开展创新，总是能够在这个利基市场占有一席之地。先建立起坚强有力的桥头堡阵地，再利用此前沿阵地进行扫描，对能够产生协同效应的主体展开并购，获取对利基市场更具整合效应的优势地位。

对中小制造企业而言，破除"规模制胜"的狭隘认知，清楚定位自己的特定赛道，满足个性化定制需求，形成独特竞争优势，才能走出光明未来。我们把这种能力视为聚焦深耕能力，也是我们学习成长的重点能力。

五面埋伏：中小制造企业靠"低水平碰机会"会坠入运气深渊

我们把善于抓住机会当作表扬，而把"机会主义"牵引视作批评。"机会主义"牵引是缺少深耕的赛道和根据地，总是在各种眼前的机会里兜圈子，赚快钱。这种企业碰到的机会很多，抓得住的却不多，错失了发展良机，更重要的是能力始终没有提升。也有一些优秀制造企业，抓住一些关键机会，建立起自己的根据地市场和核心能力，修起了独特的护城河与防火墙，消化不断涌现的新机会，成为时代赢家。

把提升能力作为优先事项，深信经营系统可以赋能新的团队，所有机会都可以被方法论拆解，被组织能力有效消化。任何一个组织，要成长壮大起来，必须同时具备两种核心系统能力。一种是"攫取"（grabber），也就是对外界环境变化保持高度敏感，因时因地总能准确识别、判断和获取成长机会；另一种是"转化"（holder），也就是通过有组织的管理和努力，系统协调设计开发、生产运营、供应链、后台诸部门，满足客户需求，实现公司价值。通过系统经营能力建设，可以在原本陌生的领域抓住机会，转化价值，并且可以将这种能力外赋给各类合作组织。

中小制造企业必须建立一个信条：未来是靠能力去赢取的，而不是有多少机会。在物资短缺的增量时代，只要有胆量去抓机会，总能赢多输少。即使做得不够好也依然有很多机会可以抓。但进入产能过剩的存量时代，大家都靠上产能做事的机会恐怕已经不是什么好蛋糕。靠能力创造价值，做难而正确的事，这条路上并不拥挤。面向未来的经营，将用高度确定的能力去对冲不确定的外部环境变化，用可衡量的能力去创造和承接新的机会。我们要把能力进行分类，让它可衡量；要把能力建设体系化，确保系统性能力持续提升；还要最终把能力作为一种核心芯片，内嵌到为客户提供的产品和服务之中，推动客户的运营能力和创新能力，成为更广义的产业赋能专家。

娃娃有很多
关键是能"抓"得住
还能"hold"得住

六面埋伏：完全搞错竞争对手，想用价格战赢得同质化竞争

很多朋友理解的同质化竞争，是因为产品的同质化，所以只能打价格战。我们认为同质化竞争的本质是和竞争对手满足相同客户的相同需求。要走出同质化竞争、价格战的怪圈，最重要的是重新定位客户需求，重新定位竞争标杆。重新定位客户需求实质上要求从竞争源头上做差异化，学会满足不同客户的不同需求。我们要学会站在产业的上空，从现象看本质，从未来看现在。

选择利基市场的大前提不变。我们不管今天规模多大，都要有坚定的赛道意识。赛道的选择完全可以是自定义的，也必须是自定义的。简单参考国家和行业标准的赛道定义容易束缚思维，把赛道切得太宽。进入一个市场，务必绘制市场全景图。首先看清楚潜在的技术路线选择，制造企业从技术路线切分市场是一个重要维度。其次可以从客户分类维度再次切分。当我们能清晰地看到所在赛道的各项特征，聚焦就有了基本条件。这时候我们需要聚焦的一定是所选择赛道的头部客户。因为对工业制造企业而言，一个赛道里的客户数量往往数以百计。但客户的分布一定符合"二八原则"，即20%的头部客户往往占据了80%的市场份额和利润。

我们能够用产业视角、赛道视角看细分市场、选头部客户，这本身就已经与竞争对手形成了差异化。迎着特定的头部客群，再深入其产品服务使用的全流程诸环节，倾听客户痛点和抱怨，往往很快能聚焦到一些新的核心需求，进而衍生出创新的产品和服务。这种从源头环节开始进行的差异化才能有效破解同质化竞争的怪圈。在锁定的赛道里，还要重视赛道标杆的分析研究和赶超，找到运营和创新能力的竞争标杆。在聚焦、效率和创新能力上全力赶超全球标杆，才能实现更大进步。

赢得同质化竞争的本质是差异化，一定要做那只不"一般黑"的鸟

七面埋伏：错误理解微笑曲线，总想靠模式创新取胜

中国台湾地区企业家宏碁集团创始人施振荣曾经提出著名的产业微笑曲线。施振荣先生说，制造业利润最微薄的环节在微笑曲线的最下端，也就是一般加工制造。想提高企业的经营利润，就要向微笑曲线两端构建核心能力，进入高附加值高利润区间。左侧部分可以理解为核心技术、核心工艺、更具进入壁垒的关键零部件产品；右侧部分则可视为营销模式创新、服务模式创新和金融模式创新。

传统中小制造企业往往处于微笑曲线的底部，通过把资源大量投入到土地、厂房和通用设备进入市场，能加工生产的订单往往也是大路货。随着一般性产能不断涌入市场直至过剩，价格不断内卷，大家利润越来越薄，许多企业开始把功夫下在微笑曲线右侧，就是在经营模式上创新，比如用更加贴近客户的营销模式，用延伸到现场的服务模式，用金融手段介入的供应链金融模式，等等。随着同质化竞争的进一步加剧，模式创新好像很难一直领先。模仿者蜂拥而至，甚至后来居上。更要命的是模式创新逐渐聚焦在金融领域，所谓的供应链金融最终演绎成变相融资服务甚至庞氏骗局，触碰到政策的雷区。现代经济最大的风险是金融风险。推进中国式现代化，必须高度重视金融安全，在跨越中等收入陷阱的关键期，要严肃处理金融违规，特别是未经许可的各类金融擦边球行为。中小制造企业应远离金融业务，做一家聚焦核心客户和核心技术能力、拥有高坪效高人效运营能力、具备以客户需求为导向迭代创新能力的精而美的企业。

中小制造企业的创新转型，应从三方面着力。一是要尽可能脱离微笑曲线底部区域，不仅仅从事一般性的加工组装业务，逐步摆脱低水平内卷式竞争；二是在微笑曲线左侧加大资源投入，特别是追踪锁定赛道内那些拥有核心技术、核心工艺的产业标杆企业，走中技术路线，为成熟技术寻找新的应用场景，同时构筑起能力护城河；三是在技术团队支持下提升大客户销售和延伸服务能力，坚决不进入所谓供应链金融，不从事类金融业务，走出自己的正道，靠能力开创未来。

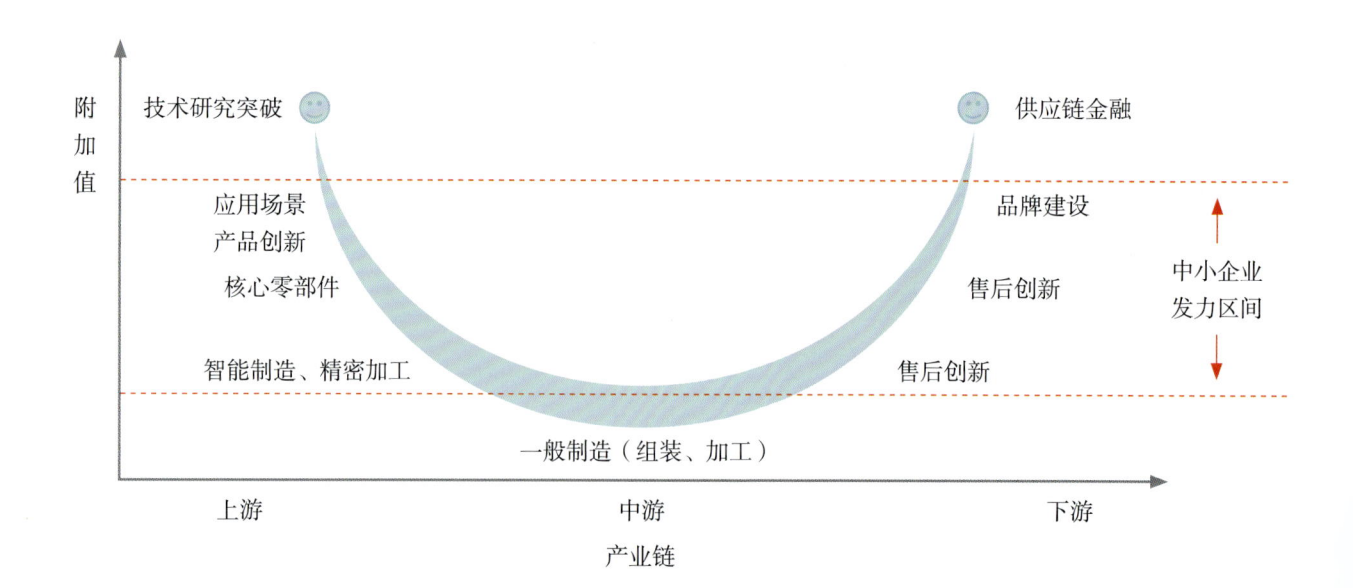

八面埋伏：不理解全要素生产率的重要意义，轻视"人"的价值

经济学里有一个专有名词，叫全要素生产率，意在研究促进增长的要素效率。传统的要素资源像资金、土地、劳动力，其投入产出到了一个临界点都会出现边际效应递减。后工业化时代，能带来永续进步的是技术资源和创新能力。技术和创新能力的载体是人，因此"人力资源"或者"智力资源"这一要素越来越处于关键位置。

怎样开发"人力资源"获得"知识资本"是跨越中等收入陷阱真正的要害。这当然需要全社会共同努力，需要新型教育体系产出合格人才。中小企业作为社会创新发展主体之一也同样发挥重要作用。

什么样的组织能够支持人持续创新，并且以创新获得更有利的竞争地位，创造更大价值？现在看来组织具备以人为本的文化氛围，员工具备领导力是基础性条件。

优秀制造企业都重视员工的主动离职率和内部晋级率，一般认为员工的主动离职率应控制在一个良性水平（2%~5%）。在内部管理岗位出现空缺时，其内部选拔的人才与外部招聘新人充实岗位的比例大约是3∶1。对管理层甚至普通员工而言，大家需要的是一种确定性和安全感，当组织为员工提供符合法律法规要求的良好薪资待遇后，组织成员最关心的是组织前进有没有方向，遇到工作挑战有没有依靠和支持。

谈到方向，员工们都会很具体地关注公司在什么样的赛道，未来三年要去到哪里，未来一年可能在什么位置，一些关键性指标的设定或者远景目标设定是否科学可行。对大多数员工而言，一个组织方向确定能带来安全感和有序感，让人们安下心来从事研究和拓展工作。好奇心和进取心才是创新最大的原动力。靠高压、靠奖惩制度并不能提高创新的成功率。在工作中遇到挑战或者新问题时，各级员工更在意的是能不能从自己的上级处获得经验、技能和资源的支持。有明确的前进方向，背靠有力的组织，员工更容易获得松弛感，更有机会点燃自己的创造力。

大量不确定性涌现的今天，机动灵活、保持对客户需求调整的敏感性尤为重要。组织的领导力作为一种对冲不确定性的核心能力亦显得尤为重要。把事业的单元切小，让更多领导力发挥作用，让听得见炮声的人决策，一切围绕实现上下同欲的战略目标，企业才能活下去，从胜利走向胜利。

工作有方向

问题有解法

九面埋伏：没有掌握国际标杆企业的核心成长能力

中国式现代化征程中，我们将借鉴全球最佳实践的宝贵经验，进一步解放和发展生产力，为中国和人类的幸福创造更大价值。中小企业也要在科技创新、效率和能力上瞄准各自行业的标杆企业。

每进入一个赛道，都应该细致地收集和分析行业头部企业能力的相关情报，也高度重视市场竞争情报分析。中国企业要直面全球标杆性对手，在产业微笑曲线上下冲击制高点。合格的产业选手总是从细分市场全局，站在产业的视角把效率的标杆看清楚，用数据说话。不管是什么赛道、什么样的业态，都应该首先满足客户需求。中小制造企业大多是2B大客户销售特征，因此客户对品质和交期的需求就是第一要务。我们建议质量的稳定性、一致性通过外部不良率即PPM这一指标来追踪，生产制程管理能力和满足客户交货期能力用准时交货率即OTD来衡量。要特别提出的是，用一些关键指标来衡量能力并不等同于用这些指标来奖惩责任人，恰恰相反，客观计算指标的最大意义在于暴露问题，就是让各级管理者清晰看到计划目标和实际达成指标之间的差距，看到变化的基本趋势，分析导致指标差异问题的主因和根因，组织团队快速输出改善的行动计划，日常改善和持续进步的历程得以开启。在解决问题的过程中依靠团队、锻造团队、成就团队，这是赋能式经营者能持续取得能力进化的关键。

中小制造企业有一个普遍的困惑，仿佛处处缺少可用的人才。公司里的老员工能力不足不够好用，公司外面的优秀人才太贵不好招。即便招进新人好像也顶不了事，磨合一段往往也难以融入只能放弃。事实上好的组织要以成就优秀人才为中心任务，构建出包含日常管理、改善和突破三段进阶的经营体系是培养人才、吸引人才的基础性工作。当组织有了自己的经营系统，内部人才就能踏上成长的正途，组织也自然生成对外部优秀人才的吸引力。

所谓日常管理，不是企业内部通用的规章制度，而是一种P（计划）、D（行动）、C（检查）、A（改进）的闭环管理机制。第一，经营各板块要有口径一致的可以量化的目标；第二，能够定期统计出业务

每一年都要有改善和突破，才能实现增长
每一年都要把改善和突破转化为日常管理才能实现可持续的增长

成长

念念不忘"突破"
干些没干过的事

天天琢磨"改善"
提升搬砖效率

日常"搬砖"
工作要标准化

起跳点　　第一年　　第二年

实际数据；第三，计划与实际出现显著差异时有人立即响应，生成处理异常的行动计划；第四，行动计划的结果有人追踪，能够评估其效应及调整行动；第五，如果短期行动计划取得即时性成果，要适时调整经营运行的主要流程，使应急性处置转化为组织的一种持续能力。

有了日常管理的组织才有可能进入持续改善的阶段。改善的本意是改（把错误的做对）和善（把标准提高），是一种自我高期许的持续进步，改善过程是把具备日常管理基本素质的员工往更高要求更高成就道路上引领的过程。有些企业对人才只做筛选不做改变，但其实再优秀的人才也都需要在新的组织文化氛围里打碎、融合、再造，持续改善本身就是一种独特的企业文化，让优秀员工看到进步阶梯，体会到有组织成长的乐趣。

优秀企业内部人才精力分配要有自身结构：越是靠近作业层，越要把精力时间放在日常管理这个基础性工作上；越是中层往上，则越多地把精力时间放在改善事项上；越是高层岗位，则越多地把精力时间放到创新突破上。创新突破不仅是新产品研发，实际上包括所有业务板块做那些过去没有尝试过，但因公司战略部署需要去尝试的新事项。可能发生在研发部、销售部，也可能发生在运营部门、供应链管理部门，甚至后台部门。创新突破不需要全员参与，往往是以特种部队的形态呈现在我们面前，要求参与者不仅要有进取心、执行力和精进改善的心态，还要有好奇心、资源整合能力和积极信念。

一切成功说到底是组织和人的进步，一切溃败说到底也是组织和人的溃败。优秀的组织通过日常管理、持续改善和创新突破，为各级员工特别是梯队人才和高潜人才注入领导力，让大家打开自我成长的瓶颈，认识到一切皆有可能。这种组织成长能力是当下中小制造企业亟须填补和提升的。

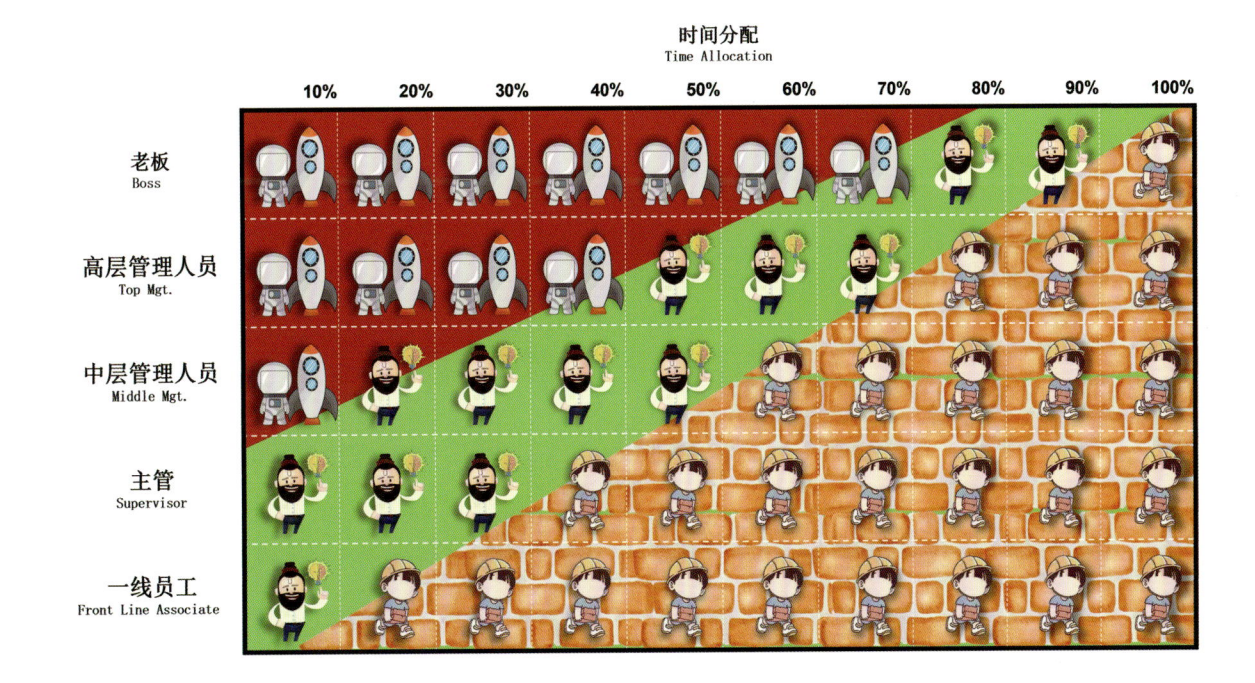

十面埋伏：执迷于"弯道"和"换道"超车，而真正超车的关键在车不在道

人们常说做得好的企业都是时代的企业，企业的困境往往也是时代的困境。今天中小制造企业所面对之困局，说到底是时代车轮滚滚向前，发展的底层逻辑彻底改变了。

中国改革开放接近半个世纪了。如此众多人口、巨大体量持续几十年的快速增长改变了10多亿人的命运，也对全球经济进行了结构性重塑，当然也塑造出前所未有的现代化中国。

"资源牵引型""规模导向型""机会主义型"发展方式在不同阶段都有各自的历史背景和历史意义，当时的做法有当时的理由和限制条件。我们今天和旧的发展方式告别并不意味着否定过去，而是站在历史的分野线上回看过去、展望未来。企业家精神既是对风险的乐观，也是对不确定性的适应能力；不同的发展阶段需要不同的能力，重要的是看清时代的转折点，赋予组织新的能力。

今天中国经济正处在新旧发展阶段切换的特殊时期，在改革开放初期，靠着人力和综合成本低、环境破坏代价小、社会管理成本低等特殊阶段的时代红利，大量50后、60后企业主凭勇气和胆量赚得了自己的第一桶金，并迅速踏上规模牵引、增加杠杆、抓取新商业机会的成长之路。但时代不是一路高歌，而是快速切换，产能在诸多领域并不短缺，甚至富余，而一般性生产所需要的要素资源投入都远远高过实际需求，所以投入产出率、利润率、人均效率都出现了快速回落。今天不需要更多的消耗大量传统要素资源生产通用产品的大规模企业，而是需要能够满足更细分市场、更独特客户需求的，具备更高技术竞争力的，更具创新和效率的新质生产力的新型企业。新型企业的最大特征是能够与国际一流对手具备同等甚至更高水平的效率效能和创新能力，最终靠核心能力赢得竞争优势。

世界百年未有之大变局同样发生在产业领域，美国设计的全球经济产业格局是，美国站在金融、技术、传媒和军事力量顶端，西方盟友承接具有技术壁垒的高端制造和核心零部件，以中国为代表的发展

中国家从事劳动、资源消耗和环境破坏都密集的中低端生产制造。

14亿多中国人追求美好生活，不可能永远徘徊在微笑曲线和产业链的底端。中国已经主动进入更具技术含量、要求更高管理水平的高端产业链，也就是过去美国和西方盟友的产业禁脔——这里充斥着知识产权垄断、贸易打压、技术封锁的明枪暗箭。但随着国产大飞机、大轮船、汽车产业、精密机床、新材料、新能源和生物技术、生命科技领域的不断突破，中国展现出不可遏制的发展势头。中国传统的中低端制造，特别是外贸型低端制造也不可避免地流向东南亚、印度、墨西哥、拉美地区等后发展中国家和地区。这是全球产业链重组的客观规律和既定事实。因此中国制造业从业者必须认清这个基本趋势，不能与趋势对着干，而要做出顺应时代潮流的选择。敢于和善于进入高端制造和核心零部件、新材料领域的中小制造企业正在迎来属于自己的春天，也将分享最丰厚的时代红利。这个"敢于"和"善于"就包含着建立自己的赋能式经营体系，以彼之道还施彼身，和盘踞在产业制高点上的国际标杆对手一较高下。

暴风雨来临的时候，准备好雨具的人少挨淋；特定历史转折点上，只有具备适应新时期的核心能力才是最好的突围之道。这个核心能力不用向外寻，老老实实回到自己的特定赛道和细分市场，回到自己的头部客户，在市场份额、创新能力、质量一致性、交期稳定性、成本持续优化上想方设法建立日常管理，形成持续改善，开启创新突破就是最大的正道。

"须从根本求生死，莫向支流辩浊清。"国家、企业和个人都要坚决放弃机会主义的想法，把命运掌握在自己手里，用能力赢得未来。

能力构筑的壁垒最坚固！只有车子自身过硬，无论直道弯道，需要超车的时候都超得过去，才是真本事。这也是我们倡导赋能式经营的意义所在。

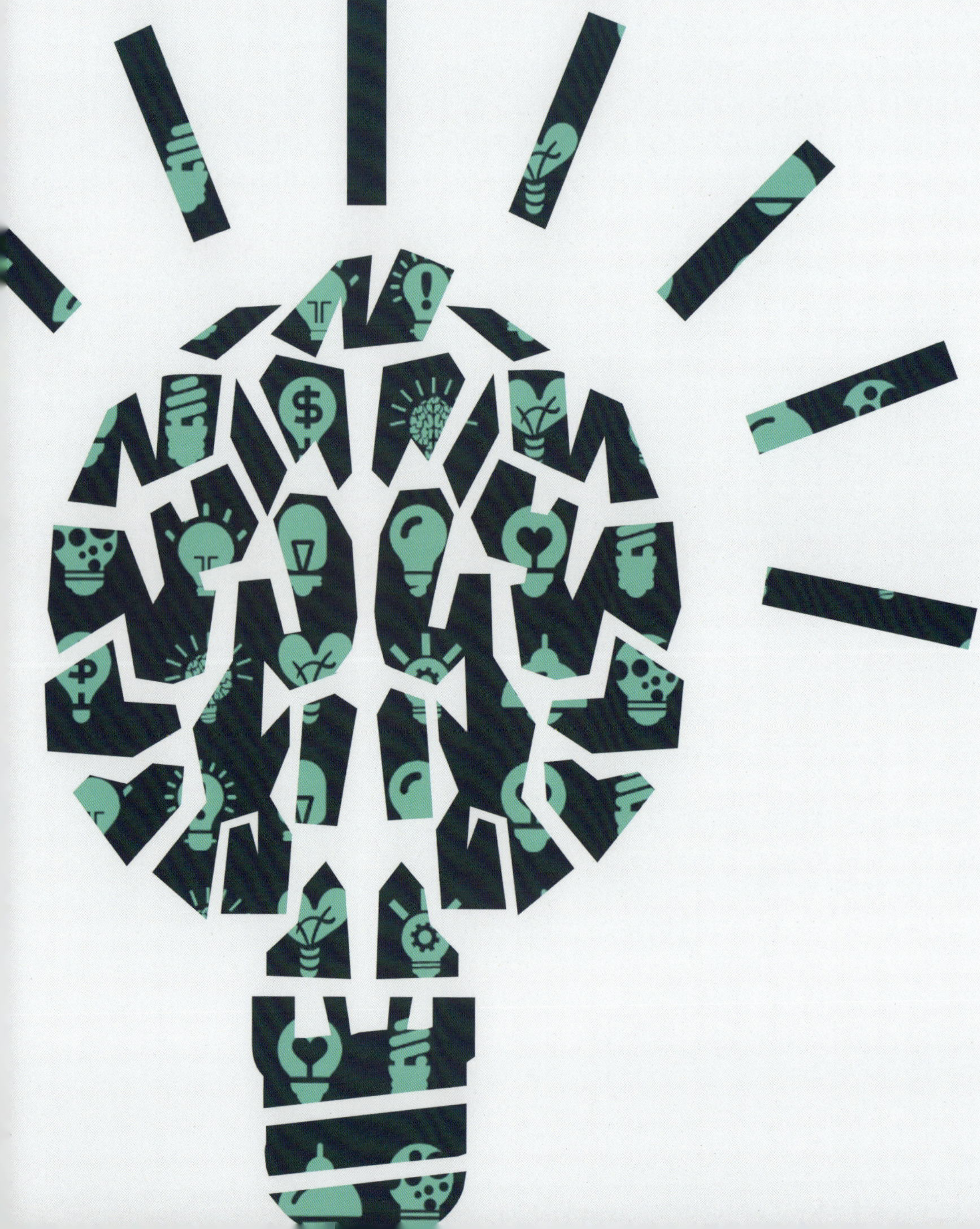

第二节

中小制造企业的经营系统

当今世界百年未有之大变局加速演进，全球产业格局加速重构。中小企业要么退出新经济进步的历史舞台，要么在全球竞争的大背景下，下决心进入更具科技创新能力、运营效率和组织发展水平的竞技时代。我们认为未来10年是中国经济特别是中小制造企业全面洗牌时期，全社会需要引导那些具进取心、秉好奇心、持精进心的优秀组织走上赋能式经营的新道路。这些企业今天虽体量不大，但假以时日都将是全球能力竞技奖杯的有力角逐者。

我们研究丹纳赫、尼德科、伊顿、赛默飞，恰恰是因为它们整合、赋能和成就了数百家在各个细分赛道领军领跑、拔新领异的优秀中小企业。这些企业既是一家家卓有成效的优秀企业集团，更是一艘艘搭载来自不同领域、具备优秀基因的中小企业，赋予其能力、引领其向希望进军的诺亚方舟。某种意义上，这类企业过去40年的实践就是全球范围新兴的新质生产力代表，值得中国的产业资本和耐心资本认真研究，造就100个、1000个赋能式经营主体，在这一进程中推动数以十万计中小制造企业凤凰涅槃、扶摇直上，在更高端产业的大舞台上用能力惊艳世界。

丹纳赫最为世人称道的是DBS，即丹纳赫经营系统。但大多数内外观察者其实根本没有看懂这套经营系统，仅仅抓住某一个局部、某一些工具，便认为这就是DBS的精髓。甚至有一些终身在丹纳赫从业，做到高级位置的管理者也没有理解丹纳赫经营系统怎么为中国制造企业所用。他们长期在一个平台上执行着预设程序，却并不理解系统的本真。正是："不识庐山真面目，只缘身在此山中。"丹纳赫的经营系统不是给外人使用的，其设计的机理和要窍都不会轻易表达出来。所谓"君子之道，费而隐"，说的是真理往往隐藏在系统的知识背后，并不容易被参透习得，需要我们在实践中渐修和顿悟。

我们在帮助几十家制造企业导入赋能式经营系统的过程，既需要系统完整地研究方法论，也需要直面中小制造企业的经营环境、管理基础和人才能力现状。只有在飞行中换引擎，在存活中求发展，先活着再活长再活好，研习才有意义。

赋能式经营系统的内核，是帮助自己和产业生态关联方企业构建起一套经营系统，植入内驱力，使组织自动自发地走向高期望高成长管理轨道，在特定利基赛道，用成长创新、精益运营和组织领导力赢得比赛。

中小企业的赋能式经营体系

赋能式经营系统的目的是帮助企业成长。它由价值观、业务增长引擎、流程/工具、组织/人才/文化四个部分组成。企业如何才能增长，用什么方式增长，答案就在经营系统中。

价值观，是做事的理念和是非判断，明确要做什么、不做什么。价值观是凝聚组织成员，穿透前途迷雾的手电筒。

业务增长引擎，是企业增长的模式。每个企业都有自诞生起自带的基因，因此注定了每个企业的增长方式不同。找到驱动企业不断增长的业务增长引擎，形成自己的业务飞轮闭环，才能不断突破成长。

流程/工具，是实现增长的看得见摸得着的抓手。企业要以核心经营能力为定海神针。但是，只有把这种能力以工具的形式封装起来，才能迅速地在组织内部复制成功、提升组织能力，并在拓展过程中向外赋能。

组织/人才/文化，是实现增长的土壤。没有优秀的团队和文化，再好的增长引擎和核心能力，都无法扎根、发芽和结果。

我们将中小企业的赋能式经营体系的搭建过程，分为4个成长阶段。

第一阶段，入门。此阶段的重点聚焦在基础流程的搭建、基石工具的应用上。此阶段的成功标志是实现从不确定到可预见的业绩结果。通常需要的时间为1年。

第二阶段，进阶。此阶段的重点是在实现战略目标的同时，沉淀知识，完善经营体系工具箱，提升团队领导力。此阶段的成功标志是实现稳定提升的业绩结果。通常需要的时间为2年。

第三阶段，成熟。在这个阶段，经营体系工具箱、团队领导力方面仍存在差距，但是已经形成了不断主动提升的能力。此阶段的成功标志是实现高增长的业绩结果。通常需要的时间为3年。

第四阶段，对外赋能。在这个阶段，企业实现了业务飞轮闭环，不断自我驱动的突破性成长。此阶段的成功标志是具备新工具开发和对外赋能能力。

同时，在赋能式经营体系搭建的4个阶段中，我们从战略洞察力、流程/工具、组织、人才和文化这5个方面，给出了一些具体的落地方法及标志性事件。

阶段	阶段的特点	战略洞察力	流程/工具	组织	人才	文化
4G 对外赋能	业务飞轮闭环，不断自我驱动 具备新工具开发和对外赋能能力 目标时间：持续	通过对市场和客户的洞察，方向的选择，产品上不断创新，实现突破性增长	通过管理流程和改善工具的运用实现战略目标，并形成企业自身的经营体系	以实现战略目标、具备对外赋能能力为目标的组织建设	基于经营体系的赋能型人才培养	建设内省改善、利他赋能的企业文化和立志领军细分行业的志向
3G 成熟	存在差距，但是在不断主动提升 高增长的业绩结果 目标时间：3年					
2G 进阶	完善经营体系工具箱、提升团队领导力 稳定提升的业绩结果 目标时间：2年					
1G 入门	聚焦基础流程、基石工具 从不确定到可预见的业绩结果 目标时间：1年					

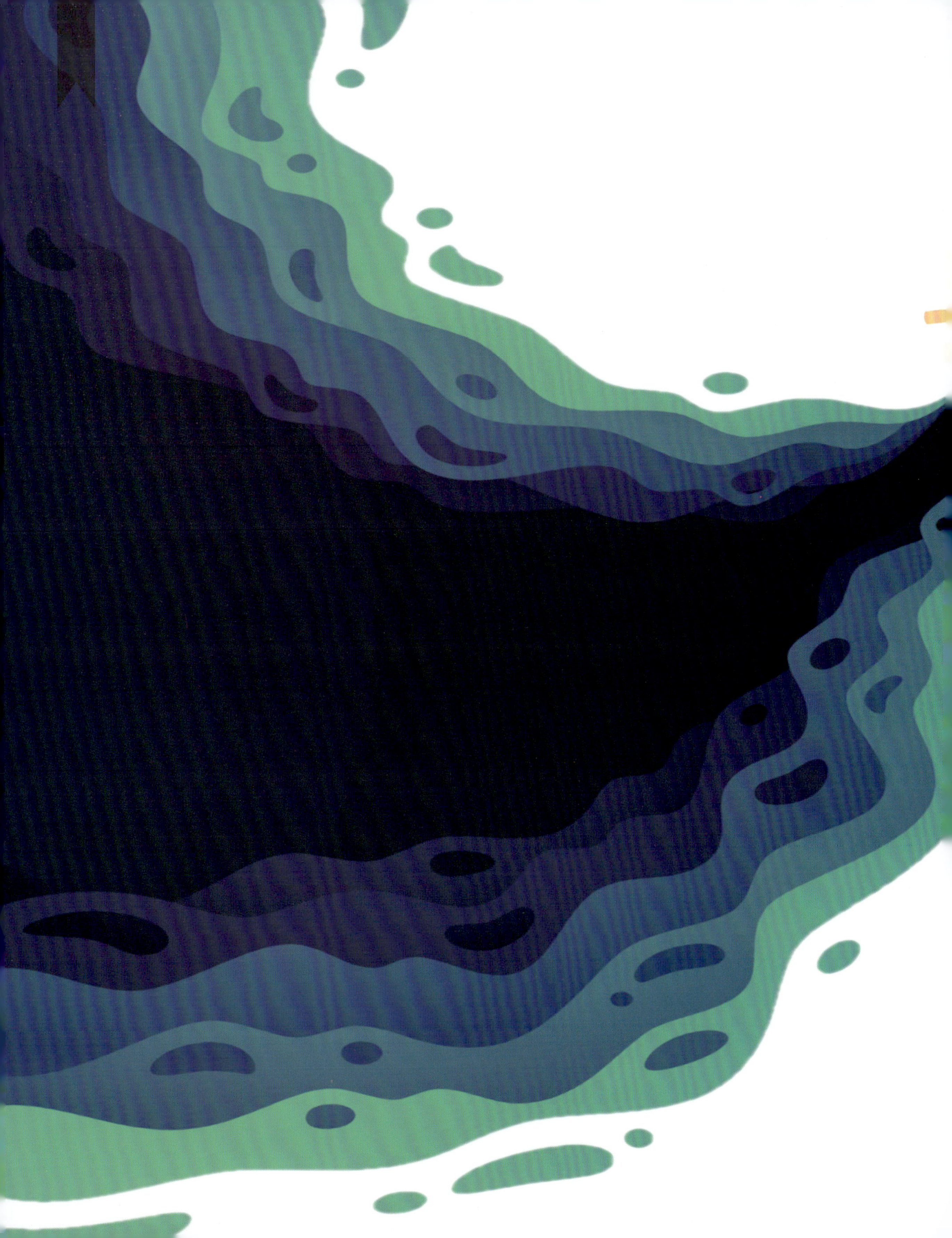

价值观

我们常说,做企业要有使命、愿景、价值观。

使命是原动力,每个企业都有不一样的原动力。

愿景是可以预期的未来,是事业可以描绘的样子。

价值观则是做事的理念和是非判断。

段永平在早年步步高的广告词中写道:"世间自有公道,付出总有回报,说到不如做到,要做就做最好。"这就是典型的价值观。

孔子说:"不义而富且贵,于我如浮云。"这也是一种价值观。

承平顺世,价值观无非萧规曹随;而在转折年代,价值观则如微光点火,足以点亮前路。

要导入赋能式经营体系,首先要确立起转型时期的基本价值观。

我们在前文中提到丹纳赫的五个核心价值观,无论往哪个赛道整合,丹纳赫都要求并购对象建立起类似的价值观:最佳团队制胜,客户说我们听,改善是我们的生活之道,我们为股东而奋斗,创新定义我们的未来。

这些朴素的价值观里蕴含着丹纳赫珍视的经营哲学,它认为不建立这些基本价值观,就不能踏上赋能式经营的大道。

老子说:"吾言甚易知,甚易行。天下莫能知,莫能行。"此话放在这里也是恰当的。

在向新质生产力转型的今天,以能力引领成长的价值观再造殊为重要,有5个底层价值观值得中国企业转型者践行。

价值观

进取心

精一心

内省心

包容心

利他心

1. 进取心

中国经济面临的最大问题不是市场不足，不是产能过剩，也不是资源环境瓶颈，而是未富先躺平。

许多从业者不思进取，一味低水平同质化竞争，用价格战内卷，而不是在难而正确的能力提升上下功夫。一些产业弥漫着同质化、低端化、无利化、僵尸化的腐烂气味，失去了朝气蓬勃、力争上游、勇于拼搏的精神面貌。这是转型时期最应当引以为戒的。

所谓进取之心，包含两层意思。第一层意思是沿着正确的方向进阶，要有攀登精神，一步一个脚印向上走，虽百折而不挠。坚决走正道不走歪道，坚持走直道而不是总想走捷径。坚定相信产业有公理，向下扎根，向上进化。彻底站在客户立场，提升质量、交期、成本、创新等基本能力决定前途。第二层意思是要争取成为更好的自己，赋予人生更饱满的意义。

导入赋能式经营，企业要全面重塑组织的进取心，要在选定的赛道和方向上立志，不仅是要立赚钱的商业之志，更是要立产业大志。比如在全球产业链的全景图里，我们要拥有什么样的一席之地，要在运营效率、创新能力和技术工艺突破上要达到什么水平，追赶和超越哪些高水平标杆。

事业的道路就是修行的道路。经营的进程，也是每一个人自我修行进阶，成就更美好人生状态的过程。我们最终收获的不仅是更大的事业，而且是证得人生正果，收获思维正念的幸福。

当我们把产业的大志向、经营的系统目标和个体发展的进阶紧密联系起来，进取心就能够传递、牵引和协同，上上下下就容易接受高期望、高目标、高标准。

此时的组织成员不再是被动承受，而是觉醒的个体主动追求自我成长。

建立起强烈进取心的组织，开始具备赋能的基本条件，将在赋能过程中形成源源不断的内驱力。

价值观

2. 内省心

内省从字面上看很容易理解，就是遇到问题不推诿指责外因，多从自己身上找原因。

但大多数时候我们没有正确理解它的含义，绝大多数企业没有建立内省的价值观。

传统制造企业的核心文化叫执行力。这种理念认为上位管理者是大脑，员工是执行器，听话照做出结果就行。所有的问题都可以归结为执行力不足、执行中出了偏差。所以加强管理就是加强执行力，对不听话、不照做、不出结果的员工施以惩戒，直至除名。

赋能式经营认为，内省心首先不是对着员工说的，而是要求管理者具备的基本价值观。

我们认为人不能被异化，员工不应该被工具人化，企业有义务帮助员工全面发展。

员工对企业最大的价值不是出工出力，而是用心入神，大多数传统制造企业在买椟还珠，没有开发出员工的真正潜能。

内省心有三重含义。

第一，经营中的问题可以用目视化方式轻松看到，而不是遮遮掩掩、躲躲藏藏。发现问题的第一反应不是惩罚员工，而是管理层内省。比如出现现场质量问题不是简单处罚一线员工，而是对质量管理的防呆防错流程作反思。

第二，把问题的解决视为组织和员工能力提升的良机，着重提高分析问题、寻找根因、解决问题、建立新流程的逻辑能力。赋能式经营是不片面强调执行力的高压管理，我们认为强制文化和惩戒式管理一定驱使员工为脱责而掩盖问题，最终会把小事捂大、大事捂炸。我们强调公开透明，倡导闻过则喜，因为我们看到了真实改善纠错的机会。

第三，优化迭代工作流程，使问题解决长效化，解决后的问题不再现，真正做到"不贰过"。

3. 利他心

做企业是为了什么？一般的回答总是为了多赚钱，过好生活。这本身无可厚非。

但要推己及人，继续向前延伸。自己过好生活，也让追随者过好生活。企业要盈利，也让供应商有钱赚，亦为客户带来更大的价值。在超越生存阶段之后，更要证明自己和团队为世界变得更美好作出了贡献。

外资迁移后，产业生态中新兴头部企业不仅要提供新订单，还须担当起赋能者角色，帮助产业链企业成长，使它们的能力提升；获取合理的利润，而不是不断挤压供应链的利润空间，甚至将其挤到无利经营、轻视质量、无力创新。

赋能式经营的利他心体现在组织内部就是实现人的成长。

赋能式经营特别重视建立干部梯队，识别出高潜力干部。简单讲就是工作态度端正、能力出色，具备更大培养潜力的优秀干部，为他们定制成长路径，设计能力模型，投入更多关注和资源。

赋能式经营倡导"成就人"的发展理念，认为员工是金贵的种子，领导者左手是水，右手是肥料，最大的任务就是让种子破土而出，开花结果。

我们认为所有的梦想，终究是由优秀的团队和人来实现的，君子不器的本义就是优秀的人不是工具人，不是机器的延伸，而是有创造力、能解决问题、会不断成长的人。

对人的投资将产生最大最长久的回报，这也是我们做事业的重要目的：惠及精进的团队成员。

赋能式经营会努力避开同质化内卷的大赛道，在更细分的赛道里去追求超过 40% 的高毛利率，但不会刻意追求过高的净利润，因为我们深知把更多的资源配置在擅长运营管理、市场营销和开发创新的团队身上是有必要的，也是我们发展的后劲所在。

价值观

4. 好奇心

传统制造企业更多是在确定性环境下运作，这个确定性主要指的是客户订单的相对确定性。

赋能式经营则是要在不确定性下展开运营，这个不确定性主要指客户需求的动态多变。

传统制造业态把精力放在对竞争对手的追踪，闷头开发新产品，推出新产品然后开发新客户。

赋能式经营则把更多的注意力放在客户的使用场景里，深入到客户对产品的设计、运送、安装、调试、使用、维护、升级和回收诸环节，在全流程里去探寻新机会。

好奇心的本质是从产品思维进入用户思维。如果说传统制造关注的是购买环节，也就是客户定义中的购买者和决策者角色，赋能式经营则特别关注真实的使用场景，注重与设计开发团队、特定工艺工程师和现场使用作业者之间的交流。

好奇心作为洞察客户需求的原点，要求我们把视线从推销产品延伸到对客户的全方位研究，甚至要研究客户的客户。以终为始，从更深远的应用场景，倒推到已知的客户应用场景。说到底，要把我们的定位从单一产品供应商变成客户的创新助手，与客户共同创新，共同创造更大价值。

好奇心不是漫无目标的发散式的好奇心，它专注在我们所选定的"专家级客户"的特定方向上。这类客户往往是选定赛道里的头部客户，是我们产品和服务的长期使用者，对特定领域的技术路线和功能性能以及痛点需求有许多洞见，对同行业具备意见领袖的特殊地位。我们聚焦在专家级客户的特定方向上，以好奇心驱动，共同研究、共同创新，更快速获得确定的订单。

赋能式经营要建立超越对手的创新能力，这是一种以好奇心驱动的高质量创新能力。因为可以更深度洞察客户需求，所以可以更精准定义创新产品和服务，减少在开发过程中仅关注技术工艺而忽略市场反馈所走的弯路。高质量开发不是广种薄收，而是用步步为营的开发流程和能力增加新品开发的确定性，持续提高新品上市成功率，缩短从投入到产出的周期，把创新能力锻造成我们的核心竞争力。

5. 精一心

在经济发展的大水大鱼阶段，民营经济也充满着大干快上的豪情壮志。

涨潮结束时，人们发现所谓大干，其实很多时候是不符合经济规律的加杠杆、加负债、铺摊子；所谓快上，则是上重资产、上库存、上应收账款。违背经济规律、不讲质量的发展一定会给人血淋淋的教训。

中小制造企业应该潜心专精特新的发展轨道，扎扎实实深耕赛道和核心客户，在核心技术、独到工艺、产品服务创新和精细管理上下功夫。

20世纪五六十年代，丰田生产方式的诞生恰恰是因为丰田汽车管理层在参观完通用、福特的流水线大生产之后，彻底放弃与美国同行做正面战场的规模化拼杀，从个性化定制、多批次小批量、轻重量低油耗的夹缝市场起家，提高生产效率，专注中产家庭用车。数十年精益求精，才能从全球汽车市场不起眼的小角色，到当之无愧的燃油车领军者。

丰田生产方式被翻译为"精益生产"，"精益"两字背后是源自中国的东方文化精髓——《尚书·大禹谟》中提到的十六字箴言："人心惟危，道心惟微，惟精惟一，允执厥中。"人们总是心随境转，容易被外因诱导着作出判断，真正的道行是把自我放低，保持纯粹与专注，追求至善的境界。

精一心有两重含义：一是指系统采用精益的经营理念，其内核是迎着内外客户真实需求持续改善，把做错的事情纠正（改），并且提升做事的标准（善）；二是专注于一点，引导各级员工一门深入、独证菩提，做难而正确的事，择善固执，止于至善。具备精一心的组织，看起来做的是多件事，其实做的是一件事，就是用各种形态载体来贯彻这种惟精惟一的事业人生状态。

企业增长引擎

中小企业要找到最适合自己的增长引擎,以获得特定赛道内可持续的增长和更高毛利率。增长引擎会牵引着企业朝着特定方向资源聚焦,持续积累能力。关键要看清自己的成长阶段,根据自身的"基因",选择能够驱动业务和毛利率同时提升的核心驱动力。对于中小企业来说,在不同阶段通常有3种不同的增长引擎:

当启动竞争者替代引擎,基于精益运营能力持续增长,我们将确保面向特定赛道的主营业务增长;当启动差异化创新引擎,基于快速开发能力持续发力,我们将建立特定赛道的护城河,确保主营业务获取更高利润率;当成功开启模式化创新引擎,基于经营系统综合能力的进步,我们将占据特定赛道的稳固地位,实现可持续增长和更高利润率。

企业增长引擎

1. 竞争者替代引擎

从传统经营方式向赋能式经营转型时,通过聚焦赛道和头部客户,会清晰地看到市场份额和竞争对手。

如何在所选赛道的头部客户方向获取更大份额是驱动增长引擎的优先事项。

对手出错、大客户提出更高标准、国际国内贸易规则改变都会带来新的机会。

竞争者替代引擎最显著的特征是以市场竞争为导向,拉动组织运营能力提升,实现Q(质量)、D(交期)、C(成本)等核心运营能力对主要对手的追赶、超越和碾压。

在当前国际贸易环境下,许多领域进口替代也属于本范畴,进口替代的核心能力依然是品质、交期和成本。

在竞争者替代过程中,头部客户策略越清晰,对客户场景和采购标准就越清晰,成功率越高。

2. 差异化创新引擎

当产品进入同质化时代,越来越呈现价格战和内卷特征时,就要适时启动差异化创新引擎。

差异化首先要从市场和客户细分开始,其次要满足差异化的需求。

差异化创新的目的在于获取更多市场份额,并始终保持定价权。

差异化创新为销售部门提供新弹药,是实现更高毛利率的重要保证。

差异化创新引擎要建立在良好的研发和运营能力基础上,否则难以奏效。

更精确地锁定细分市场、洞察客户需求是必要条件。

启动差异化创新引擎,须导入快速开发工具,并行测试环节,缩短开发周期,提高新品上市成功率。

原有客户基础深厚,特别是能调动头部客户中的专家型客户早期参与新产品开发,能极大提高创新效率,提高成功率。

3. 模式化创新引擎

当团队具备了良好的运营能力，同时在新产品开发上积累了充分的经验，可以通过模式化创新引擎驱动增长。

制造企业从产品界面逐步进入服务界面，有3条主要路径：

一是从单一产品进入全生命周期服务。以美国发动机公司为例，当它沿着飞行应用场景从发动机的安装进入使用、维护、能源管理、安全管理、培训、升级、预警等一系列新需求时，就进入了没有对手的全生命周期服务。

二是从通用产品进入供应链服务。以德国伍尔特公司为例，当它沿着五金零件和工业辅助材料供应商的角色，进入按照客户生产需求来配送和管理库存的环节时，就进入了具有排他性可能的综合供应链服务商序列。

三是从装备设备进入设备加耗材服务。以瑞典利乐公司为例（丹纳赫也是此模式），当它不仅为乳品客户提供食品包装生产线，而且为它们确定市场和产品竞争策略及包装耗材和辅材时，就成为典型的设备加耗材服务商。

流程 / 工具

在中国经济高速发展阶段，追逐风口的经营理念一度大行其道。

甚至有企业家放言"站在风口上，猪也会飞起来"。

中小企业主受到这种观念影响，也把追风口、抓机会作为自己的主要任务，仿佛只要跟上了时尚的产业概念，就登上了财富的列车，做大做强都是自然而然的事。

经济周期不期而至，市场之海退潮时，人们才幡然醒悟，决定企业活下来、活得久、活得好的不是跟风起舞，是我们在特定领域积累的经营能力。

纵观世界经济，那些能穿越经济周期，在各自领域里长领风骚的卓越企业，都曾向下扎根、默默耕耘，千方百计地提高"选对赛道，赢得比赛"的核心经营能力，打造出具有方法论特点的经营系统，结构化、模块化、层次化。

他们以核心经营能力为定海神针，把这种能力以封装工具的形式成功地在拓展过程中向外赋能，化一为十，推十为百，实现能力的复制和输出，成就自己的伟业。

中国经济正在由大转强的进化过程中，推进中国式现代化内在要求构建自主核心产业能力。西方现代化的消费主义和金融至上把人类发展带入死胡同，中国要做的是让金融回归产业链中合理地位，让社会资源集中在硬科技、高效能的先进制造为代表的新型实体经济。央企将成为新型实体经济各产业链链主和主要推动力，地方国企为产业生态和配套提供支持，中小制造企业则在核心能力上持续提升，围绕产业链关键支流和核心零部件的突破瓶颈、技术创新、进口替代承担各自责任。

2035年，中国式现代化产业体系将建设完成，中小制造企业当下最重要的任务就是建设核心经营能力，成为所选赛道的赋能式经营主体，十年磨一剑，跟上剧烈变化的世界产业竞争新格局。

我们把中小制造企业的核心流程/工具归纳为日常基础类、创新成长类、精益运营类和领导力类。

流程 / 工具

1. 日常基础类流程 / 工具

企业核心经营能力构建的最佳路径是以问题为导向,在解决问题过程中练队伍、长本领。

战略能力:中小制造企业制定战略切忌好高骛远,不要去学大公司做10年规划,踏踏实实滚动看好3年就很不错。我们的战略不能搞成学术研讨和口号上墙,说到底是要"选对赛道,赢得比赛"。中小制造企业选对赛道的精髓在于选择有限细分市场避免巨型对手,选择头部客户直面业内对手。赢得比赛的要义在于在可以深耕的市场里建立远超对手的Q(质量)、D(交付)、C(成本)、I(创新)经营能力,将客户、股东和员工关心的核心驱动目标,精准分解形成组织内驱力和协作力,在关键节点和阵地集中优势力量攻击对手。

2. 创新成长类流程 / 工具

中小企业最大的机遇和风险都来源于成长,它不同于大企业有稳定的业务基本盘,可以用自身体量形成对市场的控制甚至垄断。中小企业不进则退,如果订单不能增长,不能在特定赛道上形成优势,随时都可能被竞争对手逆袭和反超。以头部客户市场为例,我们的机会常常是因为对手出现了质量和交期问题,而我们的工作失误同样也会给对手可乘之机。

创新成长能力包含产品创新和营销两个方面,要从产品全生命周期和头部大客户营销两个方向通过24个重点工具的学习及应用来提升和改善,最终以主营业务成长及其分解指标来衡量产品创新和营销体系的进步。

点检能力：赛道选择和作战方案一经确定，就要按时间、任务、团队进行分解，严格按照既定目标不断复盘。赋能式经营把各类复盘看作日常管理的重要组成部分，看得到计划与实际的差距和趋势，才能有效应对。日常管理就是大家用PSP工具分析问题、解决问题，并看到结果、持续优化原有流程。点检会、问题解决流程、赋能办是中小制造企业要建立的重要基础能力。

赋能组织：中小企业在转型的过程中，有两项很重要但大部分组织都欠缺的能力，即推动变革的能力和知识经验积累沉淀的能力。

组织能力：要一改过去霰弹枪打四方的发散逻辑，聚焦选定赛道，主攻头部客户，企业要形成新型组织体系，销售的铁三角、生产的扁平化、后台的赋能化都对新型组织结构和职能分工提出了新要求。赋能式经营者的大方向确定后，组织和人才既是保障，也是一项重要基础能力。

绩效能力：业务要闭环，战略复盘要闭环，能力成长要闭环，都离不开绩效目标的设定和评估。当我们以战略目标牵引，有合理的组织架构支撑，能分段复盘，最后的绩效指标设定和评价就起到闭环的作用。中小制造企业要运转经营系统，这些基础能力和日常管理要先行。

3. 精益运营类流程／工具

如果能在正确的赛道上进入头部客户市场，实现订单的增长，中小企业马上就面临如何保质保量按时交付产品和服务的问题，还要努力把成本管控在合理区间内。传统制造企业多采用规模化流水线生产，用计件核算、推动式大量生产方式作业。这在需求个性化、产品定制化时代越来越行不通，必须转向按需求节拍拉动、尽可能单件流、灵活生产单元、敏捷成本的精益生产方式。

中小企业的精益运营能力包括质量、供应链、生产和财务4方面，通过50个重点工具的学习及应用来提升和改善，最终以QCDM、OTD、经营利润、资金周转率及其分解指标来衡量进步。

4. 领导力类流程／工具

中小企业要实现赋能式经营，无论有多少工具方法，归根到底还是依靠组织发展和人才培养。如何保证组织在正确方向上有序进步，发现优秀的团队高潜成员，形成工作梯队永远是前进中所需的核心能力。

中小企业领导力发展包括组织发展和领导力发展两大方面，通过18个重点工具的学习及应用来提高和改善，最终以组织健康发展和核心经营指标的实现度来衡量组织和员工的成长进步。

赋能式经营体系的 100 个改善工具

FUNDAMENTA

战略规划 | 战略部署 | 战略分解 | 点检会

GROWTH 增长

创新
- 产品线规划与差异化竞争策略
- 创新八步法
- 客户中心产品定义 CPD
- 项目决策管理 PPG
- 快速产品开发 APD
- 目视化项目管理 VPM
- 新产品量产导入 NPI
- 价值主张与新品定价 VPP
- 可制造性设计&评估 DFX
- 产品上市管理 LEx
- 价值分析价值工程 VAVE
- 研发基础管理

营销
- 客户需求洞察 CI | VOC
- 市场进入策略 GTM
- 渠道管理
- 价值销售
- 创新营销 TM
- 漏斗管理
- 销售工作标准化
- 市场研究&分析
- 核心客户管理 KAM
- 营销日常管理 DM
- 成长作战室 GM
- 销售能力模型&发展计划

LE

质量
- 质量全景图
- 实验设计 DOE
- 产品质量先期策划 APQP
- 制程能力控制 PFMEA | CP | SPC | MSA
- 变差减少改善 VRK
- 外部不良追踪解决 CDT&R
- 客户需求到关键质量特性 QFD
- 现场质量管理 变更管理 | QRQC | LPA
- 质量检验系统
- 物料认证&管理
- 来料质量控制
- 售后服务标准工作

供应链
- 供应链策略
- 供应链风险管理
- 供应链数字化
- JIT物料计划
- 精益库存管理
- 品类价格模型
- 采购降本漏斗管
- 品类供应商策
- 供应商认证&绩
- 供应链安全基础流程
- 最佳物流实践

第二章　构筑以能力为导向的经营系统

基石

| 问题解决流程 PSP | 赋能办 | 典型制造业 组织架构&职责 | 绩效目标 设定&评估 |

LEADERSHIP 领导力

生产	财务	组织发展	领导力发展
价值流图析/设计 VSM/VSD	管理数据仪表盘	组织盘点	高潜人才图谱 &发展计划
拉动生产	现金流预测管理	集团组织架构	人才梯队& 发展计划
数字化防呆防错	财务内控 与风险管理	典型制造业 人员编制&结构	新经理培养计划
目视化生产计划	财务预测	员工持股计划（ESOP）	领导力模型 &发展计划
全员生产维护 TPM	预算制定&控制	薪酬体系&带宽	员工培训体系
流动单元	全面成本 分析&管理	绩效反馈& 结果应用	岗位胜任力模型 &发展计划
快速换型 SMED	报价模型&管理	岗位价值& 职级体系	赋能团队胜任力 &发展计划
标准工时 &生产效率	营运资金预算管理	激励计划	经营体系 黑带认证程序
标准作业	应收应付管理	招聘流程、策略 和有效性	
现场目视化 日常管理	结账流程&优化	结构化面试	
班组长职责 &标准作业	核算标准化		
工艺&技术 标准化	基础财务安全管理		
OJT人才培养			
5S与目视化			
工厂安全体系			

TOOL BOX

组织 / 人才 / 文化

赋能式经营者把战略目标的实现作为能力成长的最高标准。因此组织发展、人才培育和文化建设都要紧密围绕战略目标的可持续实现。

我们的战略工具包括战略规划、部署和执行，而且每年滚动前瞻未来 3 年目标，并将来年目标按业务板块分解到 12 个月。这就给出了组织发展、人才培育和文化建设的总纲。

组织发展：在战略部署会上，我们要对组织现状做诊断，搞清楚实现未来发展目标的主要瓶颈和短板是什么，要解决什么问题，是否需要做组织结构的调整。例如发现新产品活跃指数即新产品上市过程受阻，我们会考虑跨部门专项小组来开展突破工作；又如发现头部客户在质量和交期上意见较多，我们也可能成立专项改善小组来进行跨部门整改。这种常规组织和特种项目组织相结合的建制要求在汇报机制、业绩评价方式、晋升和成长路径上作出新的安排。

人才培育：赋能式经营是典型的长期主义思维，我们认为团队的能力成长带来目标的达成。组织诊断过程中我们会做人岗匹配度的评估，进而做人才盘点。赋能式经营首先注重识别高潜人才。通常组织里既有积极态度，又有专业能力的年轻干部会在 3%~5%，这些人是我们将要倚为肱骨的关键干部，要着力领导力训练，激发他们的事业心。对担任管理职务的中层干部，增强领导力训练，同时通过黑带计划促进在专项改善过程中的综合素养，提升上进心。对一线员工，则要改变临时劳动力的定位，制订多能工培养计划，引导容易精益改善、不懈精进的文化氛围，培养责任心。

文化建设：赋能式经营需要的基础文化是"讲真话，办实事"。讲真话要求首先从客户需求到战略执行，有清晰的可以用精确数字说话的目标体系；其次目标和现状差距的对比一目了然，减少推诿扯皮的余地；最后不怕问题暴露，而是闻过则喜，因为问题给了我们改进的机会。办实事要求"不唯上、不唯书、只唯实"，跨部门责任区间很清晰，大家靠出自良知、实现战略的领导力而不是源于等级的权力驱动工作，出现差距马上有人响应，相关行动的结果有人对着战略和分解目标去核查，解决问题后人员素养的提升和作业流程的优化能实现闭环。

赋能式经营秉承"内省改善、利他赋能"的文化理念，把组织经营和个体成长视为一种终生修行。这种基本文化推动企业沿着既定赛道关注能力建设：多重聚焦，持续提升运营效率，勇于突破创新。这是一条以组织能力为核心竞争力的成长正道。

开启赋能式经营系统的钥匙

赋能式经营者不以规模体量为追求，不以机会主义为导向，而是以终为始，把在特定赛道以能力赢得比赛作为自己的愿景和目标，团队同频，既找到方向也找到支撑点。

以战略梳理为起手式，通过战略规划、部署和分解，看清头部客户、竞争对手、自身能力状况、任务目标和时间节点。使用与战略衔接的核心价值驱动指标，统一内部标准用语，踏上暴露问题、解决问题的正循环道路。

1. 向下扎根向上进化

· 成立赋能办，运用经营系统和工具的力量，建立日常管理，并进入持续改善的新阶段。

· 把做错的做对，把做对的事情标准提高，把用工具抓改善作为重要的工作抓手。

· 营造内省改善、利他赋能的文化氛围。

2. 节上升枝业务飞轮

· 加强"知识管理"，建立变革中的知识管理系统，积累沉淀核心知识，并通过有效利用关键知识解决关键问题，形成组织特有的AI能力，面向新型智能化经营做探索。

· 驱动业务飞轮运转，始终重视关键制高点的杠杆解，善于在经营中形成闭环、构造势能。

3. 推动组织转型变革

· 重塑组织文化，改造传统制造企业的执行文化，构筑以客户需求引领的创新文化，以内在能力的确定性驾驭外在环境的不确定性。

· 塑造成长型组织，培育具备领导力才能的员工和团队，在实践中积累能力，在解决问题中成长进步。

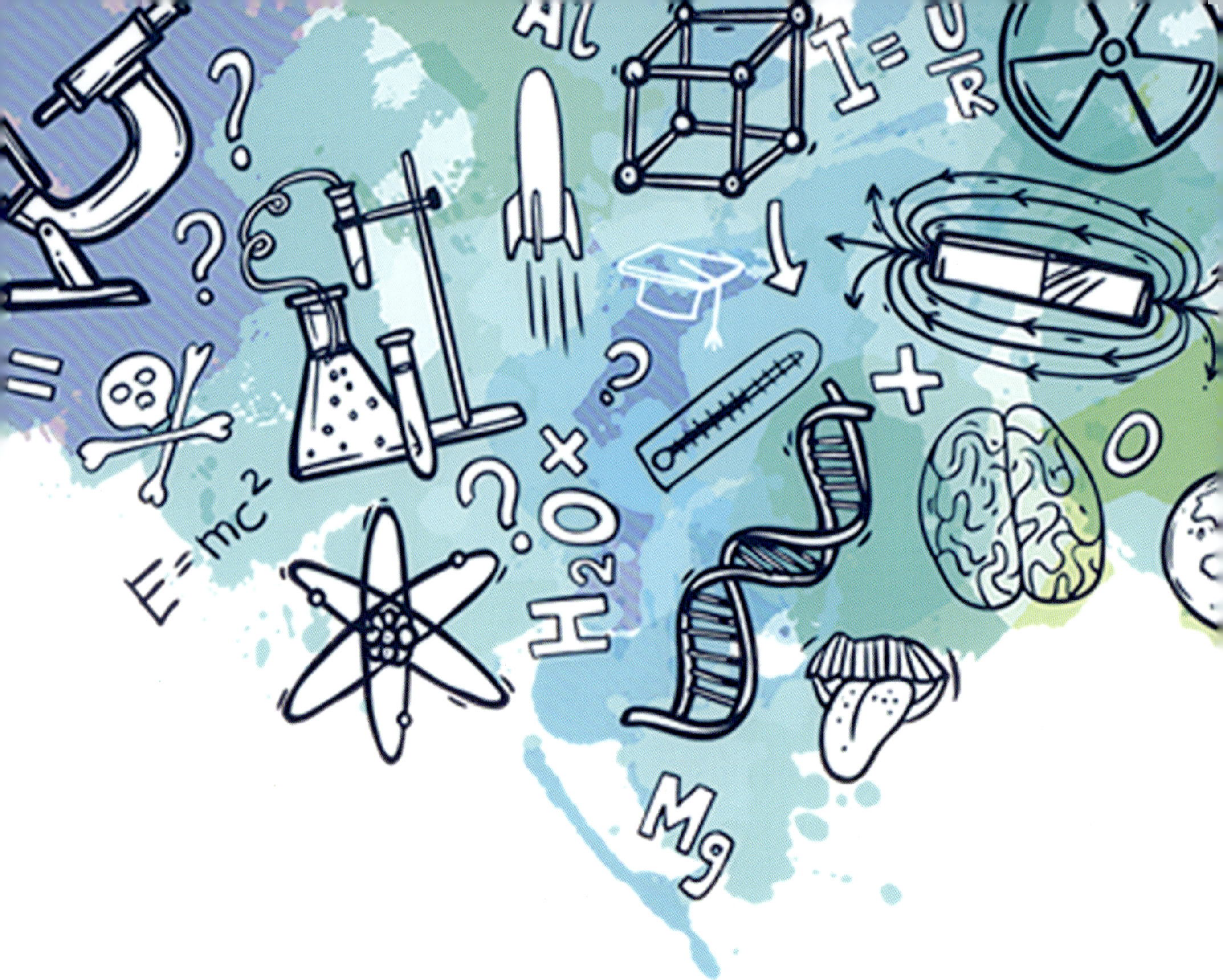
Al
I=U/R
E=mc2
H2O
Mg

做企业,就像过日子,得有"奔头儿"。

做企业,就像跑一场马拉松,看得到目标,才有继续跑下去的动力。

做企业,就像是赛车,自己跑得有多快、有多远,要有参照系。

每个企业的行业不同、业务模式不同、产品不同、客户群体不同……因此,用什么指标来衡量,到底什么才是优秀,会有差异。但是,万物皆有规律。

我们参考了多个行业的世界级优秀企业的情况,同时考虑中国国情和中国中小企业的现状,总结出一套参照系。

希望能够帮助广大中小企业指明发展方向、提供成长动力!

中小企业的成长效能指标

中小企业必须增长，而且需要各项指标均衡增长。以价换量、以压款换订单、以牺牲质量保交付……都不是我们想看到的。我们对标世界级企业的指标范围，结合目前国内中小企业的现状，梳理出以下效能指标。

销售额增长率

对于中小企业来说，没有什么比销售额增长更重要的了。销售额的增长并不是越高越好，过快的增长会把内部拉断。当一个行业本身在比较平稳的5%~10%年自然增长率的时候，中小企业销售额能保持在25%以上的增长就非常不错。如果行业处于井喷状态，水涨船高，企业就会有更高的增长。

营业利润率

科技类制造企业，在实现50%的毛利率的情况下，营业利润率>20%是一个比较良性的状况。营业利润率并不是越高越好，因为要保持高毛利率，就需要在管理、营销和研发方面持续投入，在团队搭建、人才培养上持续投入。目前一般制造业中小企业，毛利率在25%~30%，营业利润率在10%~15%。创新是提升利润率的唯一出路。

营运资金周转率

这是对国内中小企业挑战最大的指标。因为大环境的因素，很多行业的账期要拉到一年左右。所以平均的营运资金周转在1~2转。但是大环境并不代表没有提升的空间。我们帮助很多企业从应收账款、应付账款、库存方面同时下手，逐步将营运资金周转率拉高，通过2~3年的努力，拉高到5转左右。

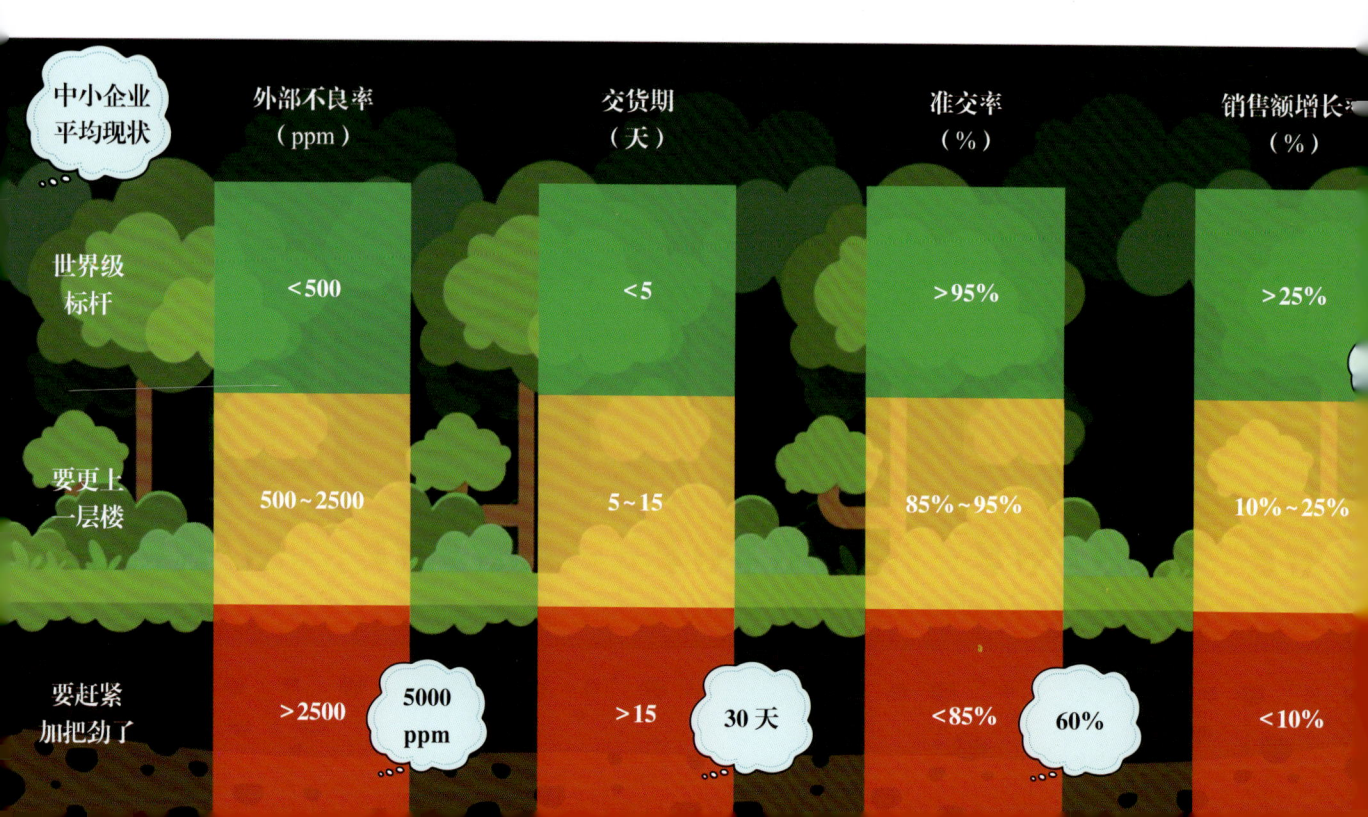

中小企业平均现状	外部不良率（ppm）	交货期（天）	准交率（%）	销售额增长（%）
世界级标杆	<500	<5	>95%	>25%
要更上一层楼	500~2500	5~15	85%~95%	10%~25%
要赶紧加把劲了	>2500（5000 ppm）	>15（30天）	<85%（60%）	<10%

外部不良率

外部不良率指标，因产品不同差异较大。设备类产品因为数量少，通常用百分比衡量。中小企业的外部不良率（质保期内的维修）在5%左右。小产品数量相对多，适用ppm衡量。给汽车行业配套的企业目前很多都可以做到200~500ppm。非汽车行业外部不良率相对高一些，通常在5000ppm左右。

准交率与交货期

交货期影响销售的竞争力，准交率影响客户满意度。世界级企业，不管什么类型的产品，通常都可以做到3~5天交货，汽车行业尤为优秀，可以做到几小时内交货。目前，中小企业在交货期和准交率方面提升空间都很大，需要塌下心来做精益。

员工主动离职率

这里衡量的是非一线员工的主动离职率。中小企业目前有两个极端：一种是团队极不稳定，离职率非常高，有的甚至高达35%；另一种是团队极其稳定，多年没有人员变动。这两种极端情况都不理想。我们希望保持一定的团队流动性，新鲜血液可以进来，但同时又能够让我们需要的人留下。

职位内部填充率

这个指标衡量的是人才内部培养和发展的能力。世界级标杆的内部填充率为75%。对于中小企业来说，一方面要提升内部填充率，不论是提拔还是平调，让员工有更大发展；另一方面也要摆脱任人唯亲的局面，让更多优秀人才可以融入、发展。

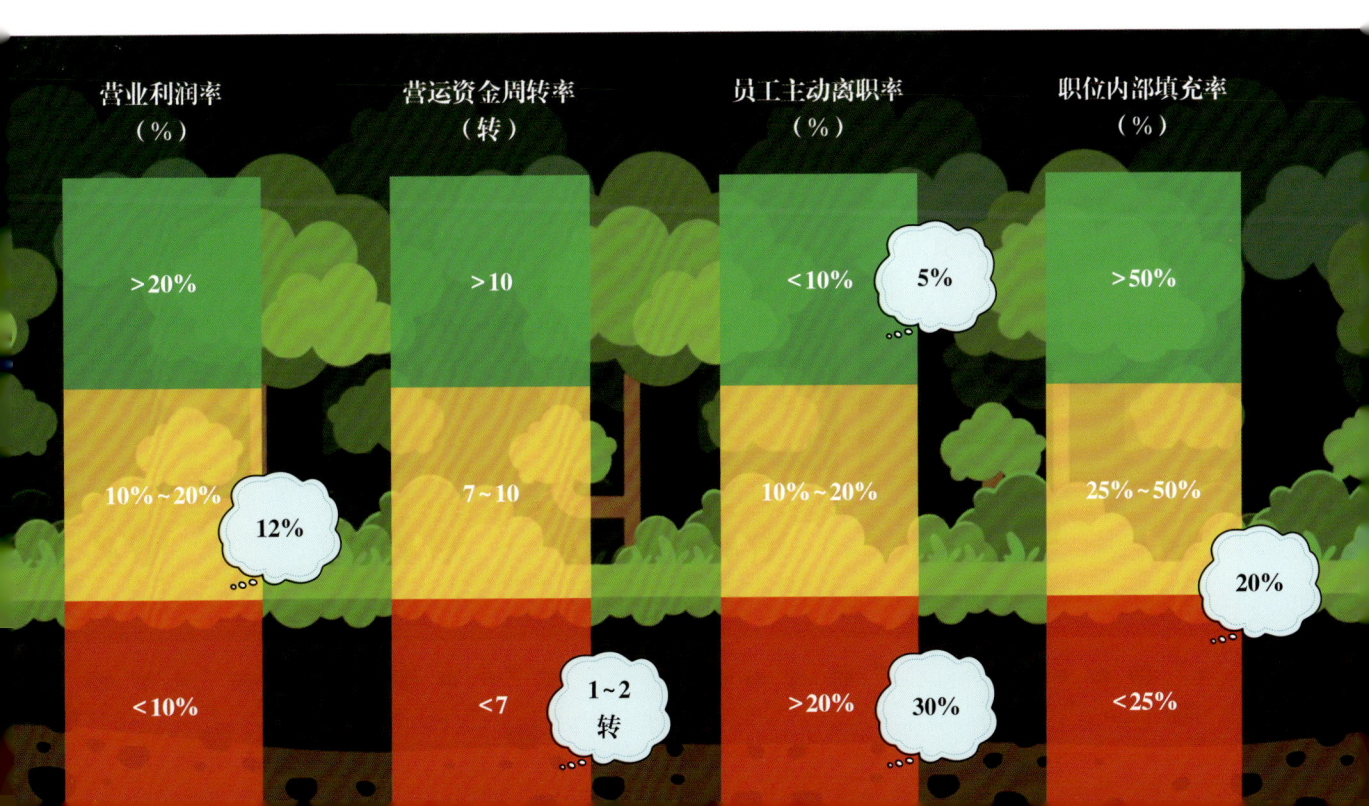

营业利润率（%）	营运资金周转率（转）	员工主动离职率（%）	职位内部填充率（%）
>20%	>10	<10% （5%）	>50%
10%~20% （12%）	7~10	10%~20%	25%~50% （20%）
<10%	<7 （1~2转）	>20% （30%）	<25%

中小企业的运营和改善效能指标

安全事件和事故

0

（损失工时和不损失工时的）

安全比天大，哪怕只是割破手指也是安全问题。安全是"一把手"工程，绝不能一句员工安全意识不够轻飘飘带过。

生产效率每月提升

2%

2%看起来微不足道，但是每个月都能提升2%，一年就是26.8%，连续10年就是提升10倍。改善在于不断提高，止于至善。

库存周转率

15 转

（包括原材料、在制品、成品）

通过物料计划组合拳降低库存，通过精益工具缩短生产周期，从而降低在制品和成品库存，释放出宝贵的现金流。

坪效

4000 平方米

（每1亿元销售额用的生产仓储面积）

很多中小企业的工厂，有70%的面积都被各种库存、通道占据，真正用于生产的面积少而又少。

原材料每年降本

5%

（采购降本占2/3，VAVE降本占1/3）

不要认为大宗商品价格一波动，中小企业就只能随波逐流、完全失控。实践告诉我们，只要工作得当，降本就能实现。

来料不良率

500ppm

来料质量好，产品质量才能好。要想来料质量好，不仅要持续寻找好的供应商，更要做好供应商管理。

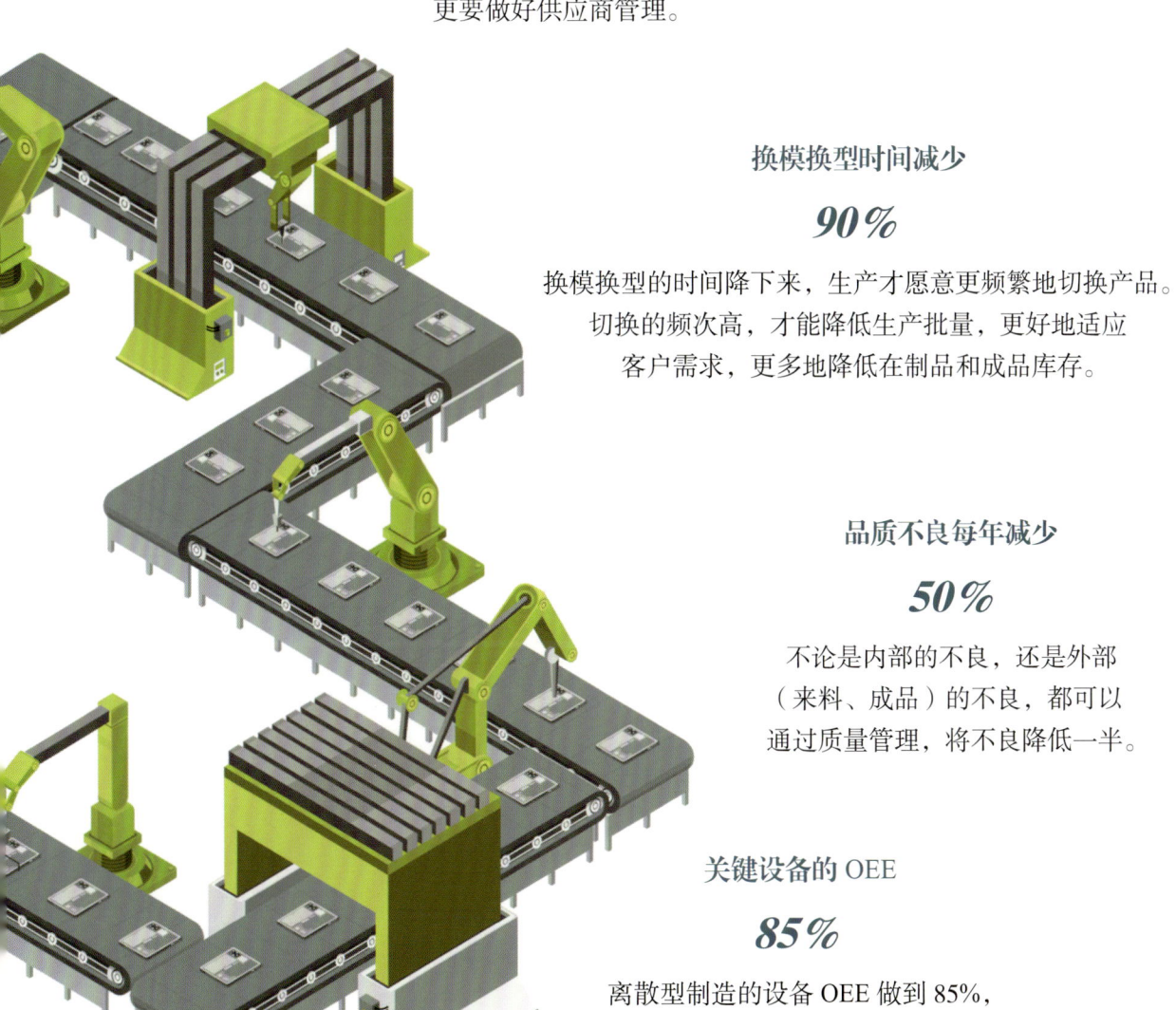

换模换型时间减少

90%

换模换型的时间降下来，生产才愿意更频繁地切换产品。切换的频次高，才能降低生产批量，更好地适应客户需求，更多地降低在制品和成品库存。

品质不良每年减少

50%

不论是内部的不良，还是外部（来料、成品）的不良，都可以通过质量管理，将不良降低一半。

关键设备的 OEE

85%

离散型制造的设备 OEE 做到 85%，连续型制造的设备 OEE 做到 90%，是接近世界级工厂的水平。

中小企业的组织健康度指标

健康的组织就像一个健康的心脏。它有规律地跳动，源源不断地输送血液，让企业持续增长。

站在人力资源的角度，一个典型的两三亿元销售额的中小企业，从组织架构、人员编制、人员构成等方面，皆有规律可循。能够对标，知道组织的健康度如何，才能帮助组织更健康、更高效、更面向未来地成长。

我们来看看，健康高效的中小企业的组织有哪些特点：

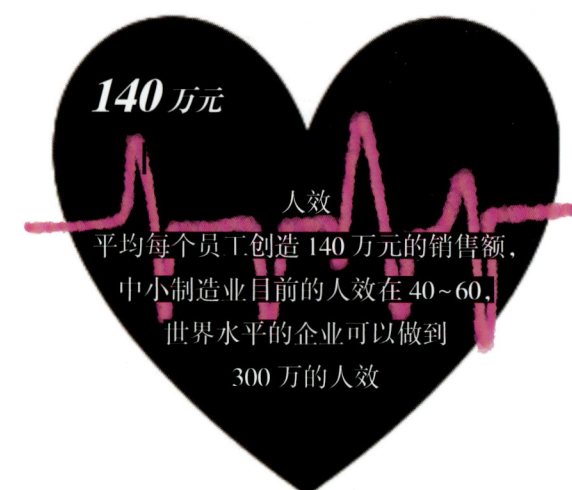

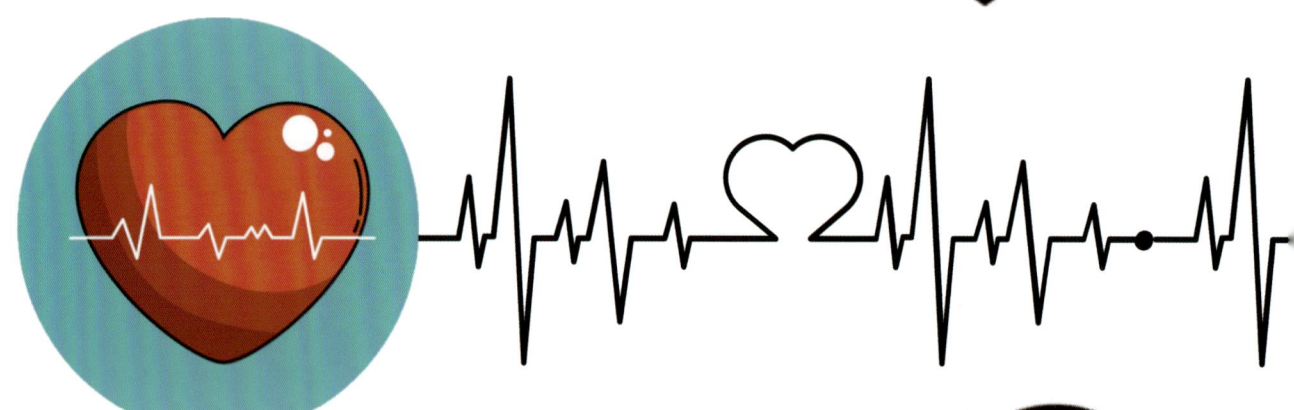

140万元

人效
平均每个员工创造140万元的销售额，中小制造业目前的人效在40~60，世界水平的企业可以做到300万的人效

5层

1个中小企业的最佳管理层级是5层（总经理到一线操作员），过多的组织层级会影响战略意图传递的有效性，形成过多的冗余管理，造成资源浪费

5个

离散型的制造企业，1个生产间接人员支持5个直接人员，（质检、维保、仓储、工艺、计划、采购）在生产管理中，除了使用精益的方法提升直接生产效率，还要用精益思想提升间接人员效率

第二章 构筑以能力为导向的经营系统

36.8元
每1元钱的直接人工成本应产生36.8元的销售额（长三角的中位值是22.2元），基于精益基础的自动化，能带来很多人意想不到的效率提升

44%
一线员工的总薪酬支出，不超过总薪酬支出的44%，中小制造业企业要加强组织的腰部力量，如工程师、中层管理人员等，这样才能在创新路上走得更远

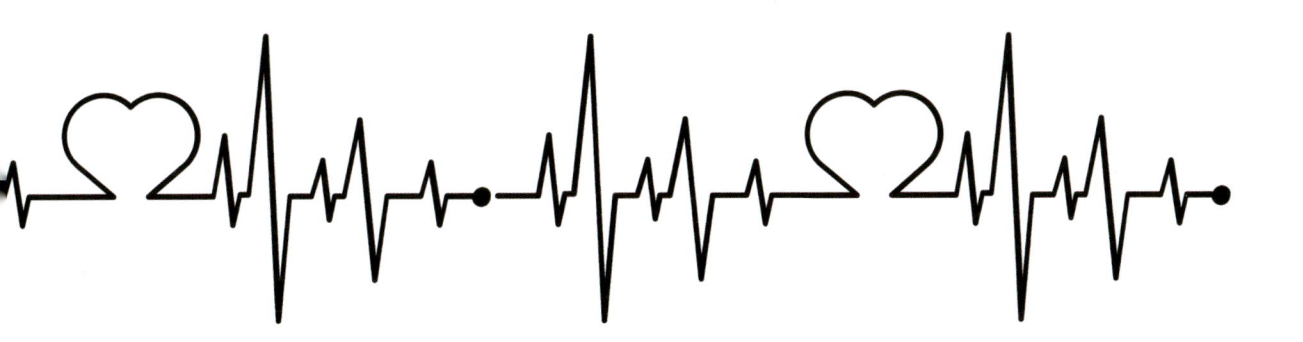

15个
1个生产组长的最佳管理幅度是管理15个一线员工，有脱产的班组长，并且能够管理一个15人的团队，能更好地提升生产效率

7个
1个白领经理的最佳管理幅度是7个人，减少正职带一个副职带一个员工的"糖葫芦"式的管理架构，低效且成本高

3

第三章

中小制造企业赋能式经营工作剧本

第一节
什么是工作剧本

关于工作剧本

什么是工作剧本

在前面章节中我们介绍过，一个完整的中小企业赋能式经营体系由 4 个部分组成：价值观、业务增长引擎、流程 / 工具、组织 / 人才 / 文化。

制造业企业涉及的流程 / 工具数不胜数，我们前文也讲到了中小企业赋能式经营工具箱中的 100 个常用工具。那这些流程 / 工具到底如何应用？先学哪些后学哪些？所有的流程 / 工具如何才能渗透到日常工作中去？就是工作剧本要告诉大家的。

在本节中，首先会给出示例，介绍到底什么算是工具，工具都包含哪些具体内容。

其次，介绍所有工具都要用什么样的方式植入到企业中去，即工具导入的方法——"改善活动"。

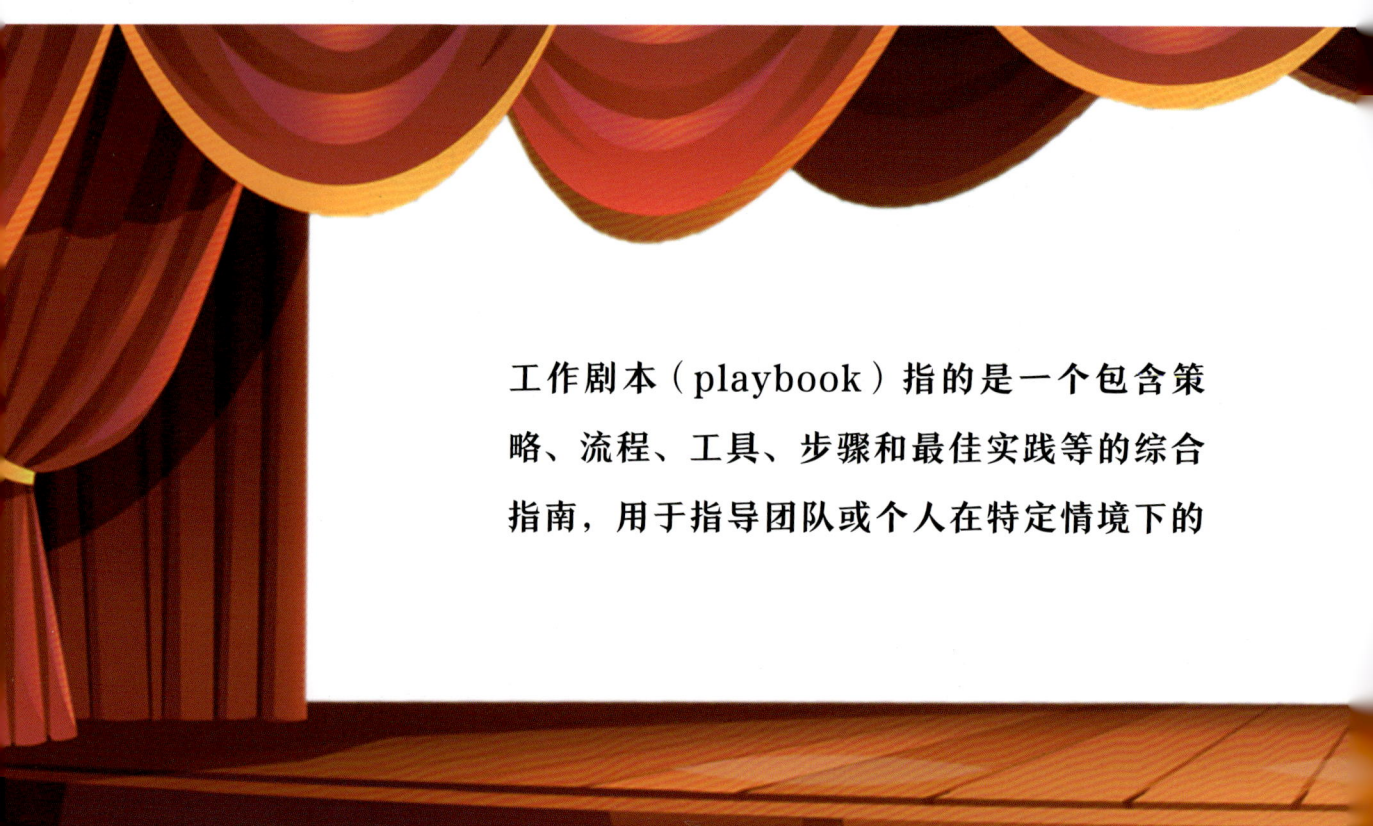

工作剧本（playbook）指的是一个包含策略、流程、工具、步骤和最佳实践等的综合指南，用于指导团队或个人在特定情境下的

在本章中，我们分为九大板块——战略、营销、研发、供应链、生产、质量、人力、财务、并购，介绍流程/工具，以及这些流程/工具如何分阶段地安装实施。每一个板块，挑出几个有代表性的工具作了详细讲解，在附录章节也提供了部分模板，方便大家使用。

中小企业有自己的发展阶段特征，中国企业有自己的文化特征。我们可以借鉴大企业、西方企业的做法，但不能照搬。这个工作剧本，也是我们在过去几年接触和帮助若干中小企业实现增长的过程中，提炼和总结出来的。里面蕴含了西方企业管理的精髓，更多的是让中小企业拿起就能用、用了就能有效果的理念和方法。

> 行动和决策，是组织实现高效管理和标准化操作的手册。
>
> ——ChatGPT

关于工作剧本

什么是工具

工具，顾名思义，就是能帮助我们省时省力地干出活来的方法。借助工具的力量，能省去大家埋头劳动的艰辛。改善工具，就是为了帮助企业少走弯路，找到法门，更快更好地达成业绩、建设经营体系。

既然叫作工具，它就绝不仅仅是一个理念，而是要能够落地。一个改善工具其实是一个小工具包。工具包有大有小，复杂程度不一样。有些工具可以通过单次改善活动，解决单点问题；有些要通过系列

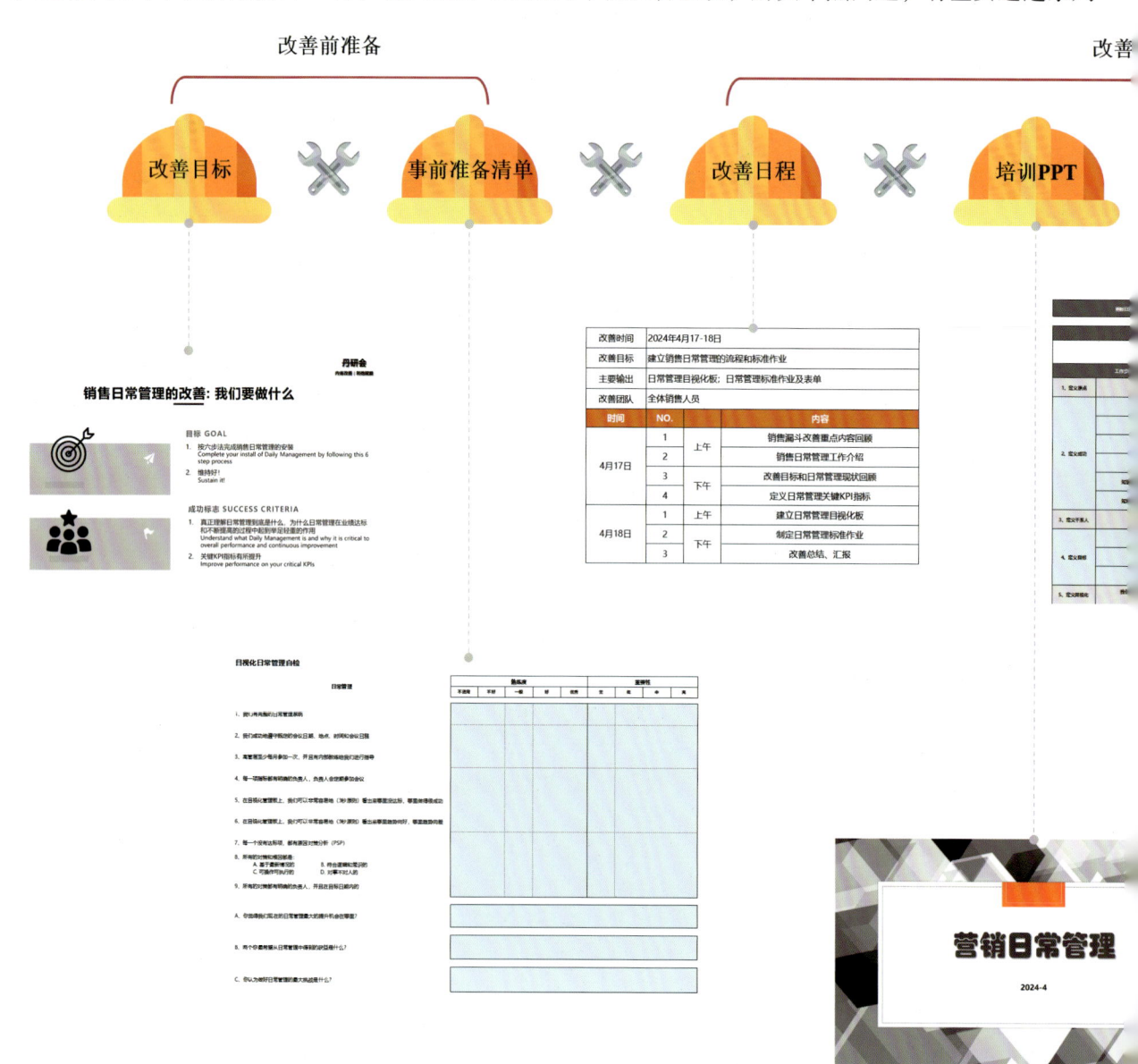

改善活动，解决复杂问题。一个改善工具，通常要包含以下 8 个方面的内容。

在中小企业赋能式经营的工具箱中，共有大大小小 100 个工具，涵盖了制造业企业经营管理的方方面面。最高效地掌握并将工具应用到实际工作中的办法，是在"改善活动"中应用工具。在下一页我们会详细介绍什么是改善活动。

关于工作剧本

什么是改善活动

改善活动是快速提效的秘密武器，通常为 3~5 天。使用一个改善工具，解决具体的问题。改善团队通常由 5~10 人组成，改善期间大家不分职位高低，全情投入。可以完成一条产线的改造，销售漏斗系统的建立，职级体系的搭建⋯⋯改善的核心是动手做，在很短的时间内达成高目标。

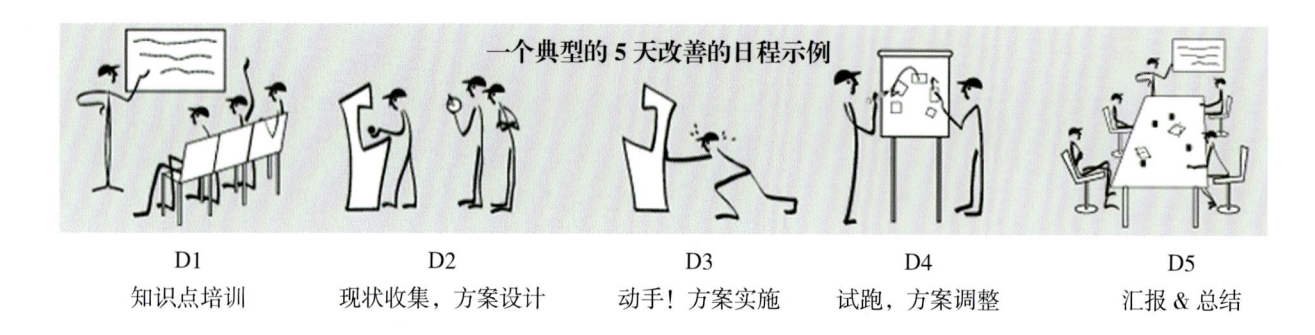

一个典型的 5 天改善的日程示例

D1	D2	D3	D4	D5
知识点培训	现状收集，方案设计	动手！方案实施	试跑，方案调整	汇报 & 总结

1. 正确理解改善活动

- ✅ 我们有很明确的问题需要解决，而且它对公司的业绩有很大影响
- ✅ 我们需要团队一起动脑子想办法，快速出成果、并快速实施
- ✅ 只有通过实践才能学会的东西（读书、看视频无法真正理解）
- ✅ 改善 = 走进现场 = 动手干
- ❌ 老板说我们公司浪费太多了，需要学精益，多做改善
- ❌ 都是老板和高管要想的事，我们等着听命令，照着执行就行了
- ❌ 我们需要给团队进行培训、学一项新技能
- ❌ 我们几个人在办公室里开一天会，列一些行动计划，就是改善

改善的 6 个原则

空杯心态，开放思维
少动嘴，多动手
慢计划，快行动
先淘脑袋，再掏钱包
去到现场，解决问题
快乐改善！

2. 维持的力量

坚持永远是最难的。改善绝不仅仅是事中的那 3~5 天的时间。要想取得好的效果，在事后维持花最大的力气是关键。只要改善成果能维持 3 个月，大家就会习惯新的做事方式，不会再走回头路了。

要想让改善能够取得效果，并且能够维持，这 3 点很重要：

① 改善是"一把手工程"，老板和高管必须重视，对目标和结果关心。

② 目视化追踪，让大家都能看得见。

③ 被改善区域的部门负责人是改善成果落地的第一责任人。

3. 改善活动中的角色

改善活动中通常会有 5 个不同角色，又分为事前准备、事中改善、事后维持 3 个不同阶段。每个角色在每个阶段都有各自要做的工作。大家各司其职，改善就会有好的效果。

角色	改善前	改善中	改善后（90天）
"一把手" 老板/总经理	· 确定改善项目优先级	· 参与每日和最终汇报，了解进展和结果	· 参与改善成果月度点检 · 提供必要的资源支持 · 嘉奖团队
被改善区域部门负责人	· 支持改善准备工作	· 参与每日和最终汇报，了解进展和结果	· 负责改善成果的维持
改善组长 改善组员	· 收集数据、照片、视频等 · 完成改善章程	· 走进现场，动手干 · 完成改善章程，制订行动计划 · 管理好改善区域员工的"变化曲线" · 每日改善总体汇报	· 负责改善成果月度点检 · 技术支持、问题解决
改善教练 内部/外部	· 确保使用正确的改善工具 · 确保事前准备工作充分 · 确保必要成员的参与 · 确保改善章程正确，设定的目标有挑战性	· 确保改善按日程进行 · 观察调整团队动态（如团队氛围，沟通负能量或自我为中心的成员） · 传授方法和经验，答疑解惑，调整工作方向，点检改善结果	

关于工作剧本

用工具综合性解决问题

企业遇到的问题,都是综合性的问题。综合性的问题就要综合性地解决。现实中不存在"一招鲜"的魔法,但是有规律和方法,也就是"法门"可以借鉴应用,帮助我们极大程度地加快解决速度,少走弯路。因此,任何问题,都有一个"方子",方子是由很多味药组成的。开什么方子,都要因人而异,因阶段而异,不断调方。

标准工时 & 生产效率
- 建立标准工时
- MOD法、动素分解、浪费排除
- 标准成本中"工"的标准
- 改善与生产效率评价&提升

- 批量向单件流的转换
- 按节拍设计标准工作
- 操作员负荷的均衡
- 产线/单元布局、工作料架设计
- 不同需求的剧本设计

举一个例子,我们想要降低产品成本。如果不讲每个企业的特殊性,只看通用性的话,我们通常会从哪些角度下手呢?财务分析数据看清改善机会,研发从设计端降低成本,供应链降低物料成本,生产降低制造成本,质量降低不良报废造成的质量成本。

所以,到底应该做什么改善,用什么工具,来源于我们要解决什么问题。不能单纯为做改善而改善。

价值分析价值工程 VAVE
- 目标降低成本30%
- 冒泡法、QFD、产品CTQ
- 成本料工费分析
- (竞品)拆机&机会分析
- 建立VAVE项目漏斗

可制造性
- 研发的标准阶段
- 各阶段可制造性评估
- 生产标准化、质量、成本在设计中的打造f

全面成本分析&管理
- 标准成本的建立
- 产品线成本分析

品类供应商策略
- 物料品类定义
- 物料品类策略
- 供应商整合、策略

采购降本漏斗管理
- 采购降本漏斗建立
- 物料标准成本确定

第三章 中小制造企业赋能式经营工作剧本

赋能式经营体系的工具箱，就像是一个药柜子，里面有很多味药材。但是要想提升业绩、解决问题，就要有一个由多味药材组成的方子。对于制造业企业来说，"多味"往往意味着跨职能、跨部门同时发力。举例来说，如果单纯在生产端发力，认为精益生产就能让企业提高效率，这种认识就狭隘了。

要想提业绩、上台阶，一定要战略牵引、综合发展，在变革过程中打好"组合拳"，才能取得成功。

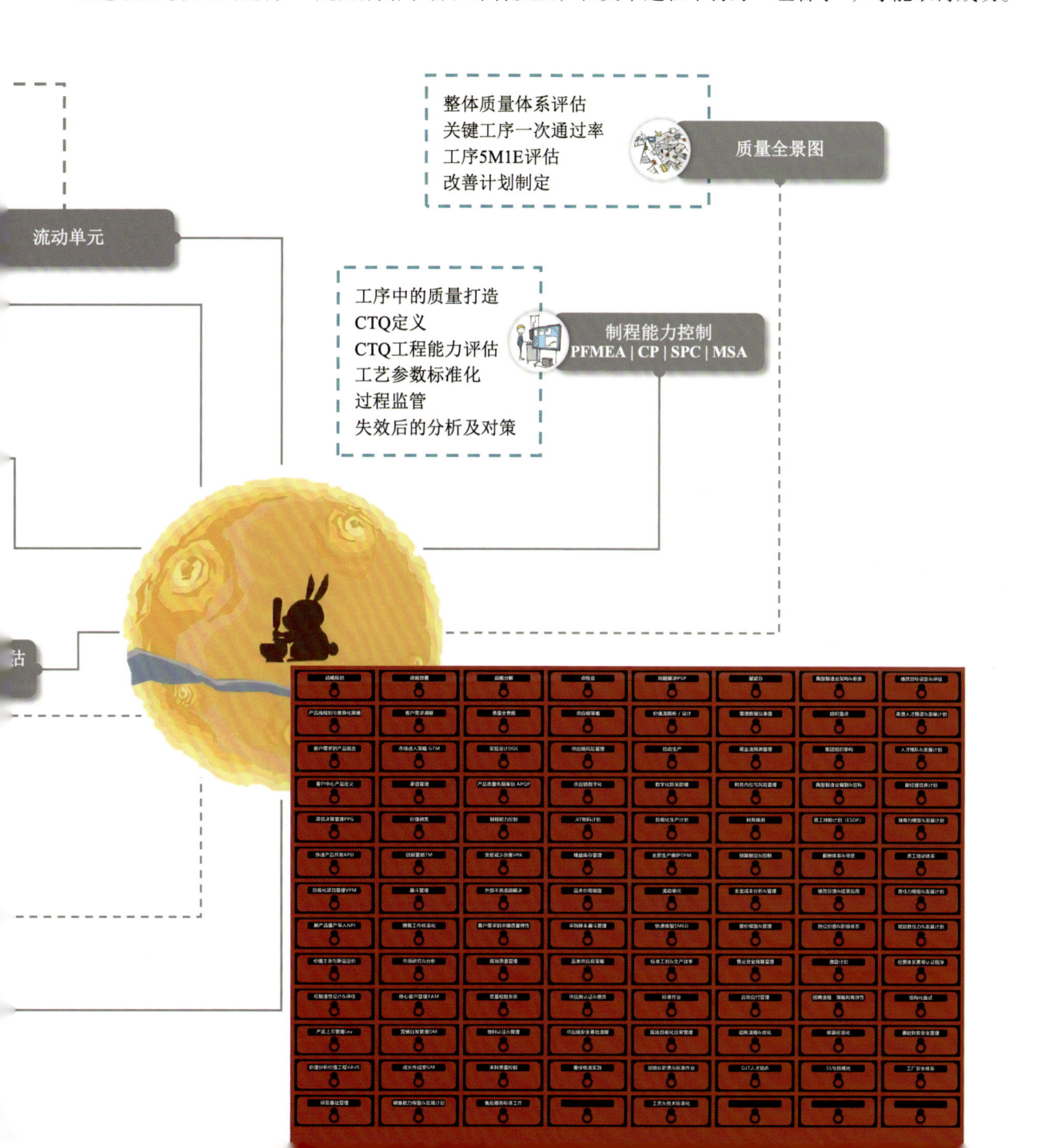

质量全景图
- 整体质量体系评估
- 关键工序一次通过率
- 工序5M1E评估
- 改善计划制定

制程能力控制
PFMEA | CP | SPC | MSA
- 工序中的质量打造
- CTQ定义
- CTQ工程能力评估
- 工艺参数标准化
- 过程监管
- 失效后的分析及对策

流动单元

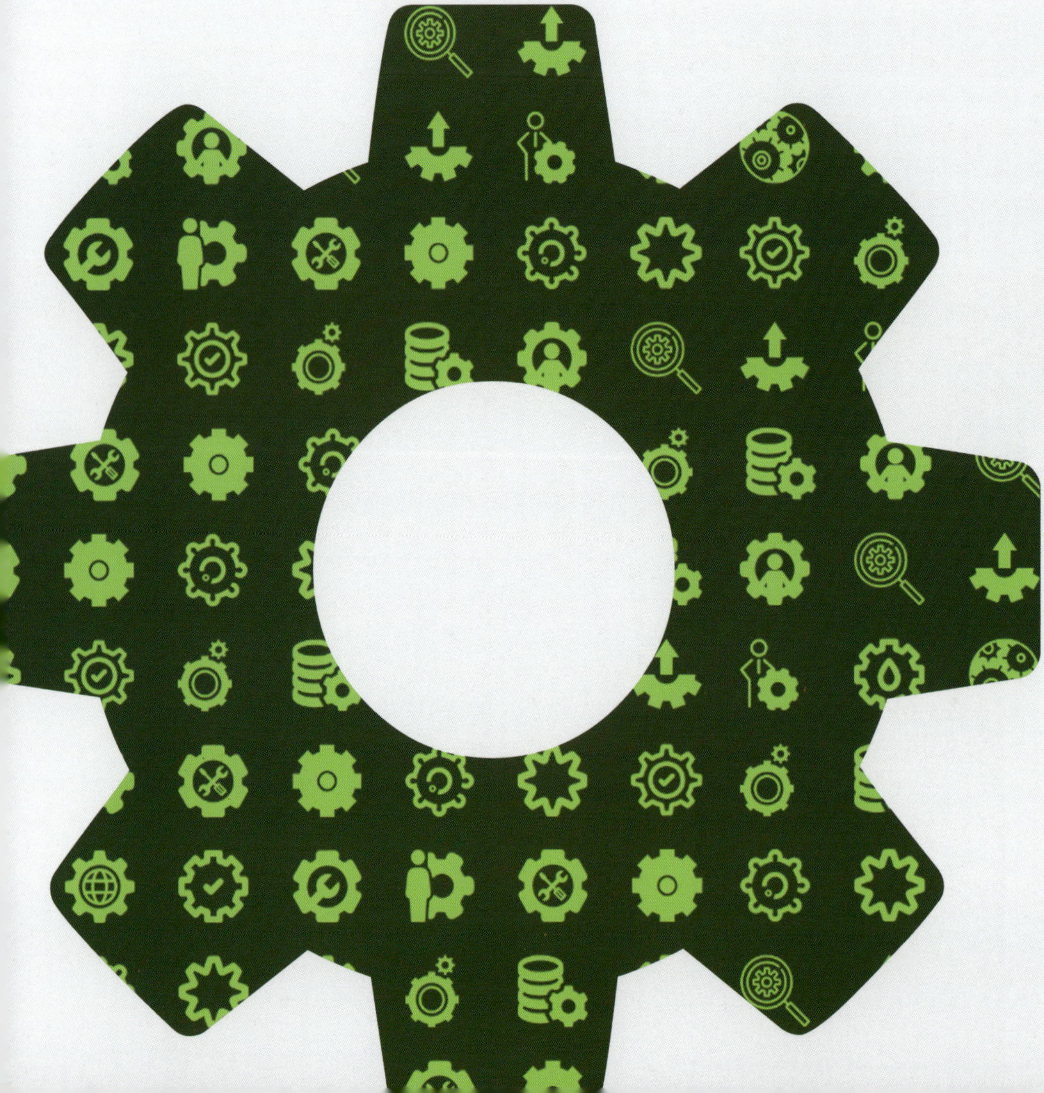

第二节
战略工作剧本

关于战略工作剧本

"增长治百病",对于中小企业来说,战略的唯一目的就是实现增长,实现高质量的增长。首先,增长是主营业务的增长(地多收租金,政策好拿补贴都不计算在内)。其次,增长是确认的销售收入金额,不是合同额也不是预收款金额。最后,也是最重要的,增长不能是"搂草打兔子"得来的,比体量更重要的是企业在特定细分市场的"江湖地位",也就是市占率。同样1亿元的销售额,到底是从N多个细分市场"打兔子"得来的,还是从聚焦的细分市场"精耕细作"得来的,就是增长质量的区别。

销售额增加了,要看利润率是不是也增加了。如果增长是用牺牲利润换来的,还是薄利多销的逻辑,就会在内卷的旋涡里越陷越深。利润额≠利润率,毛利率代表了企业的创新能力,以及在特定细分市场的定价权。所以,中小企业的战略一定要围绕如何聚焦细分市场,通过创新提升毛利率来做。

销售额增加了,还要看资金周转率是不是增加了。如果增长是靠赊账、铺货换来的,企业无法持续经营。对于大部分中小企业来说,在销售额不断增加的同时,实现正向现金流增加,是个需要持续去突破的能力。

中小企业做战略的核心
聚焦、聚焦、聚焦!增长、增长、增长!
团队同频,与企业共同成长

体量增加了，再看质量和准交率是否在稳步提升。质量和准交率是企业长久竞争力的来源。"质量第一"不能是仅仅挂在嘴边的口号。要想在细分市场赢得地位，就一定要服务头部大客户，而稳定的质量、靠谱的交付，是做大客户的基本条件。

所以对于中小企业来讲，在没有稳定的质量和交付保障能力之前，做战略要脚踏实地，不能总好高骛远地谋划商业模式、第二曲线。底盘稳了，才有可能飞得更高。

很多中小企业在做战略时遇到的问题是落地难。在执行阶段遇到的众多挑战之一就是团队的不理解、不执行。我们在近些年的实践中一直坚持的一点就是，战略一定不能是几个大脑袋闭关谋划出来的，一定是团队共创共识出来的。团队亲自参与制定战略，才会主动推进战略落地。

为了保证团队能参与进来，提出有洞见的想法，在做战略的整个过程中要注意两点：一要用统一的工具和方法，让团队都讲"普通话"至关重要；二要让战略成为一个流程，自上而下，层层递进。

战略三部曲

每个企业都处在不同的行业，有不同的产品，有各自的特点。但是我们更多的是看到众多中小企业的共性问题——不聚焦，觉得哪里都好哪里都想去，订单抓了很多，却没有增长；没有清晰的产品策略，研发创新不足；工作重心不清晰，每天忙于救火；有了好的商业模式好的想法，无法落地，最终不了了之。

为了帮助中小企业实现高质量、可持续的增长，我们总结了一套务实的、可落地的战略方法，让战略变得不再高、大、空，不再停留在PPT的纸面上，不再是几个遥不可及的数字。通过战略三部曲，建立一套企业内部自上而下，打通各个层级、各个职能部门的通用语言。战略三部曲与团队的绩效激励机制相互接轨，让落地有了组织上的保障。战略三部曲与各模块的工作剧本相互接轨，让落地有了具体的操作方法。

战略三部曲，是每一个中小企业踏上高速发展的起手式。战略清晰了，落地方法有了，团队同频了，成功就不会太远了。

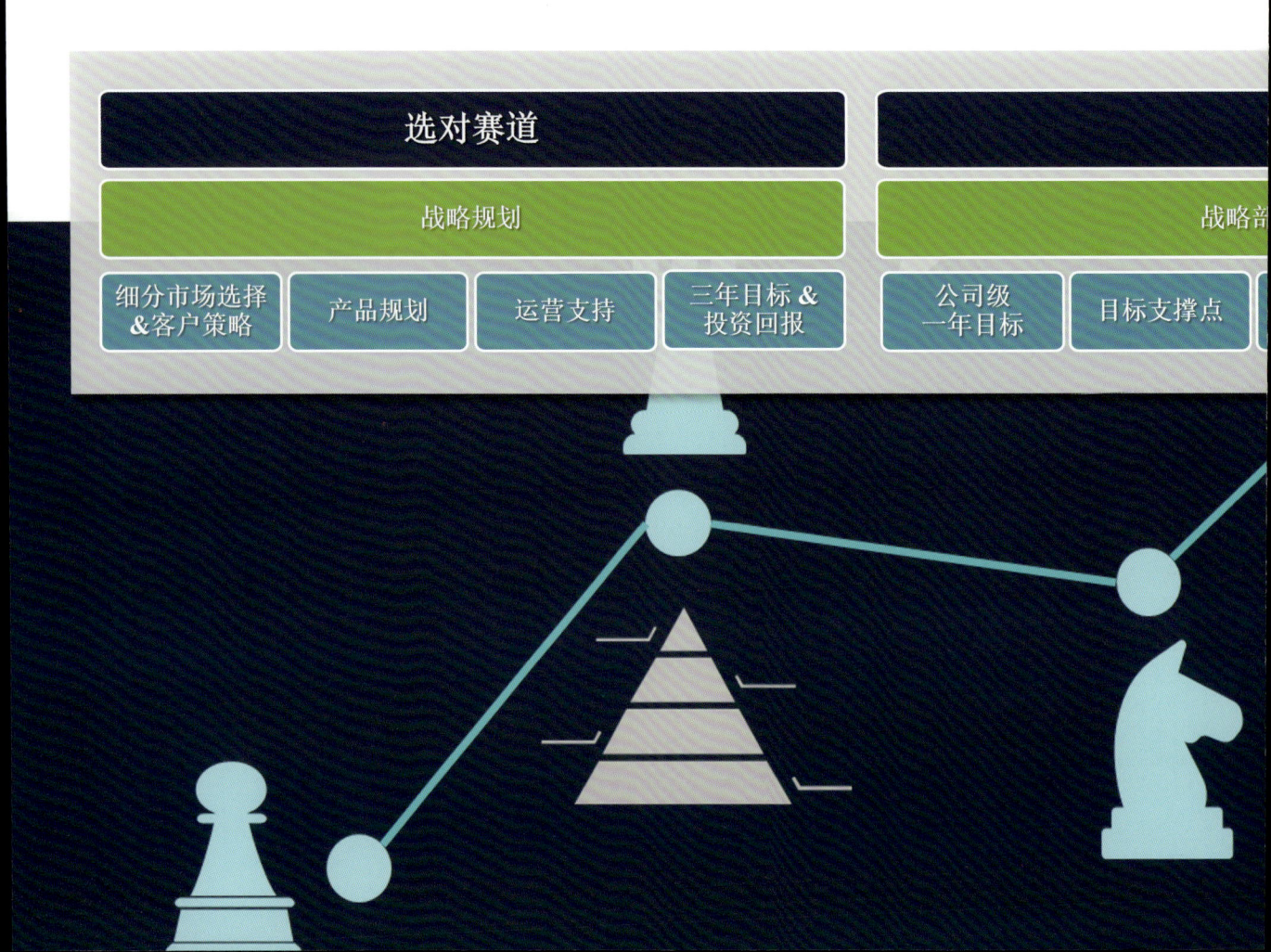

选对赛道				战略…
战略规划				战略…
细分市场选择&客户策略	产品规划	运营支持	三年目标&投资回报	公司级一年目标	目标支撑点

战略规划：关于聚焦和增长

战略规划包括：如何聚焦细分市场、头部客户；如何规划产品线，内部运营如何支撑增长；通过什么方式搭建团队；如何衡量成功，把增长变为可以量化的三年目标。

战略部署：关于排兵布阵

有了聚焦方向和增长目标以后，战略部署包括：如何调动中高层团队，把聚焦方向和三年目标落实下去；如何让一年的目标不是一个空洞的数字，而是有实现路径作支撑。

战略分解：关于执行力

战略分解包括：如何让各部门工作明确，有抓手；如何让部门目标与公司目标对齐，不再让"年底人人拿奖金，只有公司不增长"的情况出现。

赢得比赛

战略分解 & 执行

| 公司KPI & 资源分配 | 部门级KPI | 部门级优先改善事项 | 月度点检 & PSP | 改善 |

战略三阶段

战略不是靠工具方法制胜，但是工具和方法能够最大程度上帮助我们看清市场、厘清思路，用数据说话，让团队有共同语言。让制定战略变成不是只有几个天才才能插得进手的，而是团队可以共创的、可复制的过程。因此，工具是制定出好战略必不可少的手段。

在企业不同成长阶段，增长驱动因素不同。因此，在战略制定和执行过程中，侧重点也大相径庭。我们将中小企业的战略发展分为三个阶段：聚焦阶段、差异化阶段、外延增长阶段。循序渐进，就能稳步增长。我们借着老李的公司来看看，如何分阶段实现战略突破。

一阶：聚焦

老李的公司此时销售额 1.8 亿元。和很多中小企业类似，他生产的过滤材料应用广泛，为了增长，他多年来不断开辟新行业、新应用、新客户。但是在企业还小、力量有限的时候，反而"聚焦"才能增长。在第一个战略增长阶段要注意以下三方面：

- **聚焦细分市场，一米宽、一百米深**

不从过滤材料本身，而从客户角度划分市场。过去老李只分工业、医疗、食品三大类。其实医疗也分医院、研究所、药厂等，即便都是医院，三甲医院、区县医院和私营医院的客户，采购决策流程、需求也大相径庭。

划分了细分市场后，老李发现他想把所有市场都吃下来太不现实了，还是要聚焦。但是聚焦不能靠拍脑袋，所以他要通过市场全景图看清市场，用评估和选择工具来决定哪里是他要聚焦的方向。

- **建立产品线的概念**

老李过去是随着客户需求，点什么菜就炒什么菜，开发了几千种产品。有了细分行业和细分市场聚焦后，未来他要开始有自己的"菜系""菜单"，将产品划分为不同产品线、系列、型号。

- **目标驱动，数据说话**

通过战略三部曲、X 矩阵、KPI 保龄球图等工具，建立起完整的指标体系。全公司上下都清楚公司的聚焦方向，都知道目标是什么，也都知道自己要做什么。上下同欲，其利断金。

二阶：差异化

经过 3 年的努力，老李在几个聚焦的细分市场站稳了脚跟，销售额翻了一番。他现在要考虑的是，如何在守住市场地位的同时提升利润率。通过学习，老李理解了"蓝海战略"不是如何找到一片蓝海，而是在既有市场里，通过差异化、创新、价值创造，开拓出一片蓝海。

- **制定差异化策略，丰富产品线，提升毛利率**

深入研究客户、竞品后，老李确定了在各细分市场上的价值定位。为每条产品线制定差异化策略，用差异化来避免内卷价格战；也制定了未来 3~5 年的产品和技术路线图，追求研发创新带来的增量销售和毛利率提升，从被动开发变为主动开发。

L1 聚焦

- **做好资金需求预测和投资回报分析**

练就指哪打哪的能力。老李为未来3年规划的市场开拓、产品研发、新生产基地等重大动作,预测资金需求,并通过投资回报分析,来对重大事项的投入作判断。

三阶:外延增长

经过多年的努力,老李已经在若干细分市场稳固住了"江湖地位",成了细分市场里有品牌知名度的企业,体量也做到了10亿元,但依靠现有业务,无法实现快速增长。未来新的方向怎么选择,组织能力如何跟上,是这个阶段老李的重心。

- **行业研究,快速增长**

老李研究客户应用场景,寻找邻近赛道的新产品线机会;研究产业链图谱,寻找上下游整合机会;研究价值链图谱,寻找新商业模式机会。在几个方向上通过并购、合作等方式,更快地丰富产品线,打造产品生态,更快地进入新市场,更好地控制供应链,实现更快速的增长。

- **产业研究,赛道迁移**

通过产业研究,老李瞄准了更高技术含量、更高毛利率的某种高分子医用新材料,并在行业内找到合适的标的公司,通过并购方式,成功进入新赛道,开辟第二增长曲线。

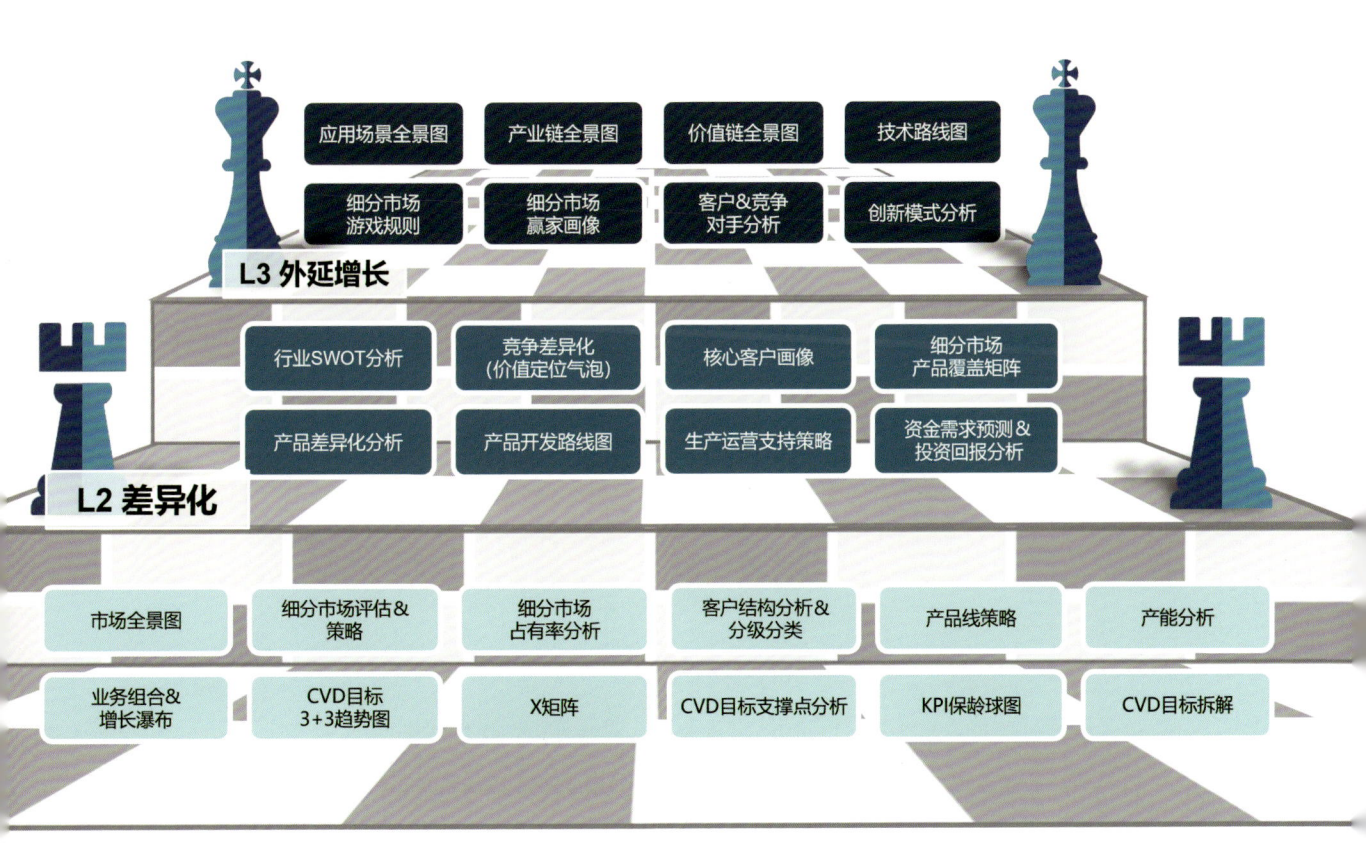

L3 外延增长
- 应用场景全景图
- 产业链全景图
- 价值链全景图
- 技术路线图
- 细分市场游戏规则
- 细分市场赢家画像
- 客户&竞争对手分析
- 创新模式分析

L2 差异化
- 行业SWOT分析
- 竞争差异化(价值定位气泡)
- 核心客户画像
- 细分市场产品覆盖矩阵
- 产品差异化分析
- 产品开发路线图
- 生产运营支持策略
- 资金需求预测&投资回报分析

- 市场全景图
- 细分市场评估&策略
- 细分市场占有率分析
- 客户结构分析&分级分类
- 产品线策略
- 产能分析
- 业务组合&增长瀑布
- CVD目标3+3趋势图
- X矩阵
- CVD目标支撑点分析
- KPI保龄球图
- CVD目标拆解

战略规划——发展的作战地图

战略规划是一个"线性的流程",即分析过程和使用的工具是有先后顺序的。一定要从市场看起,再看客户;有了市场和客户,再决定用什么产品服务客户,然后再看运营如何支持。这个顺序如果颠倒了,就容易闭门造车。中小企业在战略的第一、第二阶段,可以用以下 7 个步骤来做战略规划。

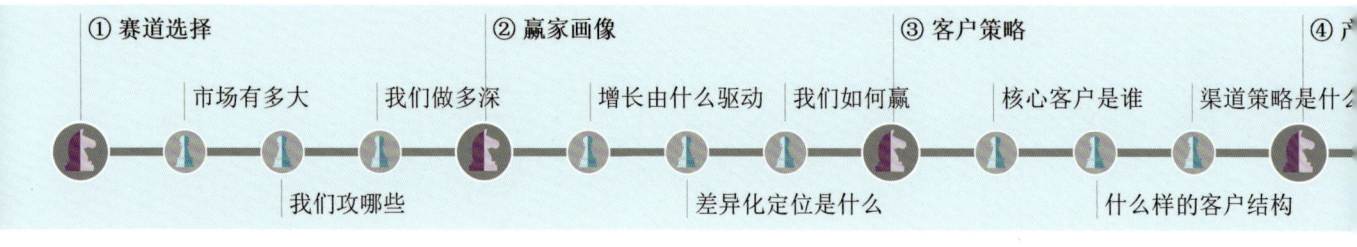

① 赛道选择 — 市场有多大 — 我们做多深 — 我们攻哪些
② 赢家画像 — 增长由什么驱动 — 我们如何赢 — 差异化定位是什么
③ 客户策略 — 核心客户是谁 — 渠道策略是什么 — 什么样的客户结构
④ 产

1. 市场全景图

市场全景图也叫 MEKKO 图,是企业经营的作战地图。用万米高空看全局的角度,帮助我们迅速了解市场机会、竞争态势,判断未来的发展方向。市场全景图中可以看到如下信息:

① 清晰的赛道,每个赛道里面的细分市场。
② 细分市场的容量(图中每一个细分赛道的宽度)和成长性,也就是市场每年自然增长的速度。
③ 自己和竞争对手在不同细分市场里所占的份额(图中每个玩家的高度)。
④ 竞争态势,这些细分市场是比较碎片化的,还是头部玩家比较集中的垄断市场。

全景图一定不要大而全,对于中小企业来说,百亿千亿级市场没有意义。要找到自己体量的 10~30 倍、大约 30 亿至 40 亿元的市场空间,在里面找到自己的根据地,做出市场地位。

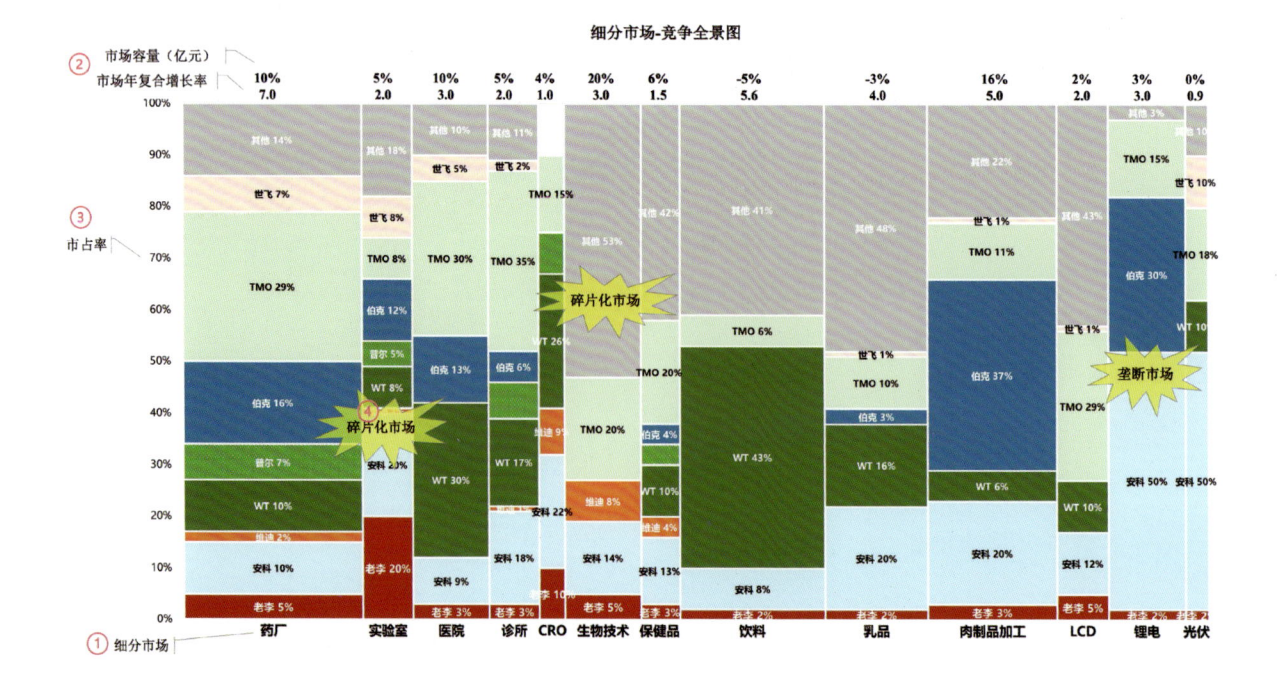

流程的意思是，既要时时关注市场动态，不断地思考企业战略方向，又要把战略规划作为一个有固定时间、节奏、参与者、输出标准的工作流程来做。

（本章结尾附有战略工作时间表）

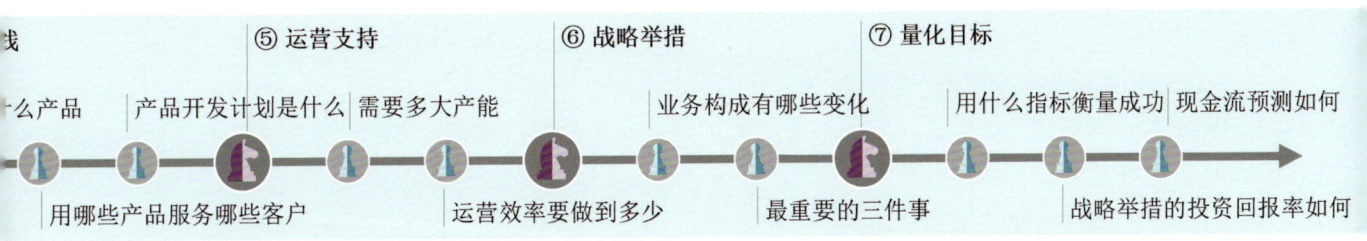

```
           ⑤ 运营支持              ⑥ 战略举措              ⑦ 量化目标
么产品    产品开发计划是什么  需要多大产能       业务构成有哪些变化      用什么指标衡量成功  现金流预测如何
用哪些产品服务哪些客户        运营效率要做到多少      最重要的三件事         战略举措的投资回报率如何
```

2. 市场全景图的四重变形

市场全景图其实可以从很多维度来绘制。对于中小企业来说，它像魔方一样，要做四重变形。还是以老李为例，他要判断未来朝哪里聚焦，有多大可能性赢得市场，一共需要绘制的4张图如下：

① 细分市场技术路线全景图。每个细分市场的应用场景里，除了使用这种过滤材料外，搞清楚客户是否有其他可替代的技术，每一种技术路线占多少份额。充分考虑可替代技术方案后的市场容量，才是真正的机会。

② 细分市场竞争态势图。明确每个细分市场的主要玩家是谁，分别占有多大的市场份额，哪些市场是碎片化的，哪些是由大个子垄断的。对于中小企业来说，碎片化的市场更有机会赢得胜利。

③ 细分市场客户全景图。细分市场里有哪些客户，是不是能够看得清占70%份额的头部客户，客户的集中度有多高，哪些细分市场可能有大订单，哪些只能捡碎银子。

④ 头部客户竞争全景图。明确细分市场里头部客户都在采购什么，从哪个竞争对手那里采购。有了这张图，未来销售计划就有据可依，大大提高大客户的赢单率。

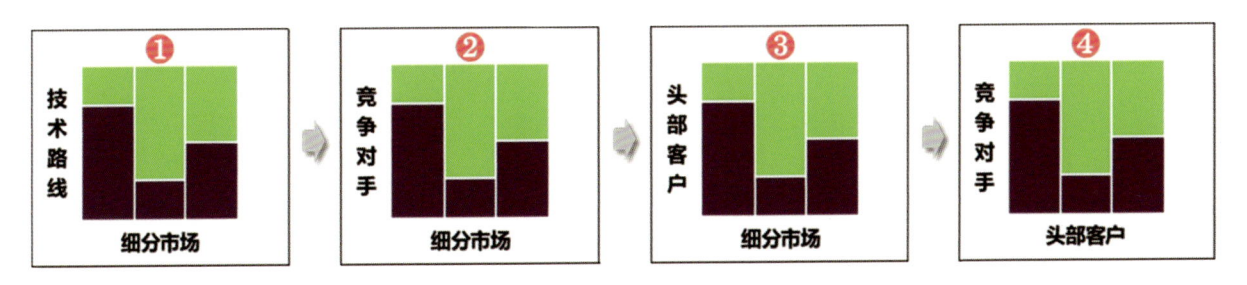

❶ 技术路线／细分市场　➡　❷ 竞争对手／细分市场　➡　❸ 头部客户／细分市场　➡　❹ 竞争对手／头部客户

市场全景图就是企业发展的作战地图

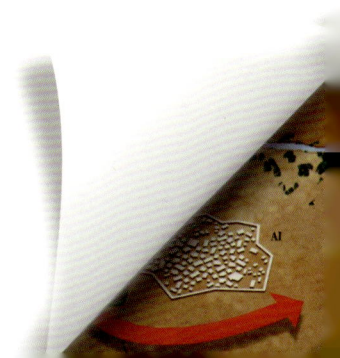

战略规划——细分市场聚焦

老李绘制出市场全景图,也分析了过去几年的销售数据。他发现,过去几年里,公司在二三十个细分市场里做了2000多个客户,但是真正的大客户却很少。除了他起家的时候就开始做的实验室和CRO市场,市占率做到了接近20%,其他都是零星订单。静下心来想想,其实他完全有条件把市占率做到40%以上。画完市场全景图后,他自己说,大部分细分市场的市占率画出来都不到"一根手指头那么粗"。

很多中小企业有类似情况:越是应用广泛的产品,越是销售增长缓慢。举几个例子:

铺摊子:一家做健康食品辅料的企业,因为产品应用广泛,所以在酸奶、料理包、烘焙等21个细分市场全面开花,花大价钱组建市场团队、实验室。3年时间开发了300多个客户,销售额却只有2000万元。

抓单子:一家做工业清洗剂的企业,产品应用基本可以覆盖制造业的全部29个门类。因为应用广泛,所以在全国设办事处,有几十个销售员,开发了2000多个客户,定制化开发了1000个单品。销售额1亿元出头,销售费用却有三五千万元。

建产能:一家做通用部件的企业,多品种小批量,3亿至4亿元销售额。投资1.8亿元建了一座智能工厂,产能翻两番。智能工厂柔性差,只能生产有批量的订单。工厂建成后,没有足够批量订单吃不饱,只好被迫降价,用低价吸引代理商铺货。销售量增加了一点,但是销售额始终没有大的提升。

攻市场就像打井,东打一下西打一下,但是哪口也没打出多少水。因此,在帮助中小企业制定战略规划时,第一步就是聚焦。

1. 细分市场评估

来看看老李怎么对十几个细分市场作评估。一方面,细分市场吸引力对他很重要,也就是说用同样的力气,看哪口井能打出更多的水来;毛利率也很重要,因为他的过滤材料属于成熟技术,中低端市场很卷,寻找有进口替代机会的中高端产品是未来方向。所以,他想做的是对产品性能有较高要求,但是对价格不那么敏感的细分市场。

细分市场评估工具
气泡的大小——市场容量
市场吸引力(Y轴)
- 市场的增长性如何
- 市场的利润空间如何
- 市场是否成熟(是否需要"教育"客户,是否有大量可替代技术和产品)

资源匹配度(X轴)
- 技术路线是否匹配细分市场客户需求和使用习惯
- 产品(含解决方案)的性能、质量是否满足细分市场客户需求
- 是否有渠道(直销、代理)触达客户

*X轴和Y轴每个只选择一项

另一方面，他要考虑自己的资源匹配度有多高。老李感觉他的产品从性能和技术先进性上，都比较容易满足客户需求，对拓展市场没什么障碍。因此，细分市场的客户资源好坏，对增长更关键。

在做细分市场评估时，从 X 轴和 Y 轴的若干个因素中选择一项，而不是把众多因素综合权重打分，对中小企业非常重要。这个选择也是聚焦的过程。想清楚今时今日什么对企业增长最关键，后续做工作的时候就有了重心。

2. 细分市场聚焦策略

评估后，老李制定出细分市场聚焦策略：

攻：在实验室、CRO、肉制品加工这 3 个细分市场重点突破。将实验室和 CRO 的市占率提升到 40%，做到市场领军者。在肉制品加工这一组分市场将市占率提升到 20%。

试：尝试建立生物技术和乳品行业的销售渠道，将市占率分别提升到 10% 和 15%，在细分市场站住脚。

守：饮料、药厂和医院利润不好，且有几个大竞争对手，守住现有市占率即可。

退：诊所、光伏、锂电和 LCD，历史上只有零星订单，且利润和回款都很差，因此不过多关注。

聚焦后，可以明显看出老李公司现在和 3 年后的细分市场市占率的变化，不再是一字铺开，而是有重点，有根据地了。

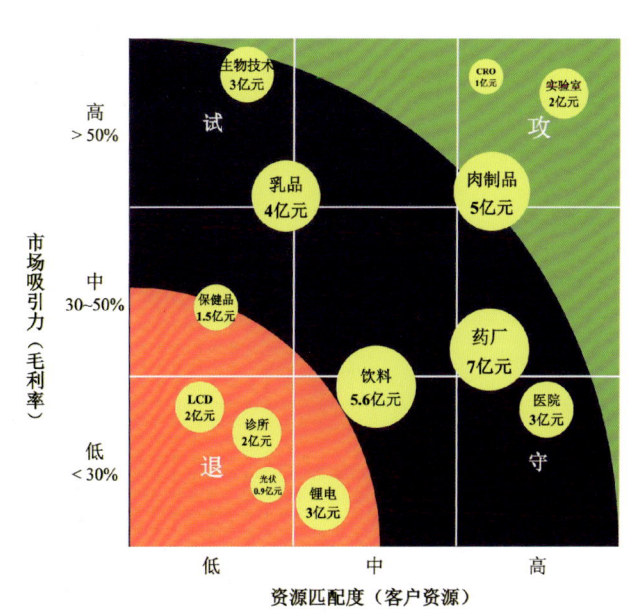

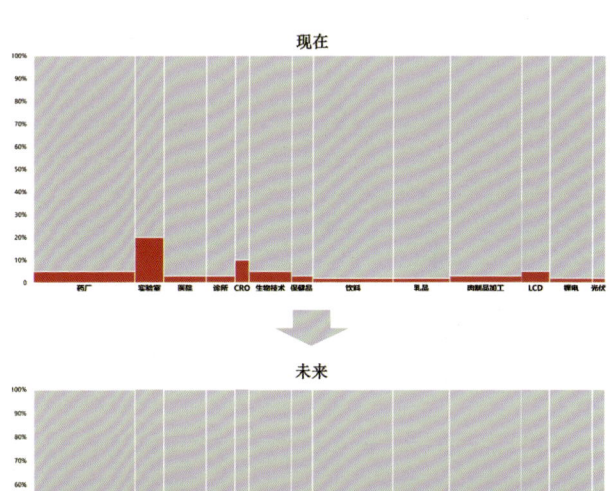

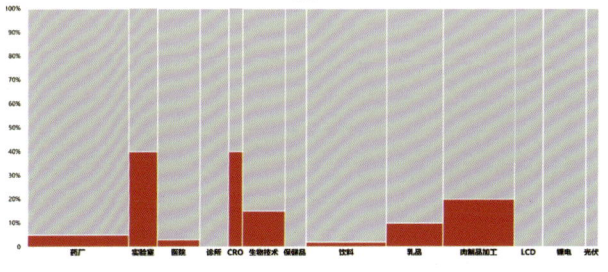

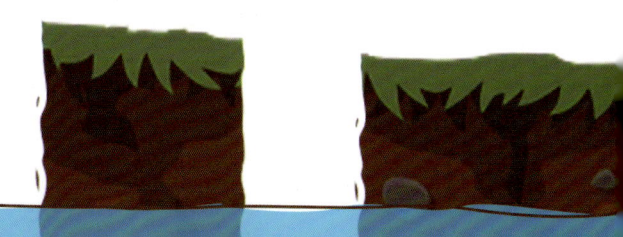

战略部署——X 矩阵

战略部署是一个连接未来与当下、连接顶层与基层的重要环节。如果没有这个中间环节,规划就容易变成一纸空话。

与战略规划相同,战略部署也是一个流程。与战略规划不同的是,它不会用到那么多眼花缭乱的工

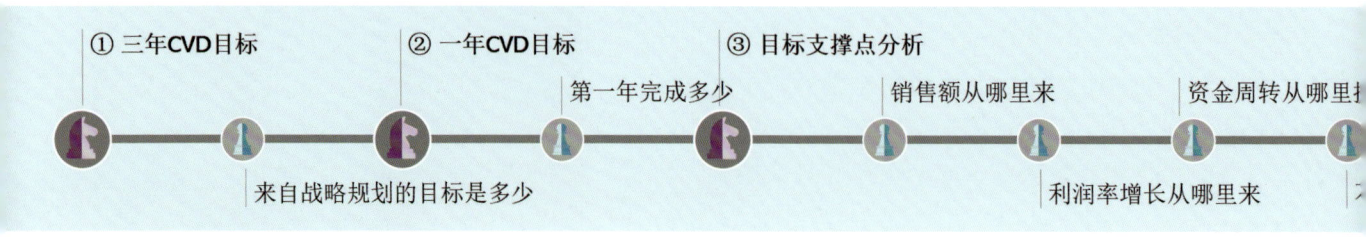

① 三年CVD目标 —— 来自战略规划的目标是多少

② 一年CVD目标 —— 第一年完成多少

③ 目标支撑点分析 —— 销售额从哪里来 / 利润率增长从哪里来 / 资金周转从哪里

1. 战略部署的核心流程

① 战略规划时制定的三年 CVD 目标是部署的起点。

② 明确我们需要完成的目标是多少。

③ "一年 CVD 目标如何完成,支撑点是什么" 是部署最重要的环节,否则目标就容易变成一句口号。

④ 现在工作有哪些做得不到位的地方会阻碍目标实现,要改进的地方叫优先改善事项。优先改善事项有 4 个关键要点:

i. 一定是公司层面的 "大事",需要跨部门通力合作的,必须做透做到位的。

ii. 工作方法、工作流程上,尤其是跨部门协作方面的改进,是为了强能力,为未来打基础。

iii. 优先改善事项同样不能只是一句口号,一定要制订出可执行的行动计划。

iv. 每一个优先改善事项,都要有明确的唯一负责人。

⑤ 优先改善事项做了以后,到底有没有成功,需要用一些量化指标来衡量。这些指标就会成为公司级的 KPI 指标。这些指标进一步分解到月,就会形成 KPI 保龄球图。

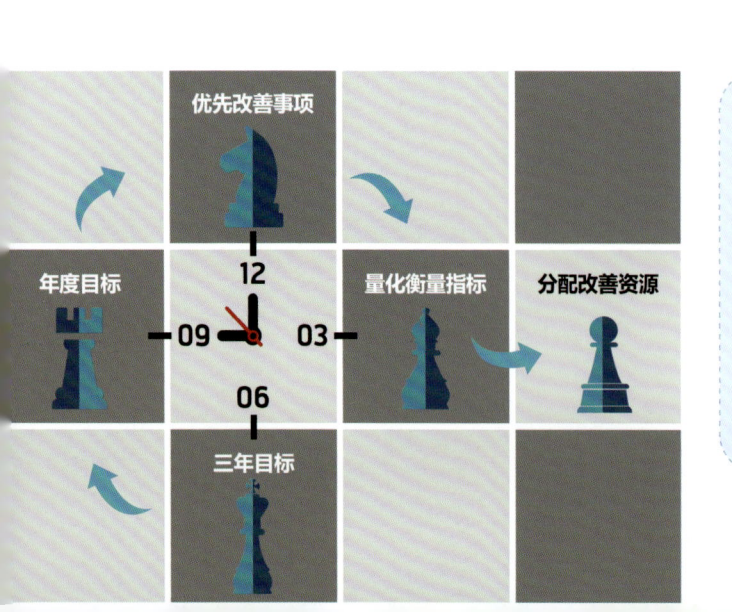

> **战略部署的核心工具——X 矩阵:**
> - 之所以叫 X 矩阵,就是因为表格中间有个 "X"。
> - X 矩阵使用时,从最下方填起,顺时针旋转。确保目标、公司重点工作,以及 KPI 目标环环相扣。
> - 为了方便沟通,我们给矩阵的各个方向起了形象的名字。三年目标因为在矩阵的最下方,所以通常称呼为矩阵的六点钟方向。其他几个方向以此类推。
> - 本书附录中有 X 矩阵的模板示例。

具,而是要把工作做得更实。

战略部署通常会由公司的核心管理团队共同参与制定。

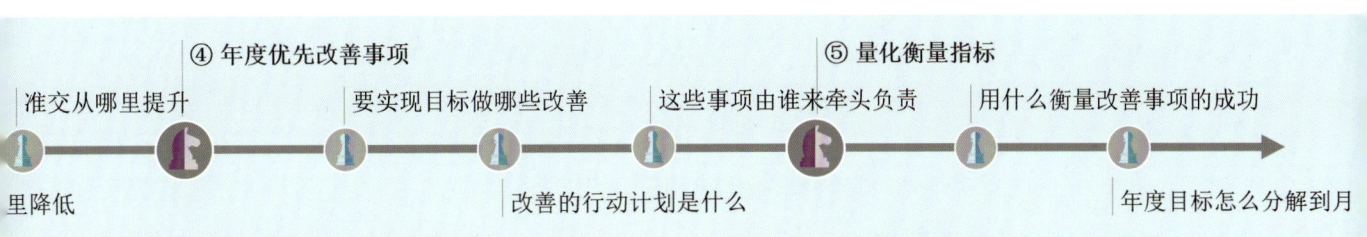

| ① 准交从哪里提升 | ④ 年度优先改善事项 | 要实现目标做哪些改善 | 这些事项由谁来牵头负责 | ⑤ 量化衡量指标 | 用什么衡量改善事项的成功 |

里降低 — 改善的行动计划是什么 — 年度目标怎么分解到月

2. 战略部署的常见问题

① 三年目标是从公司的战略规划来的,那第一年到底应该完成多少?

通常,为了让三年目标完成更有把握,我们不会把三年的目标平均除以3,而是会在第一年完成50%。当然,并不是第二年、第三年就很轻松了,因为战略规划和部署年年做。

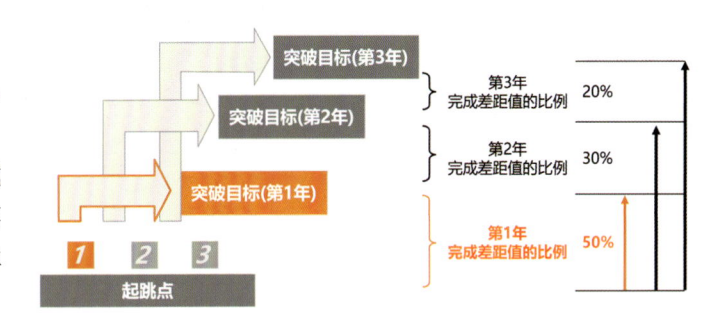

② 到底什么是优先改善事项?

譬如说,"拜访某某客户,拿到大订单",就不是优先改善事项。"建立大客户开发和管理的流程及标准作业",就是优先改善事项。

③ 优先改善事项是越多越好吗?

对于中小企业来说,要从众多需要改善的事项里挑出最重要的5件,所以才叫"优先"。事事都想做,就事事都做不好。

④ 为什么优先改善事项只能有一个负责人?

因为三个和尚没水吃。一个负责人并不是一个人把活都干了,而是负责统筹协调,"张罗"团队一起齐心协力把活干了。

⑤ KPI指标多少个合适?必须可量化吗?

衡量5个优先改善事项,KPI指标最多不超过10个。是的,必须可量化!

第一年完成 **50%**　　5件优先改善事项打死不能超　　1个负责人　　10个KPI指标就顶天了

要完成目标 我得有抓"手"

战略分解

顾名思义,战略分解是把公司的战略目标层层分解到部门,分解到关键岗位,这也是团队同频、全员与公司战略目标对齐的环节。当然,战略分解并不仅仅是分解目标。更重要的是,团队要在这个过程中更进一步地识别出,要实现公司来年的战略目标,同时为未来发展打个坚实的基础,到底需要

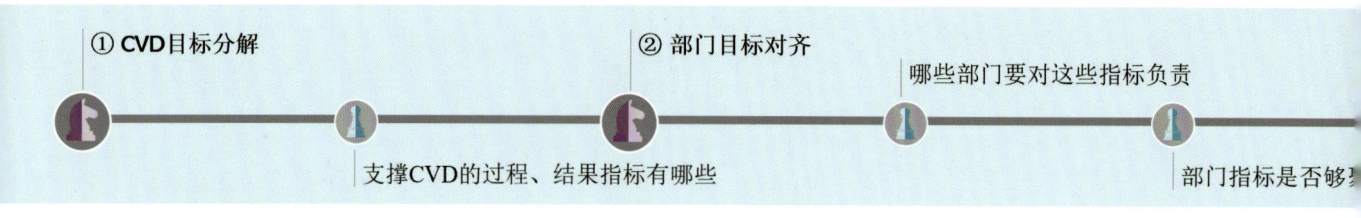

① CVD目标分解　　　　　　　② 部门目标对齐

　　　　　　　　　　　　　　　　　　　　　　　　　哪些部门要对这些指标负责

　　　　　　　支撑CVD的过程、结果指标有哪些　　　　　　　　　　　部门指标是否够

1. 公司 CVD 的分解

分解公司 CVD 的目的不是单纯给部门和岗位套上一项绩效指标,更多的是找到支撑公司目标完成的抓手。指标分为两类:结果指标和过程指标。

结果指标(lagging indicators),也可以叫"滞后"指标,是当事情发生后看结果好坏的。有点像我们站在马拉松的终点,看到的是运动员最终冲线的时刻。譬如说销售额(财务确认的销售收入)、外部不良率,都是典型的结果指标。

结果指标　跑到终点了,得了冠军

过程指标(leading indicators),也可以叫"先行"指标。它出现在最终结果之前,可以被用来预测结果的发生。像马拉松过程中,运动员需要调整节奏、呼吸、策略,以取得最好的成绩。有好的过程指标,才会有好的结果指标。

过程指标　怎么跑才能得冠军

我们通常从结果指标和过程指标两个角度来进行 CVD 的分解。

结果指标不是简单的数学题,不是把总金额或者数量凑出来,而是要能够找到量化支撑 CVD 实现的关键点。譬如,公司整体的外部不良率是 20000ppm,其中来料不良造成的占了 70%,那就可以只把来料不良降低作为结果指标。

过程指标一方面是要结构性支撑 CVD。譬如,同样完成了 1 亿元的销售额,但是这些订单从哪些客户、哪些产品线、哪些毛利水平的市场来,大不一样。所以,结构决定了目标完成的质量高低,也为未来目标达成打下基础。

过程指标另一方面是要关键路径支撑 CVD。譬如,如果今年的销售目标有 1000 万元要来自某款新产品,新产品准时上市就是这部分销售额实现的关键路径。

做些什么。

战略分解通常是由公司的高管团队及各部门的负责人（通常是经理）共同完成的。

战略分解有两个重要组成部分：公司 CVD 目标的分解，以及公司优先改善事项的分解。

③ 优先改善事项分解

建岗位如何支撑部门指标　　　　　　　　　　　公司的优先改善事项本部门要做哪些贡献

年度目标怎么分解到月　　　　　　　　　　　　改善的行动计划是什么

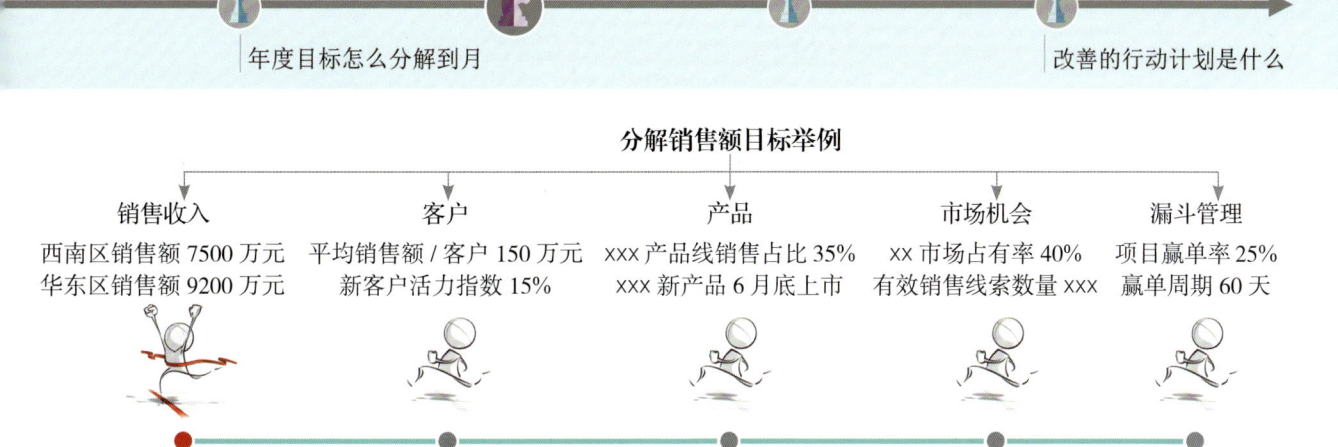

分解销售额目标举例

销售收入	客户	产品	市场机会	漏斗管理
西南区销售额 7500 万元 华东区销售额 9200 万元	平均销售额/客户 150 万元 新客户活力指数 15%	xxx 产品线销售占比 35% xxx 新产品 6 月底上市	xx 市场占有率 40% 有效销售线索数量 xxx	项目赢单率 25% 赢单周期 60 天
结果指标	过程指标	过程指标	过程指标	过程指标

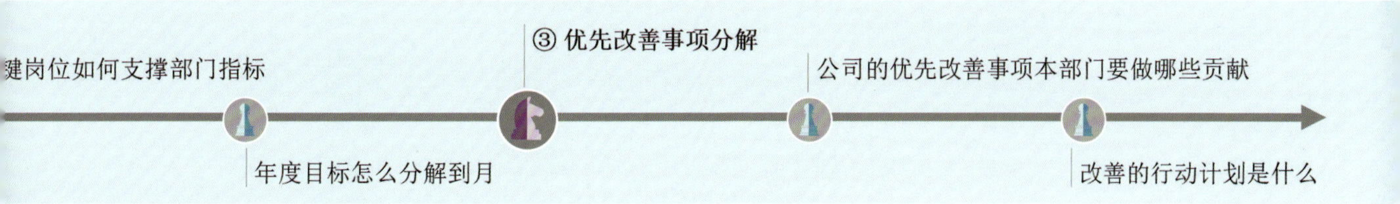

2. 公司优先改善事项的分解

公司的优先改善事项是公司的年度大事，需要各部门的协作才能完成。因此，每个部门都要找到自己要做哪些更具体的改善事项，以支持公司改善事项的完成。我们使用叫作"二级 X 矩阵"的工具来做公司优先改善事项的分解。

同样，部门优先改善事项也一定是流程和方法的改善，不是干某件具体的事；部门的优先改善事项也不要超过 5 件。

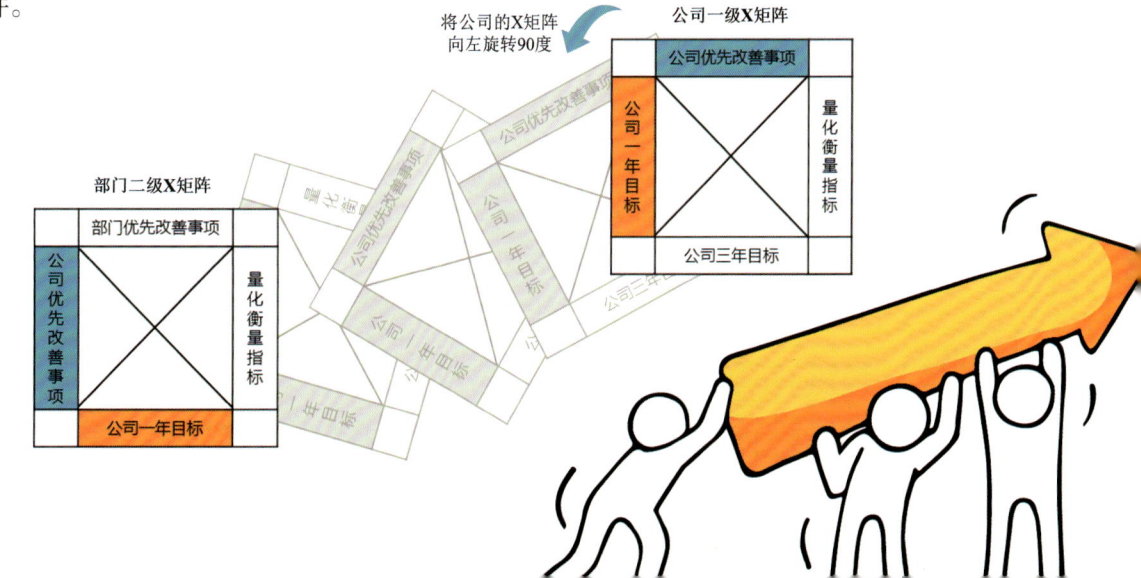

追踪进度的可视化工具——KPI 保龄球图

之所以叫保龄球图，只是因为它长得很像打保龄球时候用的计分卡。

很多企业战略不能落地的原因之一，是年度目标定完以后，没有好的节点点检的手段。年初定完目标、年底见。等到年底见的时候，无论完成没完成，都没什么办法了。保龄球图就是帮助我们做好节点点检的目视化利器。

我们所有的年度目标，都要分解到月（有少部分目标也可能分解到季度）。这样才能逐月去跟踪进度，看整体的趋势，是向好还是向坏；才能及时采取补救措施，保证年度大目标的完成。

序号	CVD/KPI ❶	单位 ❷	起跳点 ❸	本年目标 ❹	年初至今 ❺	计划/实际	1月	2月	3月
1	外部不良	ppm	40400	20000	28000	计划	40000	38000	36000
					22056	实际	38834	15000	3900
2	准交率	%	65.0%	95.0%	74.0%	计划	50.0%	54.0%	58.0
					71.0%	实际	100.0% ❻	77.0%	62.5
3	主营业务收入	万元	20441	25000	11640	计划	630	1340	31-
					11000	实际	236	1280	330
4	EBITDA 利润率	%	20.8%	23.8%	21.0%	计划	18.0%	18.5%	19.0
					19.9%	实际	12.0%	18.8%	19.5
5	营运资金周转率	转	4.0	5.0	4.5	计划	4.0	4.0	4.
					4.5	实际	3.9	3.4	4.
6	员工主动离职率	%	10%	5%	5%	计划	5%	5%	5%
					5%	实际	8%	2%	0%
7	职位内部填充率	%	80%	95%	90%	计划	82%	84%	86
					75%	实际	100%	50%	100
8	安全事件 & 事故	件	1	0	0	计划	0	0	0
					1	实际	1	0	0
9	销售价格实现率	%	98%	102%	102%	计划	102%	102%	102
					102%	实际	103%	100%	102
10	采购降本	万元	655	759	239	计划	28	40	7
					363	实际	35	51	8

❶ 指标名称　　❷ 衡量单位

❺ 年初至今：本年截至现在的目标及实际值　　❻ 当月的目标及实际值

另外，保龄球图很好用的原因是，它是一个目视化的工具。红红绿绿，一眼就能看出来到底哪里出了问题。这就是我们经常说的目视化"3秒原则"（3秒就能看出好与坏）。

那是不是所有指标都是绿色的就好呢？不是。如果都是绿色，说明我们的目标定得太没有挑战性，大家都躺赢了。那如果都是红色的呢？也说明出了问题。不是目标定得实在太高，跳起来也够不着，就是整个组织出了大问题。反正目标一个也完不成，没什么奔头，大家就都躺平了。

所以，理想的保龄球图是红红绿绿，既不躺平，也不躺赢。

	5月	6月	7月	8月	9月	10月	11月	12月	负责人
000	32000	30000	28000	26000	24000	22000	20000	18000	xxx
000	37846	38647	22056						
.0%	66.0%	70.0%	74.0%	78.0%	82.0%	86.0%	90.0%	95.0%	xxx
.0%	67.0%	65.0%	71.0%						
40	7540	9440	11640	14140	16740	19400	22000	25000	xxx
540	8900	10800	11000	14800	17600	20200			
.5%	20.0%	20.5%	21.0%	21.5%	22.0%	22.5%	23.0%	23.8%	xxx
.7%	19.6%	18.2%	19.9%	20.4%	21.8%	22.0%			
.2	4.2	4.2	4.5	4.5	4.8	4.8	4.9	5.0	xxx
.3	4.3	3.9	4.5	5.0	5.0	5.0			
%	5%	5%	5%	5%	5%	5%	5%	5%	xxx
%	0%	0%	5%						
7%	88%	89%	90%	91%	92%	93%	94%	95%	xxx
0%	67%	50%	75%						
0	0	0	0	0	0	0	0	0	xxx
0	0	0	0						
2%	102%	102%	102%	102%	102%	102%	102%	102%	xxx
0%	99%	101%	102%						
5	131	179	239	311	404	501	661	759	xxx
35	180	260	363	442	531	616			

❸ 起跳点：去年的实际值

❹ 本年目标值

❼ 绿色：达到目标 | 红色：未达到目标

❽ 负责统筹协调，不等于该指标的唯一承担人

开好月度点检会

1. 中小企业开会的现状

把会开好，是很多中小企业面临的挑战。在很多企业里，我们发现有两种极端的情况。

一是完全不开会，各个部门、各个人埋头干自己的。"抛砖过墙"式的工作方式，不做日常沟通，出了问题互相指责。貌似"责任"明确，其实效率低下，工作氛围压抑。我们在某个企业曾见过的极端情况是，部门之间需要协调合作的任何事项，都要在OA里填一个"联络函"，见函才干活。员工每天花大量时间传递各种纸面文件，生生把一个企业搞成了衙门。

二是各种大小会议不断，经常开成"茶话会"，各个部门讲自己的故事；或者开成"汇报批判会"，事前花大量时间准备几十页PPT，眼花缭乱的图表数据，轮番上台念一遍。最后老板总结批判两小时，会议结束。这些会议的共同特点就是，会议没有结论，没有行动计划，开完会这些事也就不了了之了。

2. 3种常见会议形式

会和会不一样，要把会开好，先搞清楚开的是什么会。在企业里，我们通常有3种常见的会议形式。

汇报会：用于向上级或相关部门汇报工作进展、业绩和成果。定期召开，频率低，通常季度或年度召开。汇报会以总结展示、反馈的形式为主。

点检会：用于追踪和确认工作任务的完成情况，确保工作按照计划进行，发现问题并及时解决。定期召开，频率中等。点检会以总结展示、提问、限时讨论的形式为主。

工作会：用于讨论具体的工作任务，制订详细的方案、工作计划。不定期召开，频率高。工作会以讨论和共创的形式为主，集思广益，达成共同的结论。

在中小企业里，要学会开好工作会和点检会，提升团队协作水平，提升工作效率。

工作会要气氛开放，鼓励发表不同意见，但是同样要有明确的主题和输出。

站立会是工作会的一种形式。在目视化板之前召开，高效快捷不跑题。

3. 月度点检会干什么

月度点检会，在有的企业里也叫月度经营管理会。月度点检会是战略目标落地的重要抓手。点检会围绕 4 个主要内容展开：

① 战略部署的年度优先改善事项的完成进度如何？
② 各层级 CVD/KPI 目标的达成情况、趋势和未来的预测如何？
③ 如果目标没达成，差异和根因在哪儿，制定哪些对策改进（也就是我们说的做 PSP）？
④ 如果公司及各部门年初定的计划有些落空了，用什么办法把窟窿补上？

4. 点检会谁负责

点检会是公司每个月最重要的事项之一，所以一定是"一把手"工程。具体工作可以委派专人负责，但是老板一定要重视并亲自参与。

5. 点检会谁参加

老板 + 高管团队 + 各职能部门负责人

6. 点检会什么时候开

每月 10 号之前（各项数据能收集齐的前提下，越早越好）

7. 开点检会需要什么

耳朵（听情况）+ 嘴（问出好问题）+ 脑子（想办法）
PPT，各职能部门的负责人亲自做，不要委派给助理！

开好月度点检会

8. 典型的月度点检会日程

⏰ **9:00–9:15**

回顾优先改善事项和
行动计划的完成情况

- 战略部署时制定的公司级优先改善事项进度。
- 优先改善事项的行动计划的进度。
- 哪些项目出现"红色问题"和"黄色风险";为什么出现,以及怎么补救。
- 公司层面有哪些需要关注和支持的地方。

⏰ **9:15–9:45**

CVD 完成情况,重点经营指标情况分析

- 公司级的 CVD 指标的整体达标情况。
- 销售额、营业利润、营运资金周转情况(总体趋势和本月情况)。
- 公司销售业绩情况:目标、实际、趋势、预测;漏斗机会的大小,转化率、产品、客户的结构等;销售部门对目标达成的预期和对策想法。
- 公司营业利润情况:目标、实际、趋势、预测;价格实现率,成本费用与预算(或去年同期)相比的趋势;财务分析对利润增长的对策想法。
- 公司营运资金情况:目标、实际、趋势、预测;经营现金流,应收账款、应付账款、库存的整体趋势,结构和明细分析;各相关部门对资金周转提升的对策想法。

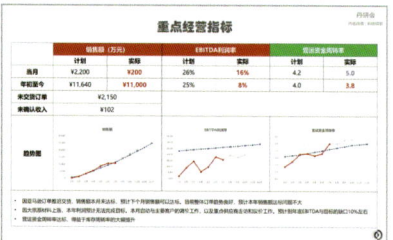

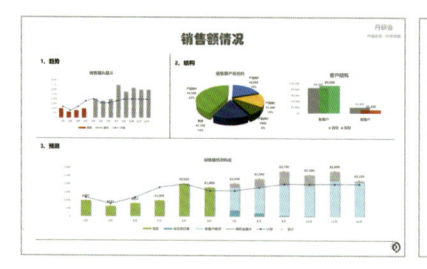

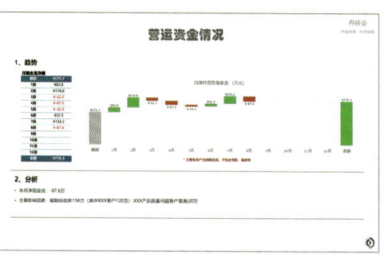

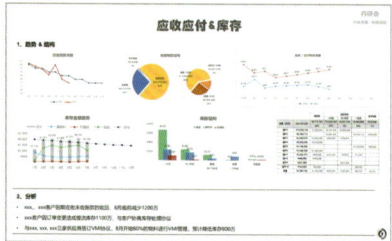

9:45 – 11:45

职能部门汇报

每个职能部门 15 分钟，一页 PPT，用四象限说明：
- 目标：本部门的 KPI 指标达标情况（保龄球图）。
- 成就：围绕战略目标达成，本部门上个月在工作和流程建设上的重大突破，对目标有重大影响的改善项目（不摆日常工作的流水账）。
- 机遇和挑战：对未来目标达成有严重影响的风险点，需要额外资源的支持。
- 未来 90 天重心：目标未达成而需要解决的问题（被动改善），为达成目标而需要进行的改善（主动改善）。
- PSP 分析：每一个未达标的目标，做 PSP 分析。

11:45 – 12:00

行动计划更新

- 本次会议中讨论的对公司业绩影响大，需要部门协同、公司资源支持的部分，更新到行动计划中。
- 主持人在开会过程中，即时更新行动计划，并在会议结束前，与团队确认负责人和完成节点。

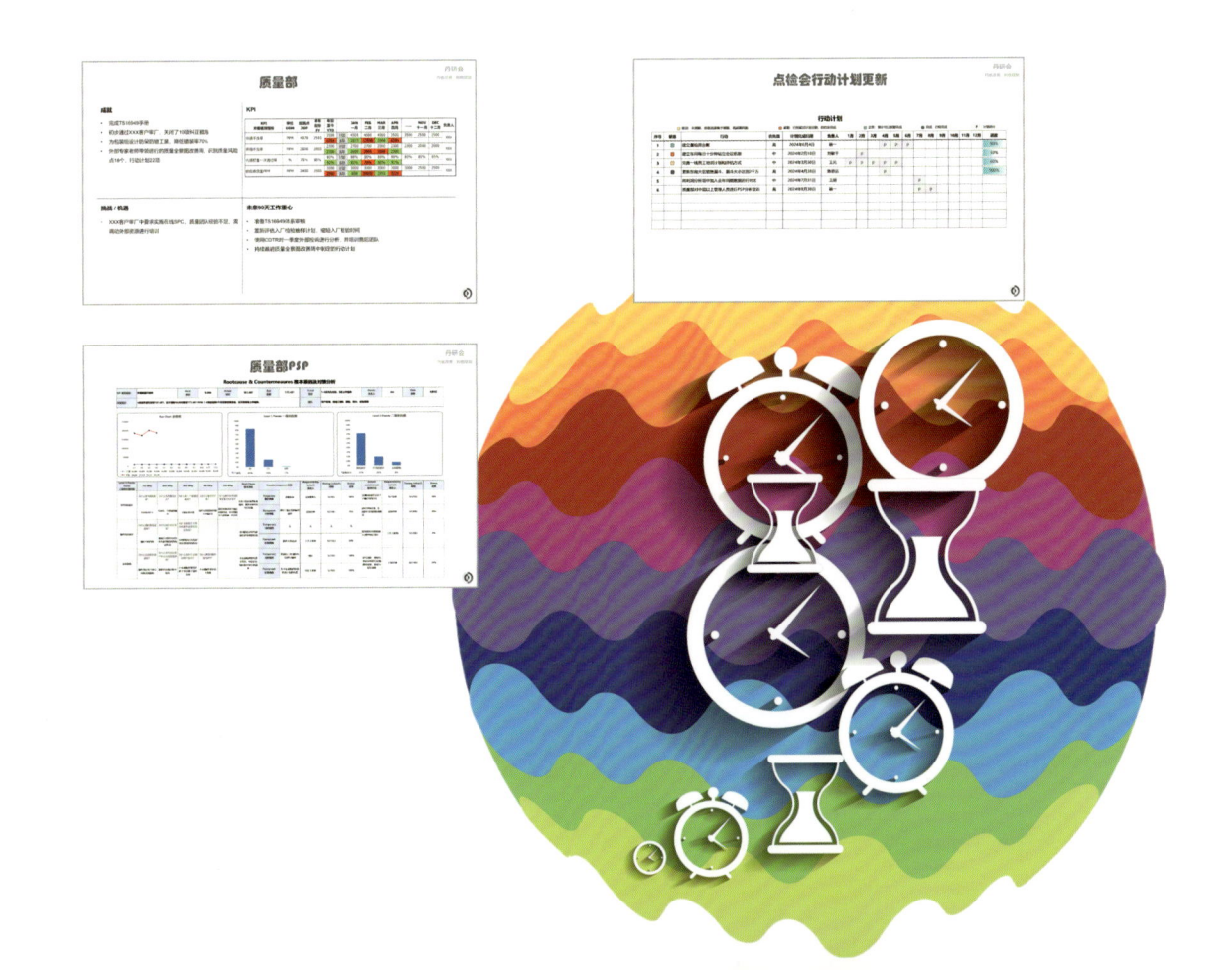

开好月度点检会六原则

1. 定时定员定日程

- 固定好一个日期，每月雷打不动，以便团队提前安排行程。
- 老板和职能部门的负责人都要参加，要保证100%出勤率。
- 指派一个时间管理员，确保按日程和时间进行，过程中不跑题。

2. 问"好"问题，启发思考

- 过程中有问题随时问，不要事中不吱声，事后不执行。
- 不指责、不负面，确保平等、透明、积极、正能量的会议氛围。
- 用"苏格拉底式提问"的方式挑战团队分析问题的逻辑，引导团队去思考，找出问题的根因和对策。
- 讲数据，讲方法，不要只讲原则。

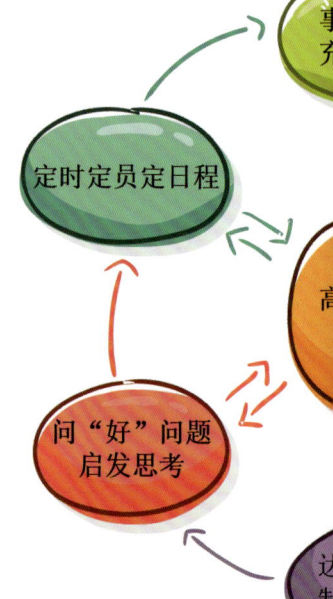

苏格拉底式提问（Socratic Questioning）是一种通过提问来引导对话和思考的方法。这种方法起源于古希腊哲学家苏格拉底，他通过与对话者进行辩论和讨论，引导他们通过自我反思来发现真理。

开放性问题：问开放性问题，而不是简单的是或否的问题，以鼓励对话者进行深入思考和解释。

挑战假设：质疑对话者的假设和预设，要求他们解释这些假设的合理性和依据。

探究含义：要求对话者澄清他们所使用的名词和概念，以确保对话的各方对讨论的内容有共同的理解。

寻求证据：要求对话者提供支持其观点的证据和理由，以验证这些观点的可靠性和真实性。

考察后果：探讨某个观点或行为的可能后果，以帮助对话者考虑其观点的全面性和深远影响。

自我反思：通过不断的提问，引导对话者进行自我反思和自我批评，从而深化对问题的理解。

举例来说，在讨论一个道德问题时，苏格拉底式提问可能会包括以下问题：

"你认为这个行为是正确的吗？为什么？"

"你是否有证据支持你的观点？"

"如果所有人都这样做，会有什么后果？"

"这个观点有没有矛盾之处？"

3. 事先沟通充分准备

- 点检会前务必更新行动计划，做好 PPT，不达标的项目做 PSP 分析。
- 所有需讨论的事项，务必在会前开工作会讨论，得出结论，达成共识。只有需要协调资源、共同作决定的事项，才拿到点检会上来讨论。

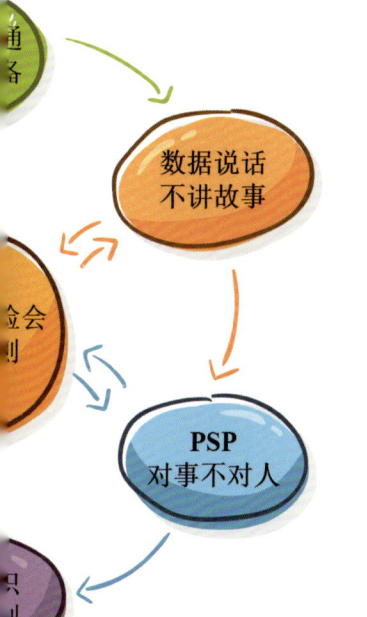

4. 数据说话不讲故事

- 一切讨论要围绕目标进行，用数据说话，不讲故事，提升效率。
- 数据呈现遵循目视化"3 秒原则"，降低沟通成本。

5. PSP 对事不对人

- 所有没达标的项目，都要做好 PSP 分析。
- PSP 分析的根因要"对事不对人""向内找问题"。避免"员工态度不认真""都是其他部门不履责"式的分析。
- PSP 的对策一定要围绕如何补救，确保指标能达成，窟窿能补上。

6. 达成共识制订计划

- 散会前，共同确认本次会议达成的共识和需要跟进的行动计划。
- 行动计划务必团队共识可执行，有负责人，有时间节点。

战略落地时间表

	9月	10月	11月	12月	1月
战略规划	公司三年目标设定				
战略部署		公司一年目标设定			
财务预算			销售额|利润|现金流|成本|费用预算		
组织架构			架构|职责|人员编制调整		
战略分解			部门目标设定		
人才盘点					
半年复盘					
月度点检	目标追踪|PSP	目标追踪|PSP	目标追踪|PSP	目标追踪|PSP	目标追踪|PSP
改善	改善	改善	改善	改善	改善

| 3月 | 4月 | 5月 | 6月 | 7月 | 8月 |

关键岗位人才盘点

目标差距分析 | 预测 | 计划 | 预算调整

目标追踪 | PSP   目标追踪 | PSP   目标追踪 | PSP   目标追踪 | PSP   目标追踪 | PSP   目标追踪 | PSP

改善   改善   改善   改善   改善   改善

关于营销工作剧本

营销工作剧本是帮助中小企业不断实现增长，并在过程中搭建营销管理体系、实现营销模式转变的指导手册。

对于中小企业来讲，实现持续的增长是最核心的目标。当企业增长到过亿元的体量后，在营销模式上要开始逐步作出改变，以支撑未来的发展。这个转变，有3个核心理念。

① 把过去靠"武林高手""销售老炮"拿订单实现迅速增长的模式，逐步转变为靠团队、靠体系实现可预见增长的模式。

② 把过去"夹到碗里就是菜"抓订单的模式，逐步转变为聚焦细分市场、聚焦头部客户、深耕头部客户需求，注重客户结构、注重价格实现率、注重回款天数，从"做生意"变为"做企业"的模式。

③ 把定价模式从"成本加成法"转向"市场定价法"。只有面向市场，才能通过深度洞察客户、分析竞争对手，不断创新和差异化，才能驱动内部运营和研发不断提升效率、降低成本，通过双向努力，不断提升毛利水平。

	聚焦洞察	策略	计划
L3 高速增长	细分市场策略	市场进入策略	营销战略部署
L2 可预见增长	客户需求洞察	数字化营销	业务增长分解瀑
	客户体验地图	营销组合策略	产品上市管理
L1 管理透明化	客户可视化管理	客户&渠道策略	销售预算
	核心客户识别	销售策略	销售预测
基础管理	市场调查与研究	销售指标分解	业务组织架构

营销工作剧本有两个维度。

第一个维度，从市场洞察，到通过销售和团队管理，实现业绩增长、市占率提升，分为五个模块。承接战略规划中细分市场聚焦方向的选择，营销要进一步洞察细分市场和客户。在洞察需求的基础上，形成市场和销售策略。策略细化为可执行的计划。计划在实施的过程中，市场需要做哪些，销售需要做哪些，团队如何管理。最后，在计划实施的过程中，如何通过高效复盘来达成挑战性目标。

第二个维度，从体系搭建和能力成长的维度，分为搭建基础、一级、二级和三级，共4个阶段。每个阶段都有阶段目标和衡量方法。

搭建日常管理基础：为透明化、标准化的管理提供基础。

L1阶段，管理透明化：通过销售动作标准化、线索管理流程化、客户管理制度化、销售日常管理规范化，将过去只在几个人脑子里的业务，变为团队可参与、可点检的销售行为。

L2阶段，可预见增长：通过营销管理提升、价格管理&价格实现率、创新营销、渠道发展&渠道管理等，让各种"偶然因素"造成的销售业绩达成的不确定性降低到最小，可预见性提高。

L3阶段，高速增长：通过新市场进入策略、营销战略、深度客户营销、核心客户管理等高阶工具，让开拓新战场的工作变得可复制、可管理，加速业绩增长。

← 实施 →	← 复盘 →		
市场管理	**销售管理**	**团队管理**	**复盘**
度客户营销 ABM	核心客户管销 KAM	成长作战室	
创新营销	价值销售		
市场能见度	价格管销	营销日常管理	（半年）业务战略复盘
营销预算	客户开发	售后服务标准工作	
线索管理	漏斗管理	销售工作标准化	（月度）KPI复盘
市场日常管理	商机日常管理	胜任力&招聘	销售例会

销售漏斗管理——销售团队能力提升起手式

1. 为什么一定要做销售漏斗

目标达成确定性
- 今年的销售任务能否达标
- 哪些区域/销售的任务有风险
- 后3个月有多少订单

管理透明化
- 现在都有哪些机会
- 销售最近都在忙什么
- 用什么价格签的订单

部门协同
- 提供预测，方便采购和排产
- 研发项目进度和配合
- 招聘、培训

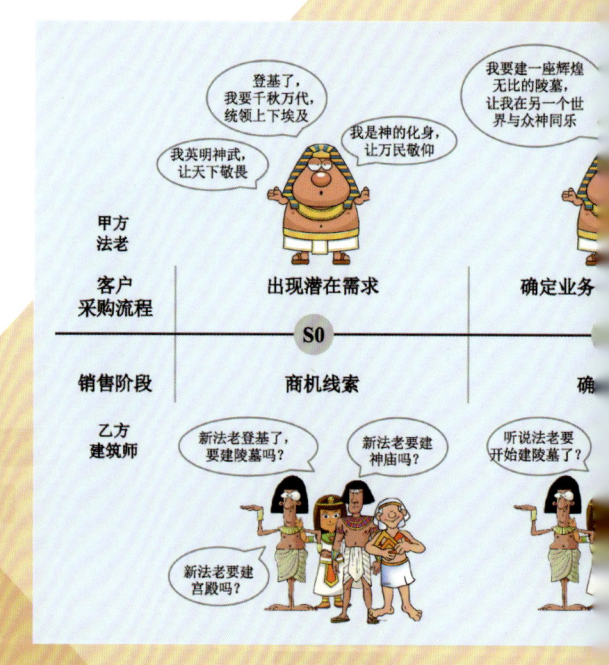

2. 定义销售流程

销售流程是指从挖掘潜在商机到形成交易的整个过程中，建立的通用销售语言（销售阶段、销售动作等）和相关工具。

① 销售阶段不是分得越细越好。根据我们的经验，不论是什么行业、什么产品，销售都可以按6个阶段进行管理。即S0到S5。

② 销售的6个阶段到底怎么划分，关键在于站在客户采购流程的哪个角度看问题。根据客户采购流程的阶段，对应我们的销售阶段。在不同的销售阶段，做相应的销售动作。

很多人觉得销售漏斗用不起来、不适合自己，其实问题根源是在机会推进时往往站在自己的角度，"我已经做过技术交流了""我已经在推动客户测试了"……我们关心的不是我们自己做了什么，而是客户觉得怎样。

只要站位角度对了，销售漏斗一定能用得起来。

3. 衡量漏斗健康度的4S

人要定期进行健康体检，销售漏斗也有健康检查。健康的漏斗能让目标的完成更有确定性。

漏斗健康检查是典型的过程管理。通过诊断，发现销售机会转化过程中的问题，有病早治。

通常，我们从四个方面来衡量漏斗是否健康——大小（size）、形状（shape）、速度（speed）和赢率（success），简称4S。

大小 size

与目标相比，有效漏斗有多大？也就是说，漏斗中的机会有多少，是否足以支撑销售目标的完成？举例来说，如果销售目标1亿元。机会赢单率为30%，那么漏斗里就至少要有3.3亿元的机会，才有可能完成目标。

形状

漏斗每个一样如果究一是什

团队作战、能力提升

- 每个漏斗阶段制定销售标准动作
- 通过拜访前计划，提高客户拜访效果
- 通过漏斗点检，让赢单战术标准化

4. 销售漏斗安装三要素

- 定义销售流程（销售阶段、销售动作）
- 目标和衡量方法（漏斗健康度）
- 建立漏斗点检会机制（频度和流程）

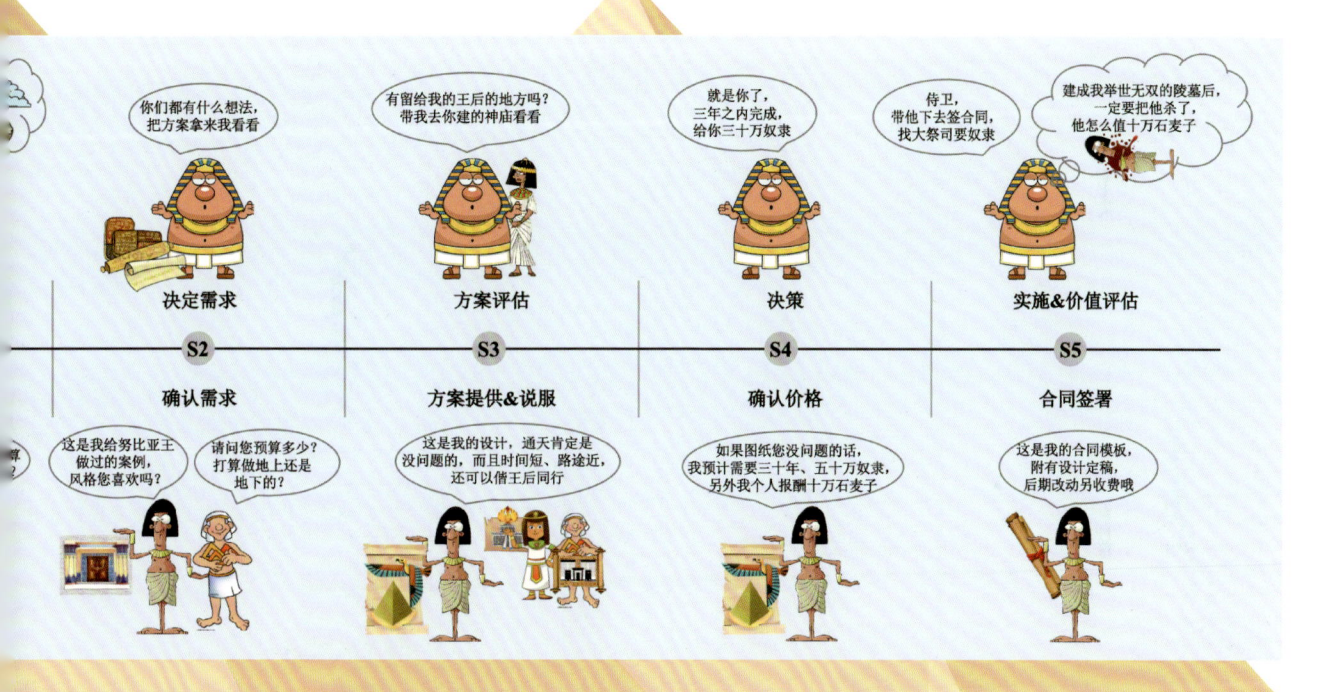

S2 决定需求	S3 方案评估	S4 决策	S5 实施&价值评估
确认需求	方案提供&说服	确认价格	合同签署

速度 speed

机会从漏斗最上端漏到最下端需要多久？从趋势上来看，是越来越长还是越来越短？哪里有机会能帮我们把机会的流速加快？更快的速度，意味着在同样的时间内拿到更多的订单。

赢率 success

中小企业常见的机会赢率是25%左右。如果能把赢单率进一步提升，意味着更高的销售效率。通常，最容易丢单的环节是在S3和S4两个阶段，临门一脚的时候。所以，如何提升商机的成功率，是漏斗管理和复盘工作的重心。

核心客户管理 KAM——业绩增长必杀技

1. 什么是核心客户管理

核心客户，就是我们经常说的大客户。抓住大客户，就能抓住业绩。尤其对于中小企业，发展中经常遇到的问题就是，客户数量多，但是优质的大客户少。所以往往工作没少做，但是目标达不成。中小企业要发展，务必学会管理核心大客户。核心客户管理分为三个大的部分：

① 谁是我们的核心客户——客户分级分类与核心客户识别。

② 透视核心客户，并制订一企一策的客户发展计划。

③ 怎么打好粮食——做好核心客户的日常管理。

3. 评估核心客户

既要考虑对现在销售额的贡献，更要考虑未来发展潜力。除了考虑销售额贡献以外，还要综合考虑其他对未来发展有影响的因素。不同考虑因素赋予相应权重，综合评估。需要注意的是，评估因素不是越多越好，尤其当企业体量较小时，评估要尽可能简单。

	权重	
	现在价值 ←	未来增长
	30%	
过去三年总销售增长率排名	20%	
	10%	
10分	排名前10%	排名
5分	排名20%~50%	排名25
1分	排名后50%	排名后

2. 客户分类

基于二八原则，即贡献 80% 销售额的 A 类客户，但是通常只占数量的 10%。抓住 A 类客户，就能抓住业绩。

而 C 类客户，即我们常说的长尾客户，会占用我们大量内部资源，但是对整体业绩贡献通常只有 5%。因此，要控制 C 类客户数量，找到其中有潜力客户重点培养。

以不断拉高每客户平均销售额为目标，就能提升整体业绩。

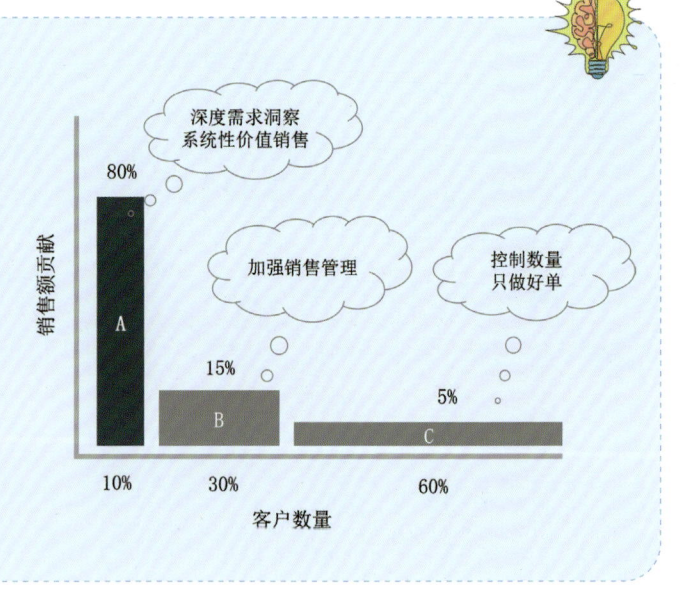

- A: 80% / 10% — 深度需求洞察 系统性价值销售
- B: 15% / 30% — 加强销售管理
- C: 5% / 60% — 控制数量 只做好单

销售额贡献 / 客户数量

识别核心客户

识别核心客户一定要有明确标准，不是看与客户"熟不熟"，是不是好拿单。

客户分类一定要遵循二八原则。

制订客户发展计划

4. 如何制订客户发展计划

在进攻大客户时，一定要牢记"慢计划，快行动"。不要急急忙忙往前冲，先做好作战地图、进攻策略，然后一击即中。

客户发展计划，也就是我们的作战方案。制订出好的作战方案，就要先了解客户，了解竞争对手，认清自身，知己知彼才能百战百胜。

制订客户发展计划，分3个步骤。

制订客户发展计划三步走

- 透视客户
  - 客户业务
  - 客户关系地图
- 评估机会
  - 机会评估
  - 自身能力评估
- 制订计划
  - 定位
  - 渗透策略
  - 关系策略

	行业创新前沿	伙伴意愿度	战略匹配度	跨事业部共享
前沿领导者	高意愿	高	高	
平均水平	平均意愿	中	中	
跟随者	找供应商而已	低	低	

5. 透视客户业务

深入了解客户，是赢得客户的基础。了解客户的本质，是了解客户最关心的事、痛点、客户的决策链。

客户的业务情况
- 客户最重要的目标是什么？
- 客户的客户是谁？
- 客户如何向他们的客户提供价值？
- 客户的竞争对手是谁？
- 对客户而言，什么是成功？

客户的优先事项
- 为达目标，客户需要做哪些行动？
- 行动是自上而下，还是自下而上的？
- 哪些行动对客户而言最重要？
- 哪些紧急？哪些重要但不紧急？
- 这些行动的效果用什么衡量？

客户的需求
- 客户有哪些战术性需求？
- 客户有哪些长期的战略性需求？
- 客户是否有自己不知道的需求？
- 客户是否有一些替代方案？
- 如果需求没被满足，客户会怎样？

客户的决策流程
- 客户是直接还是通过第三方决策？
- 什么时候客户会启动/分配预算？
- 决策过程中，客户会有多少人参与？
- 客户之前采购的流程是怎么样的？
- 需要几个层级的领导批准？

户发展计划是否可落地，是否帮助业绩目标实现，关键在于们有多了解客户。

核心客户日常管理

标准作业是为了提升团队整体能力，提升整体业绩。从依靠"武林高手"向团队制胜转变。

6. 核心客户的合作阶段

与核心客户合作通常分为 5 个阶段，每个阶段都有各自的特征：

专人负责 → **多部门联系** → **密切互动** → **战略合作** → **深度合作**

- 有专门销售负责该客户
- 了解客户基本架构
- 了解客户采购决策链
- 有关键部门的联系人
- 有一定的客户可视度

- 多部门与客户不同部门建立互动
- 有跨部门的技术产品交流
- 在客户多部门有关系较好的联系人

- 双向密切互动
- 助力客户提升运营能力，帮助客户实现客户的 KPI
- 客户可视度高，项目可视度高，项目赢率较高

- 战略合作协议
- 框架采购协议且我们份额较大
- 客户集中采购的首选品牌
- 为客户的技术发展及企业战略提供技术支撑或意见

- 产品联合开发
- 技术专利授权合作
- OEM–IN/OEM–OUT
- 产品代理、合资合作等

7. 客户关系地图

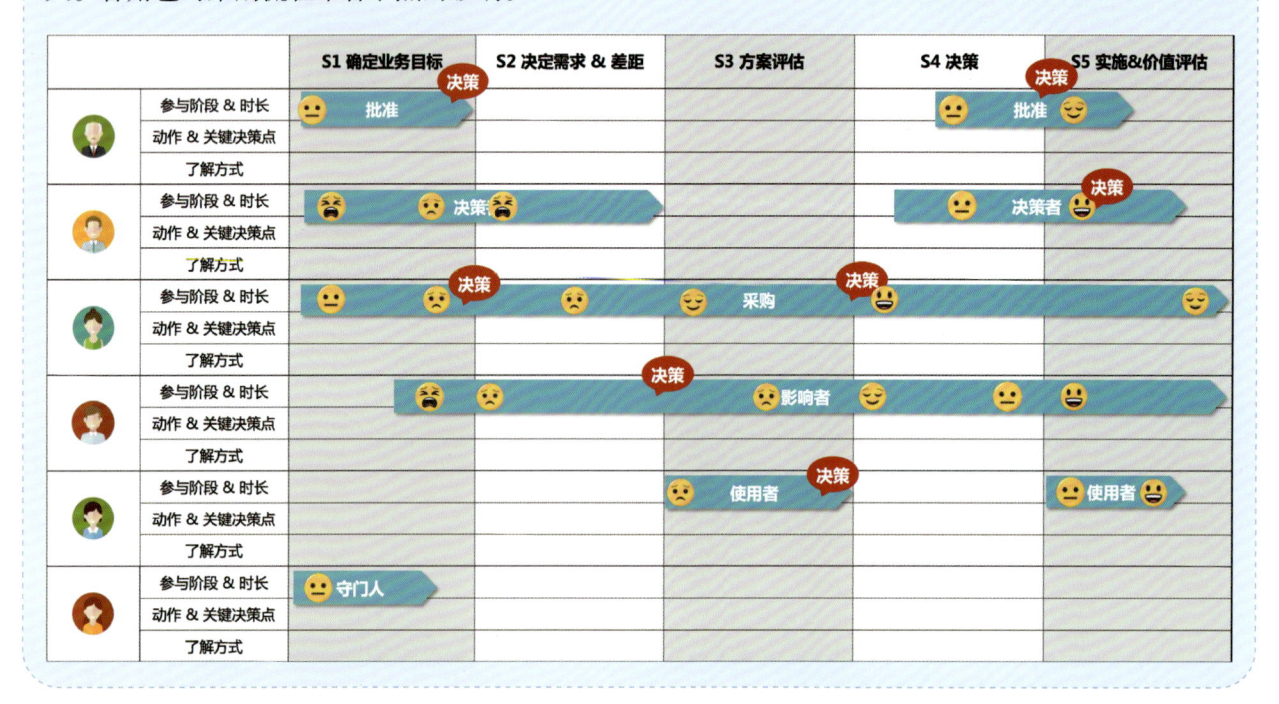

了解客户内部的决策流程。摸清决策过程中的各种角色：使用者、影响者、采购、决策者和批准人。各角色对采购流程中各节点的影响。

		S1 确定业务目标	S2 决定需求 & 差距	S3 方案评估	S4 决策	S5 实施&价值评估
👤	参与阶段 & 时长	批准				批准
	动作 & 关键决策点					
	了解方式					
👤	参与阶段 & 时长	决策				决策者
	动作 & 关键决策点					
	了解方式					
👤	参与阶段 & 时长	决策		采购	决策	
	动作 & 关键决策点					
	了解方式					
👤	参与阶段 & 时长		决策	影响者		
	动作 & 关键决策点					
	了解方式					
👤	参与阶段 & 时长			使用者	决策	使用者
	动作 & 关键决策点					
	了解方式					
👤	参与阶段 & 时长	守门人				
	动作 & 关键决策点					
	了解方式					

8. 制订核心客户发展计划

维度	内容	实践经验
机会评估	· 目前有什么机会？ · 我们还能从空白区挖掘出什么机会？ · 把机会变为订单，我们需要做什么工作？	· 关注客户的市场动态 · 关注客户内部组织架构（市场和产品相关）调整
自身能力评估	· 我们自身的优势、劣势是什么？ · 我们目前的业务是什么？ · 我们现在给客户提供的价值是什么？	· 我们目前能给客户提供什么价值？ · 最近的订单趋势表明了什么？
定位	· 如何确定、建立我们的定位？ · 我们的长期、短期客户策略是什么？ · 我们如何衡量成功？	· 基于现在的情况（自身优势、客户策略），我们如何进行定位（如金牌服务、最优方案、理念领先等）？
渗透策略	· 哪些是我们独特的优势？不同的业务能扮演哪些不同的角色，帮我们提高渗透率？	· 公司内的其他团队 · 相似行业的成功案例是有力的筹码
关系策略	· 我们应该在哪里花精力，以构建、发展更强的关系？	· 关注与采购及对采购有影响力的人的关系 · 利用现有关系进行介绍

9. 核心客户管理衡量指标（KPI）

核心客户的开发和管理是否做得好，要有指标衡量。这些衡量指标也会用在营销成长作战室，用在双周复盘会上。

序号	KPI	单位	起跳点	本年目标	年初至今		JAN 1月	FEB 2月	MAR 3月	APR 4月	MAY 5月	JUN 6月	JUL 7月	AUG 8月	SEP 9月	OCT 10月	NOV 11月	DEC 12月
1	核心客户销售额	万元	15000	25000	11640	计划	630	1340	3140	5140	7540	9440	11640	14140	16740	19400	22000	25000
					11000	实际	236	1280	3360	5540	8900	10800	11000					
2	核心客户销售额占比	%	42	60	54	计划	42	44	46	48	50	52	54	56	58	60	60	60
					56	实际	43	46	44	50	55	55	56					
3	每客户平均销售额（12个月滚动）	万元	75	100	95	计划	75	75	75	85	85	85	95	95	95	100	100	100
					88	实际	78	75	72	80	82	90	88					
4	核心客户漏斗大小	万元	10441	33175	15446	计划	836	1778	4167	6821	10006	12527	15446	18764	22214	25744	29194	33175
					16597	实际	313	1699	4459	7352	11810	14332	16597	0	0	0	0	0
5	核心客户拜访次数	次	100	130	130	计划	130	130	130	130	130	130	130	130	130	130	130	130
					130	实际	130	130	130	120	130	130	130					
6	核心客户档案完整度	%	30	50	42	计划	32	33	34	36	38	40	42	44	46	48	49	50
					40	实际	30	30	35	40	40	40	40	0	0	0	0	0

营销成长作战室——管理透明化、跨部门协作的利器

1. 营销成长作战室的目的

- 通过目视化方式，确保营销工作重心与公司战略方向对齐
- 通过目视化方式，确保跨职能团队的目标和工作重心对齐
- 暴露问题，在达成目标的路上，定期复盘（召开双周会）：
  - ✓ 哪里不对了？
  - ✓ 为什么？
  - ✓ 谁需要做些什么？
- 通过定期回顾的机制，将各个相关职能部门联系起来，一起推动业务。每个人都及时做出调整，并持续改进
- 让团队重回到通向胜利的轨道上

2. 营销成长作战室常用目视化内容

- 销售增长瀑布图 + 支持增长的关键行动计划
- 销售保龄球图 –KPI– 指标分解及进展
- 漏斗进展和漏斗健康度
- 关键核心客户年度目标进展
- 渠道 / 销售通道发展进展
- 价格实现率 / 价格控制回顾
- 应收账款控制及进展
- 销售业绩（销售区域 / 人员）

3. 营销成长作战室的安装和使用

- 定义增长瀑布图起跳点和目标，找到增长驱动要素
- 定义增长相关 KPI 指标起跳点和目标
- 为每一个增长驱动要素制订工作计划
- 明确作战室物理位置和负责人
- 定义谁更新数据，何时更新
- 定义固定及可选的参会人员
- 制定双周会的时间和会议指南
- 让跨部门团队参与进来
- 好好开会！

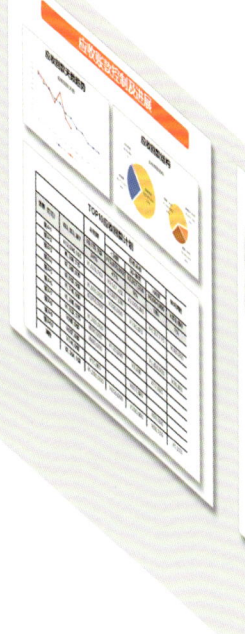

营销工作剧本安装三步走

对于大部分中小企业来说，营销的管理体系一直是个弱项。但是当企业越做越大后，靠几个高手打天下的模式会越来越阻碍企业的成长，建立营销管理体系迫在眉睫。

L1 管理透明化 ----→ L2 实现可预见增长

销售工作标准化（基础—提高—巩固）

销售能力提升（模型 & 能力提升—客户开发提升—价值销售）

实现基于能力的、可持续的突破成长

销售工作标准化
- 基于漏斗管理的"销售动作标准化"
- 基于客户档案 & 客户计划的"客户管理制度化"
- 基于定期点检 & 可视化的销售"日常管理规范化"

销售能力提升
- 基于销售能力模型的销售能力提升计划
- 基于客户洞察的客户开发能力提升
- 基于价值销售的销售效率 & 销售效果提升

中小企业要建立营销体系，最先迈出的一步，就是做好销售工作标准化。只有标准化了，能力才可以复制，团队才可以被管理。销售工作标准化的安装，我们也把它分成了三步，从导入，到提高，再到巩固。下图列举了销售工作标准化的步骤和核心工作内容。

L1 管理透明化

销售工作标准化—基础

销售工作标准化—提高

销售工作标准化，是销售能力提升和销售管理升级的前提

销售工作标准化—基础
- 漏斗销售阶段 / 客户证据 / 销售活动的标准定义
- 建立客户档案 / 客户年度计划——标准销售动作
- 销售日常管理概念传递，更新目前销售点检会

销售工作标准化 — 提升
- 销售漏斗：拜访前计划，规范关键销售活动
- 客户管理：客户开发工作 / 老客户维护工作标准化
- 各个层级：季度 / 月度 / 周销售点检会议规范化

根据我们近年来的经验，要帮助中小企业迅速建立起一套营销管理体系，同时拉动销售业绩的增长，安装步骤非常重要。根据成长的阶段，从易到难，分步骤安装导入管理工具，在过程中提升销售能力。下图列举了安装步骤的重心和重点工具。

L3 实现高速增长

销售管理提升（价格管理 – CPB – GTM）

销售管理提升
- 价格管理 & 价格实现率
- 渠道发展 & 渠道管理（CPB）
- 进入新市场（GTM）
- 业务预测（销售预测 + 销售预算）
- 加速新品销售
- 营销作战室

L2 实现可预见增长

销售工作标准化—巩固

销售工作标准化 — 巩固
- 销售漏斗点检 / 通过销售漏斗辅导团队成员
- 客户点检 / 大客户拓展策略 / 老客户深度开发
- 月度 / 周 销售点检会议实战辅导

战略落地的营销工作节奏

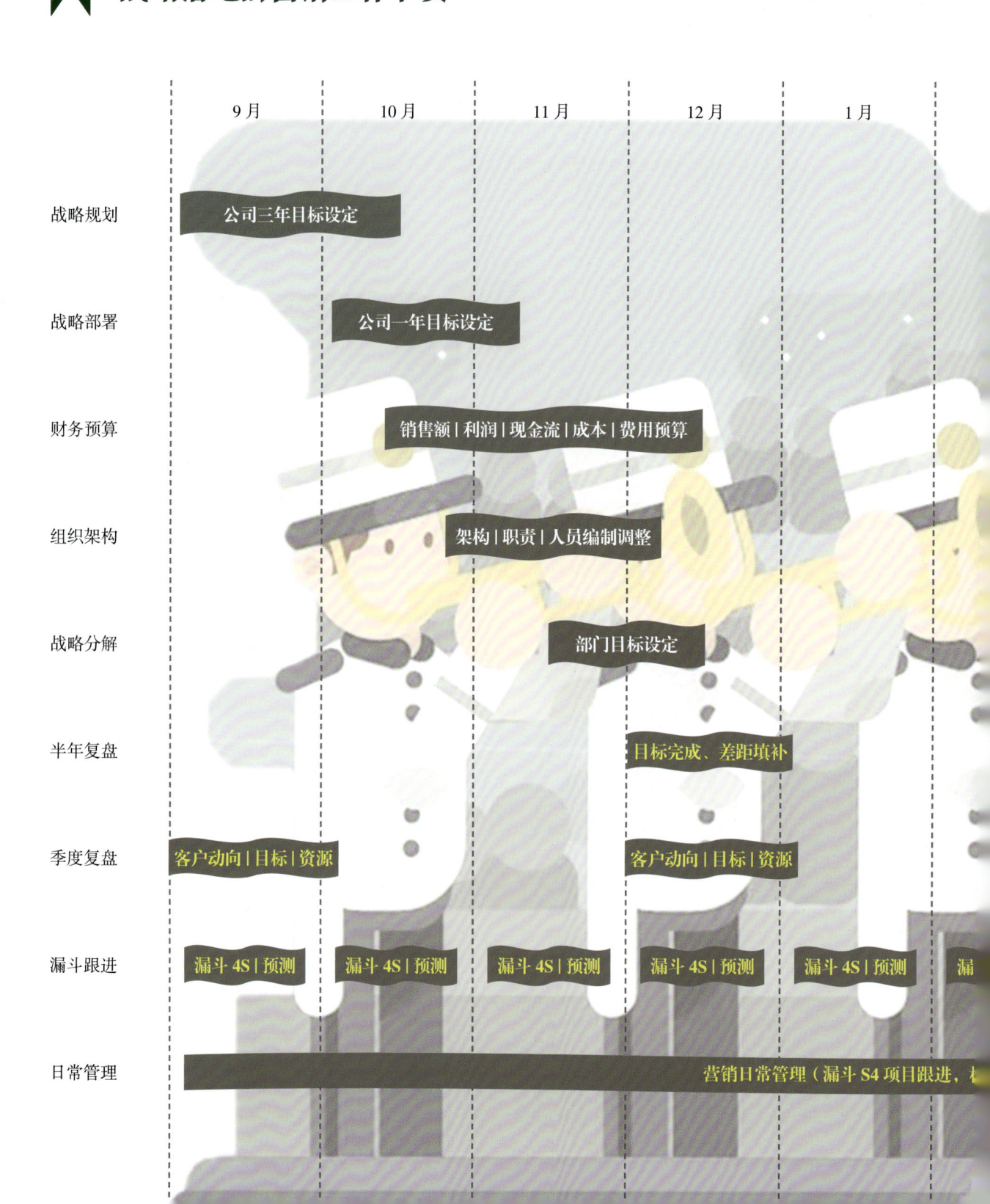

	9月	10月	11月	12月	1月	
战略规划	公司三年目标设定					
战略部署		公司一年目标设定				
财务预算			销售额|利润|现金流|成本|费用预算			
组织架构			架构|职责|人员编制调整			
战略分解				部门目标设定		
半年复盘				目标完成、差距填补		
季度复盘	客户动向|目标|资源			客户动向|目标|资源		
漏斗跟进	漏斗·4S|预测	漏斗·4S|预测	漏斗·4S|预测	漏斗·4S|预测	漏斗·4S|预测	漏
日常管理	营销日常管理（漏斗·S4项目跟进，					

| 3月 | 4月 | 5月 | 6月 | 7月 | 8月 |

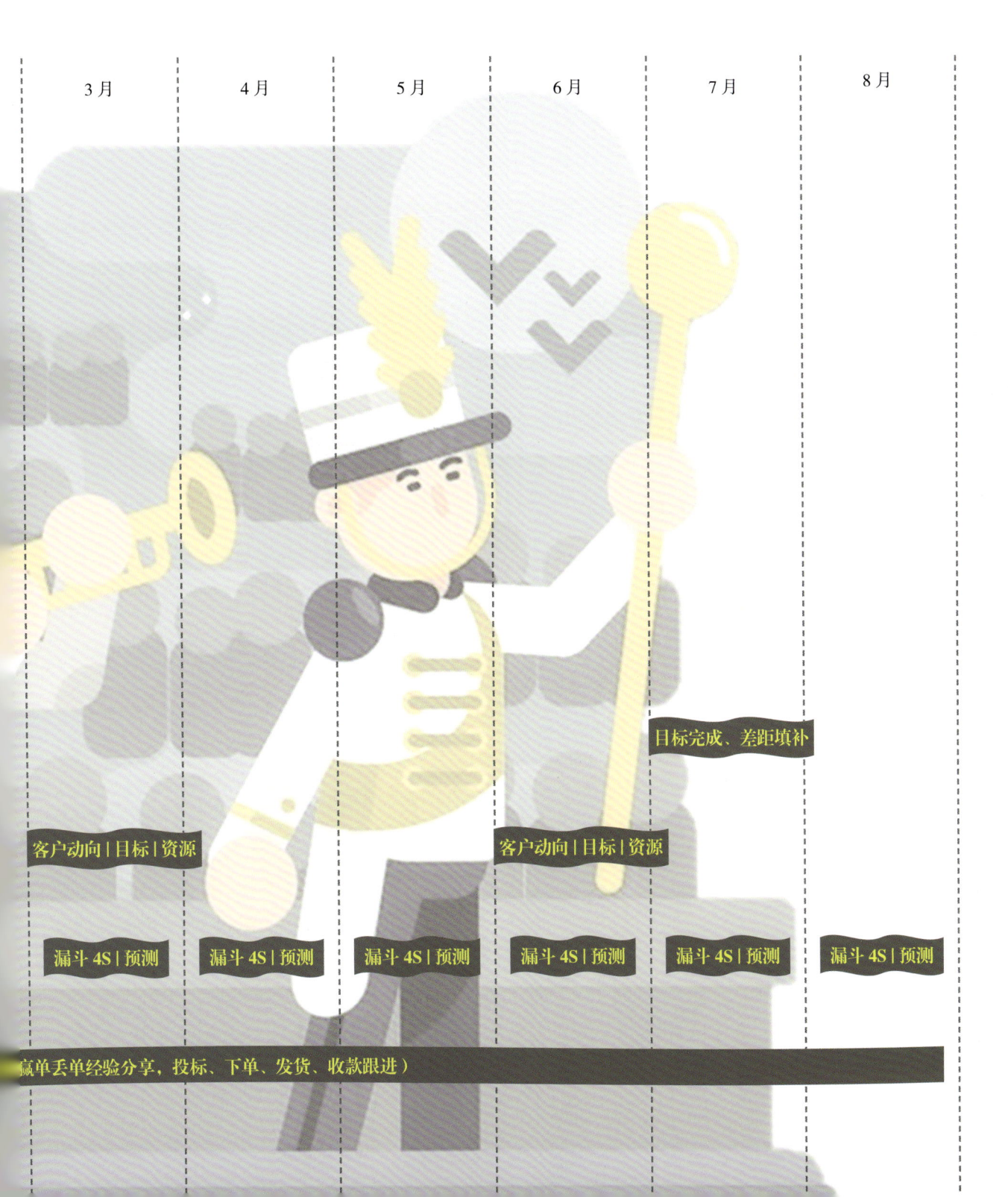

目标完成、差距填补

客户动向 | 目标 | 资源　　　　　　　　　　　　**客户动向 | 目标 | 资源**

漏斗 4S | 预测　　漏斗 4S | 预测　　漏斗 4S | 预测　　漏斗 4S | 预测　　漏斗 4S | 预测　　漏斗 4S | 预测

赢单丢单经验分享，投标、下单、发货、收款跟进）

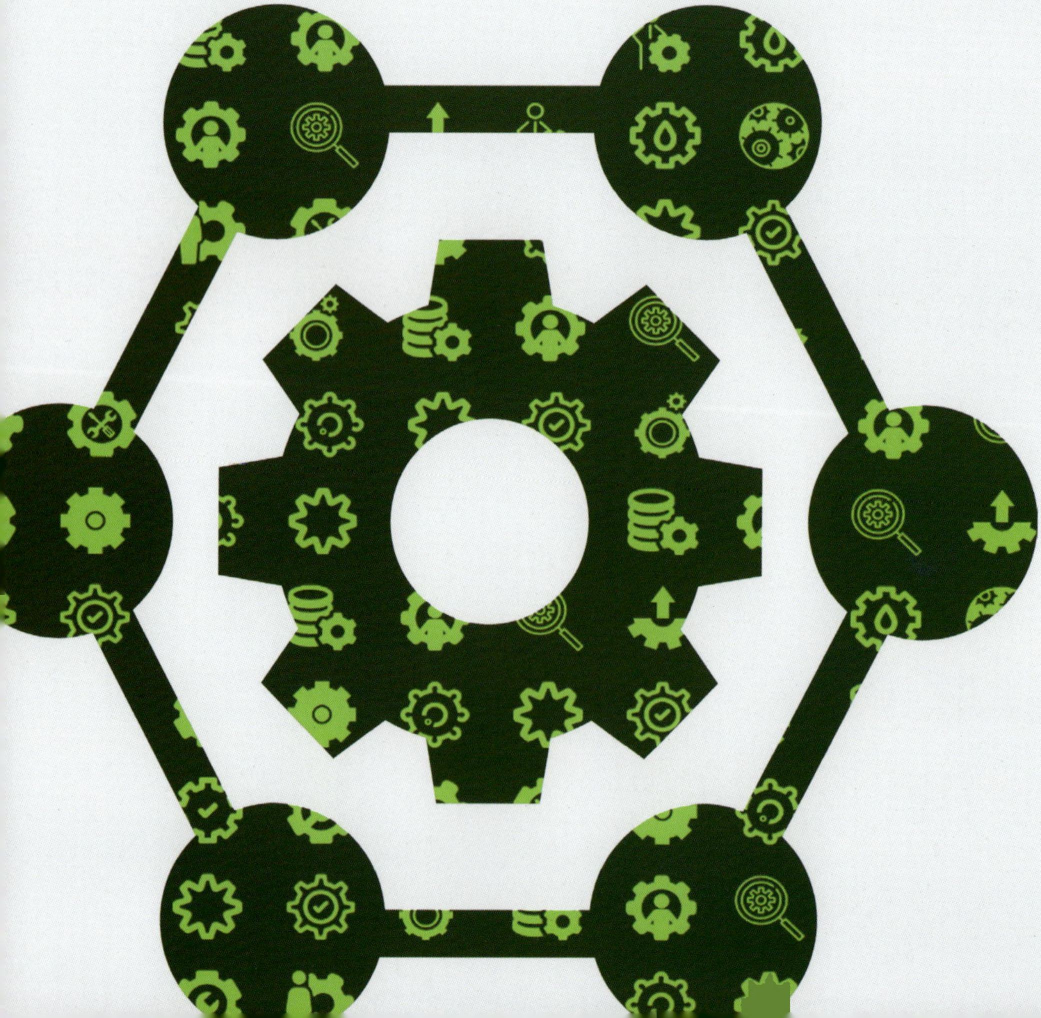

第四节
研发工作剧本

创新研发全流程的关键成功因素

开发对的产品（项目选择）

一定要从公司战略规划出发
- 研发成功的原点在于细分市场和头部客户的聚焦。看什么都好，什么都想做，研发的经费就容易打水漂。

一定要深度洞察客户痛点和应用场景
- 中小企业研发的核心不是关于研究多牛的技术，而是关于帮助客户解决什么问题。只有解决客户问题，又有差异化的产品，才能卖得动，才能摆脱价格内卷。

一定要明确产品线规划，制定新产品开发路线图
- 摆脱销售提需求、研发做产品的被动研发逻辑，走向围绕细分市场客户应用场景，制定产品线策略的主动研发逻辑。
- 摆脱"一单一方"全定制模式，逐步走向标准化、模块化的产品设计。明确产品线、产品系列、产品型号、SKU 的区别。

可靠地进

一定要有项目决策委员会
- 项目决策委员会要在立市场和头部客户需求，
- 项目决策委员会在月会哪些要杀掉。项目节点

一定要有跨部门团队，
- 新产品开发不仅是研产、质量、售后各部门推进，不做"抛砖过墙

一定要有项目的标准作
- 研发过程是可以也必须业，可以让跨部门团队

如何衡量研发的工作效率

- 要站在公司发展的角度衡量"功劳"，而不是站在研发日常工作的角度衡量"苦劳"。
- 衡量研发的工作效率，有结果指标和过程指标。结果指标衡量企业发展；过程指标帮助暴露过程中的问题，以找到解决对策。

新产品销售增量贡献额
- 衡量新产品产生的"增量"年销售额。
- 老产品优化迭代能帮助订单不下滑，但只会产生一小部分增量销售额。

新产品毛利率
- 衡量新产品上市后的一年内加权平均的毛利率。
- 可以有为抢市场而做的低品，但新产品要帮公司拉高体毛利率。

结果指标

第三章　中小制造企业赋能式经营工作剧本

发（项目实施）

初期筛选 & 过程决策

做什么，不做什么。围绕细分…能开发出好产品。

…目进行点检，哪些可以放行，…能开发出好产品。

…营销、工艺、供应链、生…与。各个职能全程合作、并行…合作"式研发。

标准动作、输出）

…。各个里程碑节点的标准作…目标明确。

产品在市场上的表现符合预期目标（上市管理）

一定要有设计可制造性评估流程，做好设计向生产的转化
- 产品量产后，60%的质量问题出在设计本身。因此在设计阶段就要充分考虑量产的工艺、成本、质量、售后保障。

一定要有价值主张和价格策略
- 在立项决策阶段，要有对新产品价格和毛利水平的预期。在产品上市阶段，要通过明确产品价值主张保证预期价格实现。要制定价格策略，以保证新产品的销售价格实现率。

一定要有新产品上市表现追踪与评价
- 新产品上了马，项目团队不能立即解散，还要再送一程，直到产能、成本、质量、库存、交期等各项指标稳定。
- 上市后的销售额、价格、客户使用反馈、市占率等，都要进行追踪，为未来的项目积攒成功经验。

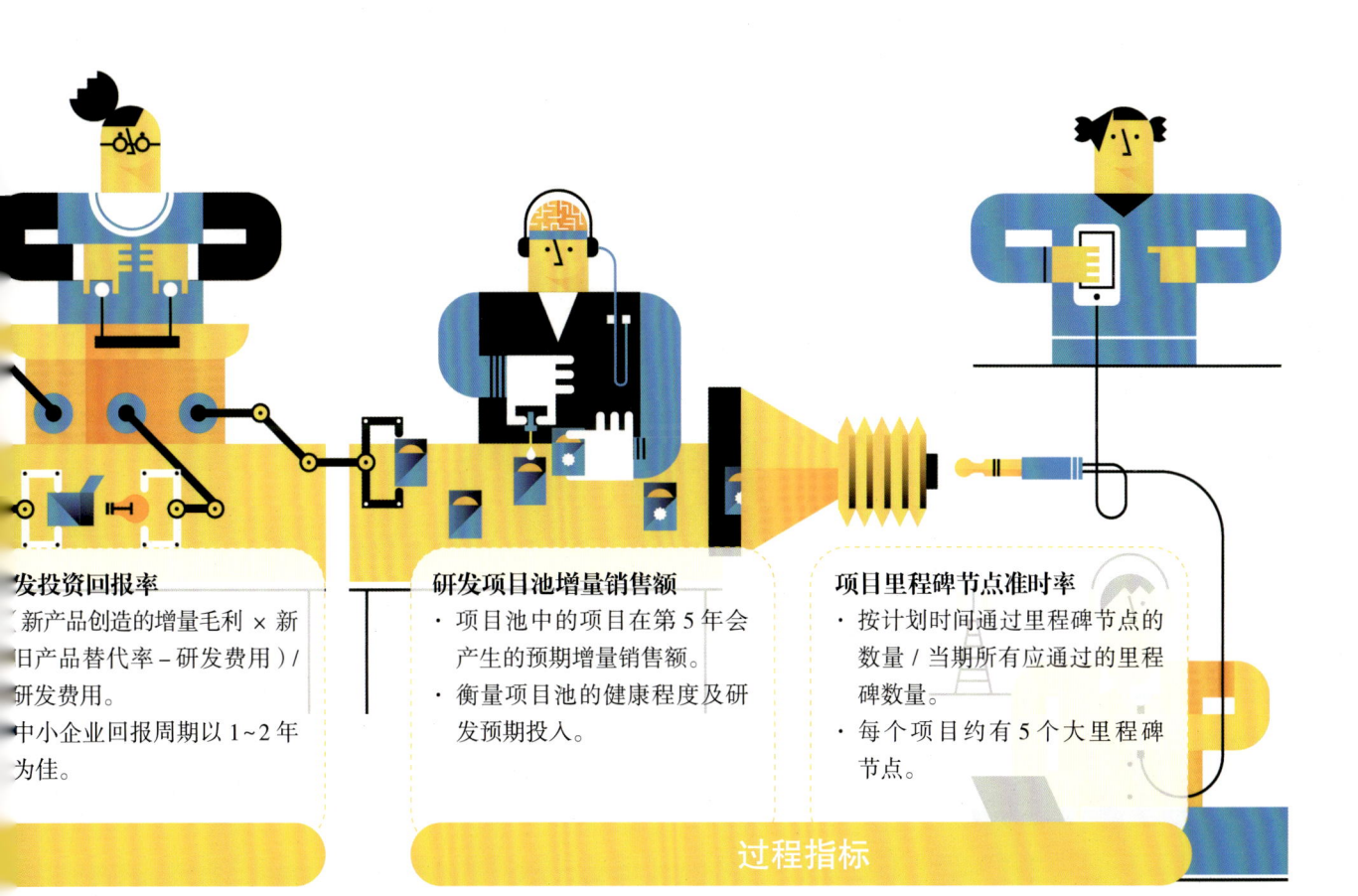

发投资回报率

（新产品创造的增量毛利 × 新…旧产品替代率 – 研发费用）/ 研发费用。

中小企业回报周期以 1~2 年为佳。

研发项目池增量销售额

- 项目池中的项目在第 5 年会产生的预期增量销售额。
- 衡量项目池的健康程度及研发预期投入。

项目里程碑节点准时率

- 按计划时间通过里程碑节点的数量 / 当期所有应通过的里程碑数量。
- 每个项目约有 5 个大里程碑节点。

过程指标

关于创新研发工作剧本

企业的研发工作分3个层次：基础研究（常被称为预研），新产品开发，持续改进与支持。中小企业的创新与研发的本质是，深度洞察客户需求，找到客户痛点，寻求解决方案，满足特定客户的特定需求，以此来创造价值。所以，研发工作剧本聚焦于新产品开发和持续改进与支持两个层次，即如何将技术产品化、市场化，帮助企业增长，而不是如何去做课题、做研究发明。"研究发明是把钱变成知识，创新和研发是把知识变成钱"。

创新研发工作剧本，让中小企业的研发不再是"天才式想法 + 天才式人物"，而是"可复制的创新流程和组织能力"。

研发工作剧本，从工作内容的维度上，分为5个部分：

① 企业的研发战略，即如何通过研发实现差异化，构建护城河。② 通过客户需求洞察，制定产品线策略；通过市场需求和趋势，制定未来技术路线图。③ 通过开发项目管理，将技术和市场需求转化为产品。④ 将产品成功推入市场，并转化为收入。⑤ 在产品生命周期内持续改进，并根据产品的生命周期规律持续迭代，研发下一代产品。

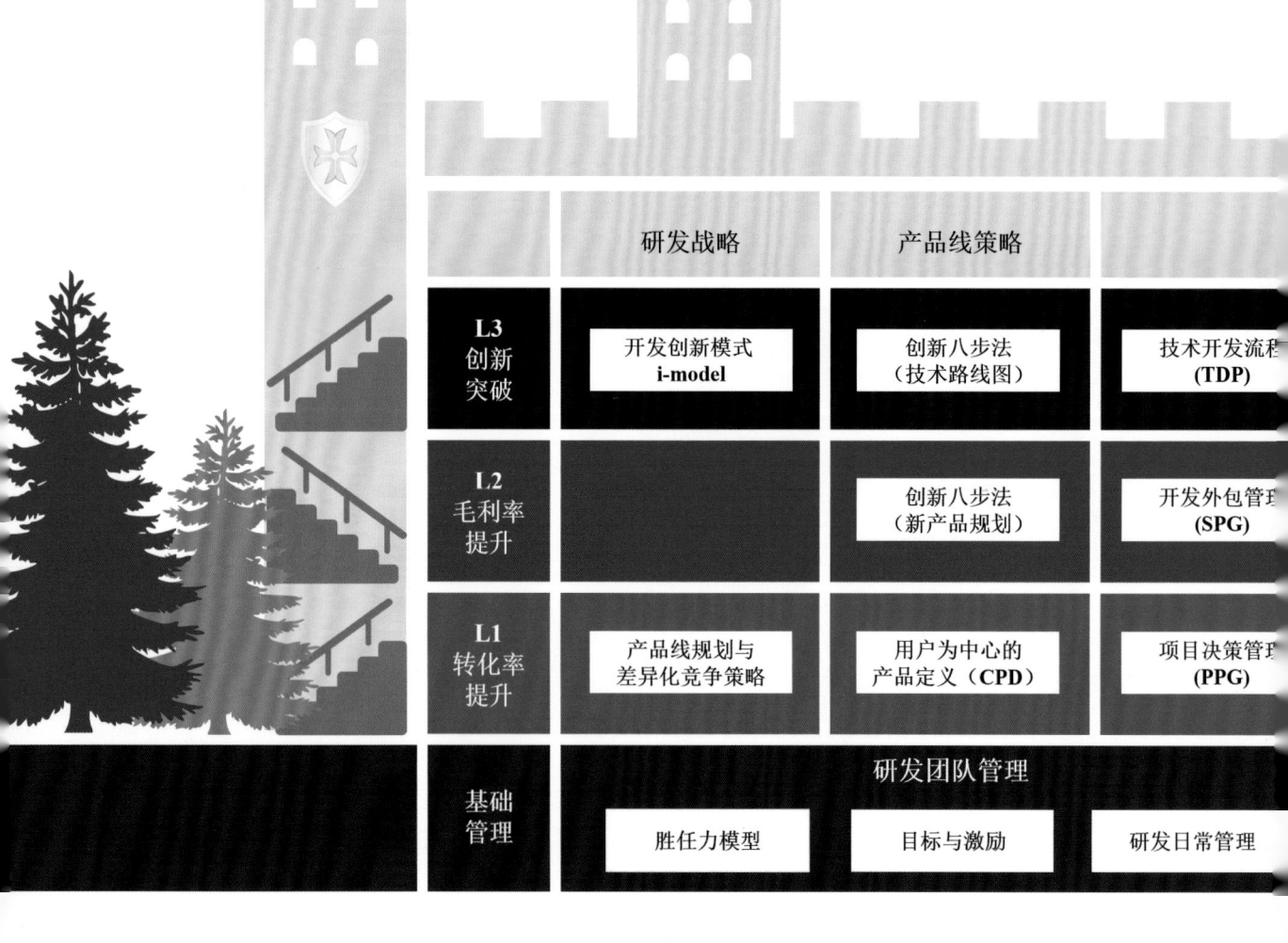

	研发战略	产品线策略	
L3 创新突破	开发创新模式 i-model	创新八步法（技术路线图）	技术开发流程 (TDP)
L2 毛利率提升		创新八步法（新产品规划）	开发外包管理 (SPG)
L1 转化率提升	产品线规划与差异化竞争策略	用户为中心的产品定义（CPD）	项目决策管理 (PPG)
基础管理	研发团队管理		
	胜任力模型	目标与激励	研发日常管理

从企业成长阶段的维度，分为基础管理、L1、L2、L3 四个阶段。

基础管理阶段，目标在于搭建良好的基础，让日常的订单交付、生产运营、ERP 系统能够正常运转，保证基本产品质量，提升其他职能部门的工作效率。因为研发是基础设施，其他所有职能部门的工作都依附于这个基础设施。研发工作顺了，组织效率才会高。

L1 阶段，转化率提升。在这个阶段，研发的主要改善方向是：① 建立产品线的概念，摆脱过去"一单一方"的全定制化设计模式。② 通过产品定义管理、项目决策管理、快速产品开发等工具，提升研发项目的转化率。即缩短开发周期，让每一个研发项目都能产生批量的销售。让研发成为业绩增长的驱动力。

L2 阶段，毛利率提升。在这个阶段，通过深度洞察客户，开发解决客户痛点、有差异化的产品；不断从设计端提升产品可靠性；策划产品上市阶段的价值主张，提升新产品的毛利率。让研发成为毛利率提升的驱动力。

L3 阶段，创新突破。在这个阶段，通过技术路线规划、产品生命周期管理，做前瞻性研发。让研发成为拉动企业不断创新突破，拉出第二成长曲线的驱动力。

开发项目管理		商业化实现	持续改进
软件开发管理（DSS）	快速设计审核（SDR）	新产品上市管理（LEx）	产品生命周期管理（PLCM）
可靠性设计（DFR）	可制造性设计（DFX）	价值主张与新产品定价（VPP）	
快速产品开发（APD）	研发项目作战室（VPM）	新产品量产导入（NPI）	价值分析与价值工程（VAVE）

研发基础管理			
BOM/图纸/规范	ECN变更管理	产品标准化模块化	定制化订单技术转化流程

中小企业的研发基础管理提升路径

对于很多制造业的中小企业来说，在创新的同时，也要不断加强研发的基础管理。在过去若干年的快速发展过程中，相较于市场销售，中小企业的研发工作相对滞后。基础不牢导致的最典型的三个问题：

- 产品设计、测试、研发基础管理薄弱，导致产品质量，尤其是质量一致性和稳定性不好。
- 在产品开发过程中，不考虑产品的标准化、模块化设计，导致零部件、成品种类越来越多，难以管理。
- 立项随意，需求更改随意，往往为了某一个客户的一句话就开发产品或更改需求，导致花了大量资源，做了很多新产品，但是产生不了销售额（新产品的市场转化率低）。

Ⅰ 设计标准化
- 图纸 | BOM | 版本电子化管理
- 建立标准产品 | 零件库

Ⅲ 设计模块化
- 三维产品设计、多人协同设计
- 使用产品配置器（configurator）满足定制化的订单需求

Ⅱ 提升产品化率（市场转化率）
- 研销协同，做好客户需求洞察
- 建立产品决策管理流程（PPG）
- 用快速产品开发流程管理项目（APD）

为了解决这三个问题，要在不断发展的过程中开始"补课"，逐步提升研发基础管理。根据事情的难易程度、重要性，我们将研发基础管理提升分成六个步骤。其中，设计标准化是一切的基础；再提升市场转化率，先有新产品可以销售，实现增长；然后再逐步提升质量和效率。在此过程中，还要将每一个部分尽可能软件化，借助设计和管理软件，提升工作质量和效率。

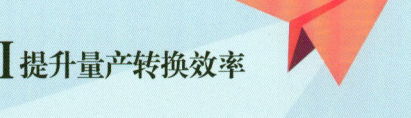

Ⅵ 提升量产转换效率
- 工艺失效模式分析
- 制造工艺规划、模拟、验证
- 测量系统与过程能力分析

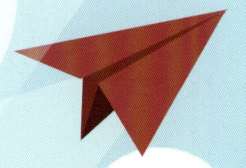

Ⅳ 提升产品可靠性
- 设计仿真验证
- 建立可靠性测试能力

Ⅴ 提升产品可制造性
- 产品可制造性评审
- 供应商、工艺早期参与设计

各阶段常用的设计和管理软件：
① 设计标准化：PDM（通常是 PLM 软件包的一部分，要管好 BOM、图纸和零件库，只需要 PDM 就够了）。
② 提升产品化率：对于中小企业来说，不需要使用复杂的软件即可管好。
③ 设计模块化：三维设计软件、产品配置器。
④ 提升产品可靠性：CAE（设计仿真验证）。
⑤ 提升产品可制造性：对于中小企业来说，不需要使用复杂的软件即可管好。
⑥ 提升量产转换效率：CAPP（制造工艺规划）、CAM（制造模拟与编程）。

创新八步法——客户需求到产品规划

中小企业在新产品研发中遇到的两个最大挑战：一是研发不知道要开发什么产品，坐等销售提需求，但是销售提出的需求基本都是怎么降价；二是开发了不少新品，但是拿不到多少订单，产品不受客户欢迎，有时候连自家的销售都不认可。

新产品要想得到市场的认可，帮助实现销售业绩增长的同时，不断拉高毛利水平，就一定要从以下几点出发：

① 新产品一定是为战略聚焦的细分市场的头部客户而开发。
② 走进市场、走近客户，深度洞察关键人物和全流程痛点。
③ 痛点和技术路线相结合，才能做出有吸引力的解决方案。
④ 慢计划快行动，产品研发之前，先定义并测试产品卖点（价值主张）和性价比定位。

从深度洞察客户痛点，到形成企业的产品规划（产品路线图），可以通过以下这8个步骤实现：

洞察

客户全流程与场景痛点 ④ ⑤ 痛点提炼

关键人物画像 ③ ⑥ 需求确定

调研 ←　客户　→ 方案

客户分类 ② ⑦ 解决方案

细分市场聚焦 ① ⑧ 产品规划

聚焦

第三章　中小制造企业赋能式经营工作剧本

聚焦

❶ 细分市场聚焦
- 为战略规划中聚焦的细分市场投入研发资源
- 新产品的开发不能一款产品打天下，也不能"一单一方"
- 新产品一定是为某个细分市场而不是某个客户开发

❷ 客户分类
- 从客户对新产品、新技术的态度来分类——需求满足型，技术驱动型，技术保守型，快速跟随型
- 识别出目标客户群体的类型，客户类型决定了解决方案的技术路线和产品的价值主张

调研

❸ 关键人物画像
- 理解全流程中客户是如何为他们的客户创造价值的
- 识别流程中的决策点，以及不同角色对决策的影响，找到关键角色
- 绘制关键角色（不是采购人员）素描

❹ 客户全流程与场景痛点
- 识别客户全工作流程中已发生和即将发生的浪费点、堵点、问题和诉求
- 通过识别全流程中的"补偿性行为"找到隐性需求
- 有堵点的需求才是痛点，没有需求的堵点不是痛点

洞察

❺ 痛点提炼
- 走进客户现场，从严重度和发生频度两个维度，对痛点进行分类，识别出 3~5 个严重度和频度双高的痛点
- 隐性问题通常发生频度偏高

❻ 需求确定
- 识别客户面临的"真正"的问题：问题 = 需求 + 障碍
- 没有障碍的需求不是问题，没有需求的障碍也不是问题
- 需求通常源于情绪型、经济型、事务型、法规型、可持续发展型问题

方案

❼ 解决方案
- 在进入产品设计前，先搞清产品的价值定位
- 客户关键人物的视角：如何评价解决方案的"性价比"，竞争对手的产品定位在哪里
- 概念设计一定要经过客户的验证

❽ 产品规划
- 产品线的设计，一定从问题出发到产品功能再到技术实现路径选择
- 产品线的设计，一定要从长计议，考虑 3~5 年后的未来

项目决策管理（PPG）

项目决策管理（PPG）是指通过项目决策委员会及决策流程，在项目立项初期进行筛选和优先排序，并在项目研发过程的关键节点作出决策（继续／关闭／返工），以保证研发资源聚焦，最小化投入、最大化产出，获得高研发投资回报率。

项目决策管理工具的重要组成部分

- 项目决策委员会
- 项目立项＆优先级评估规则
- 研发资源分配机制
- 月／季重点项目节点复盘机制

项目决策管理的上下游工具

客户需求到产品组合 → 项目决策管理 → 快速产品开发

项目决策管理的作用就像机场调度指挥系统，项目决策委员会就是指挥塔。它决定了哪些项目"待起飞"，马上可以立项开始研发；哪些项目已经在"跑道上"，已经在研发中；哪些项目在"排队中"，在规划中但是优先级略低；哪些项目还在"停机坪"上，优先级低或者可行性低；哪些项目已经"起飞"，产品已经上市了。

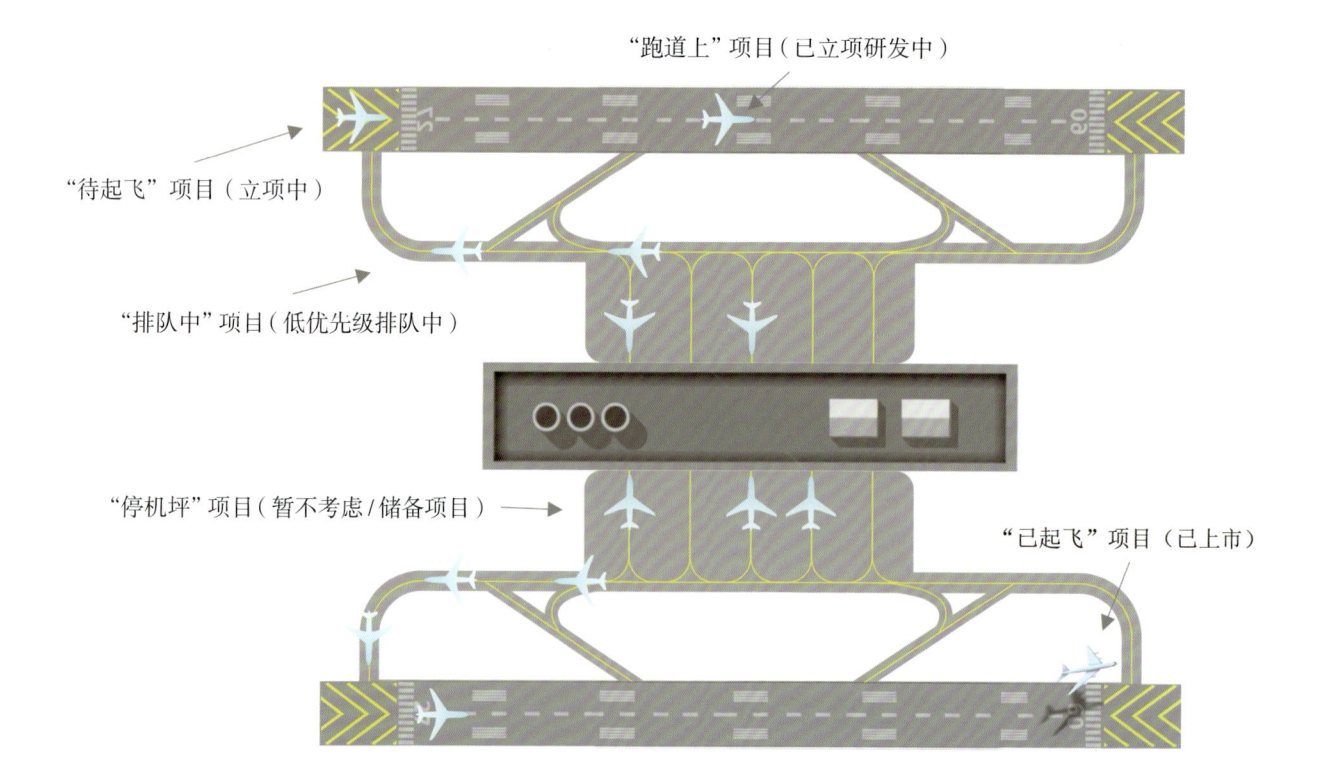

- "跑道上"项目（已立项研发中）
- "待起飞"项目（立项中）
- "排队中"项目（低优先级排队中）
- "停机坪"项目（暂不考虑／储备项目）
- "已起飞"项目（已上市）

项目决策委员会

项目决策委员会是公司内部研发项目最高决策机构。建立跨部门的项目决策委员会，避免销售一句话"xx客户有需求"项目就上马，研发一个想法"xx技术很有前景"团队就开干的现状。

决策委员会通常由各职能高管团队构成。主要由总经理、研发、营销（销售、市场、售后）、运营（生产、质量、供应链）和财务部门负责人组成。

月/季重点项目节点复盘机制

召开定期月会，月会议题包括：解决重点项目遇到的问题，资源分配，项目开始/关闭/排序，重点项目节点会审，复盘项目KPI指标和改善行动计划。

定期召开季度战略复盘会，季会议题包括：市场需求变化，调整更新产品路线图，总研发投资和回报率复盘。

项目立项 & 优先级评估

项目立项要有项目书。项目书通常需要包括：项目的战略契合度，目标细分市场和客户，预估增量销售额，技术和制造可行性，预估新产品毛利率，项目投资回报率，固定资产投资计划，风险等级，项目上市计划。

项目优先级评估从五个维度进行：产品的市场可接受性，产品竞争力，市场需求潜力，技术可实现性和生产可实现性。每个项目打1~5分。

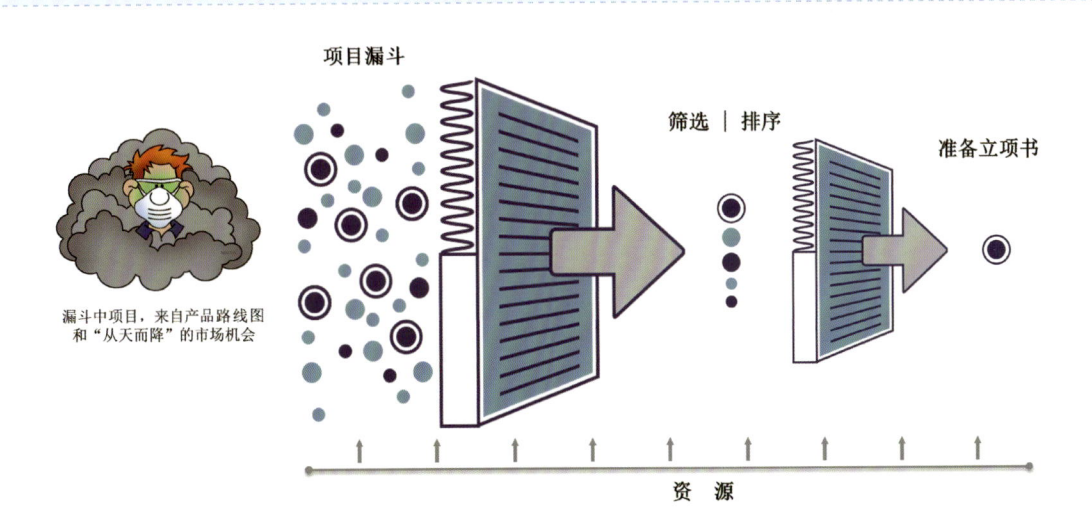

项目漏斗　　筛选｜排序　　准备立项书

漏斗中项目，来自产品路线图和"从天而降"的市场机会

资　源

快速产品开发（APD）——多快好省做项目

1. 中小企业做好产品开发的几个关键因素

- 项目的数量一定不要多。资源有限，在一个双车道的路上塞100辆车，哪辆车也跑不出速度。
- 新产品开发项目一定是始于市场——客户需求洞察，终于市场——产品上市后的市场表现，而不是研发部门单纯地做"设计"。
- 成功、快速的新产品开发项目，一定是跨部门协作的产物，而不是技术部门封闭式地做"研究"。
- 新产品开发项目一定要有标准作业和输出标准，有节点会签机制，不能是某个人的"一言堂"。

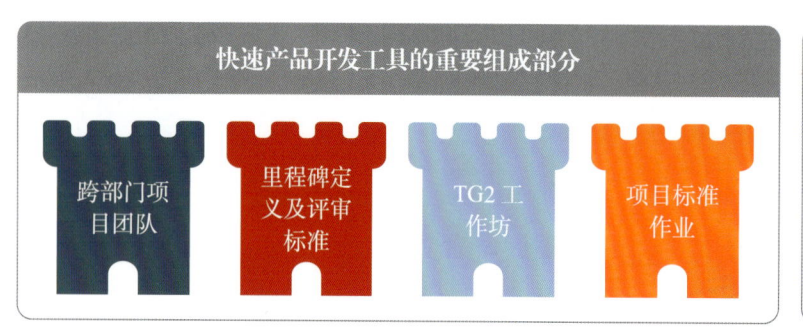

快速产品开发工具的重要组成部分：跨部门项目团队、里程碑定义及评审标准、TG2工作坊、项目标准作业

快速产品开发的上下游工具：产品决策管理 → 快速产品开发 → 新品量产导入新品上市

2. 研发项目的里程碑管理

新产品开发的项目可以分为 TG1-TG6 六个里程碑节点来进行管理。

3. 什么是 TG2 工作坊

据统计，新产品开发失败，25%的原因在于对市场的需求了解不充分。TG2 工作坊的目的是最大限度减少项目周期中的浪费，而最大的浪费就是项目过程中因需求定义不清而造成不断返工的浪费，以及产品上市后不满足客户需求的浪费。TG1 和 TG2 前两个阶段"慢计划"，TG3-TG6 后四个阶段"快行动"，才能达到最好的效果。

因此，我们组织团队用一周的时间做客户需求分析，将需求转化为对产品功能性能指标参数的定义，建立项目范围，明确质量和成本目标，头脑风暴产品概念设计，并作出项目整体计划。

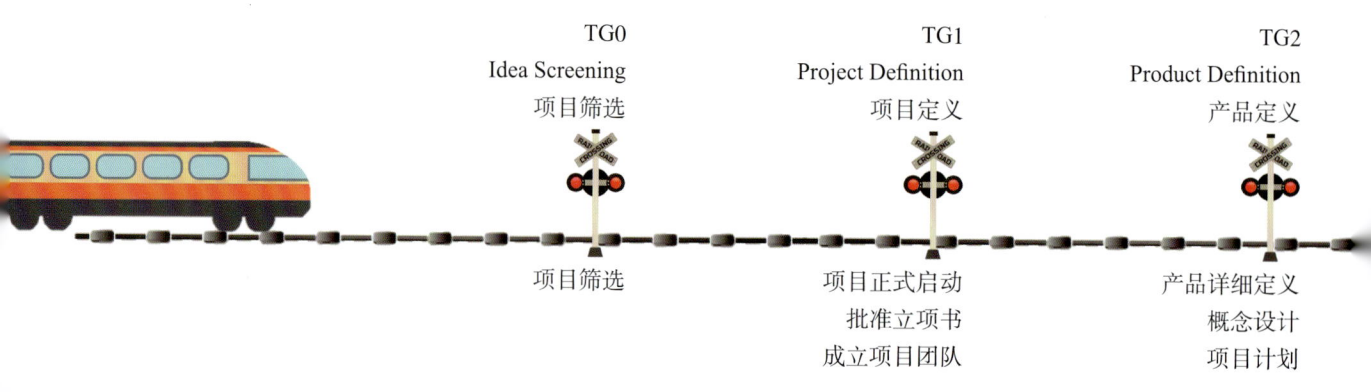

TG0	TG1	TG2
Idea Screening	Project Definition	Product Definition
项目筛选	项目定义	产品定义
项目筛选	项目正式启动 批准立项书 成立项目团队	产品详细定义 概念设计 项目计划

项目是"团队"而不是"团伙"

产品开发不仅仅是研发部门的工作。要杜绝研发闭门做项目，做出产品移交采购去开发供应商，移交生产去制造，移交销售去卖的情况。一定要是跨部门团队从头共同参与。

项目核心团队通常包括：项目经理（通常来自市场产品部或研发部）、研发、销售、市场、售后、生产、质量、供应链、财务、法规认证等各职能部门。

项目团队各自发挥自己专业特长，在整个项目过程中分工明确、全程配合。定期召开项目团队会议，复盘项目进度，沟通各自工作进展。

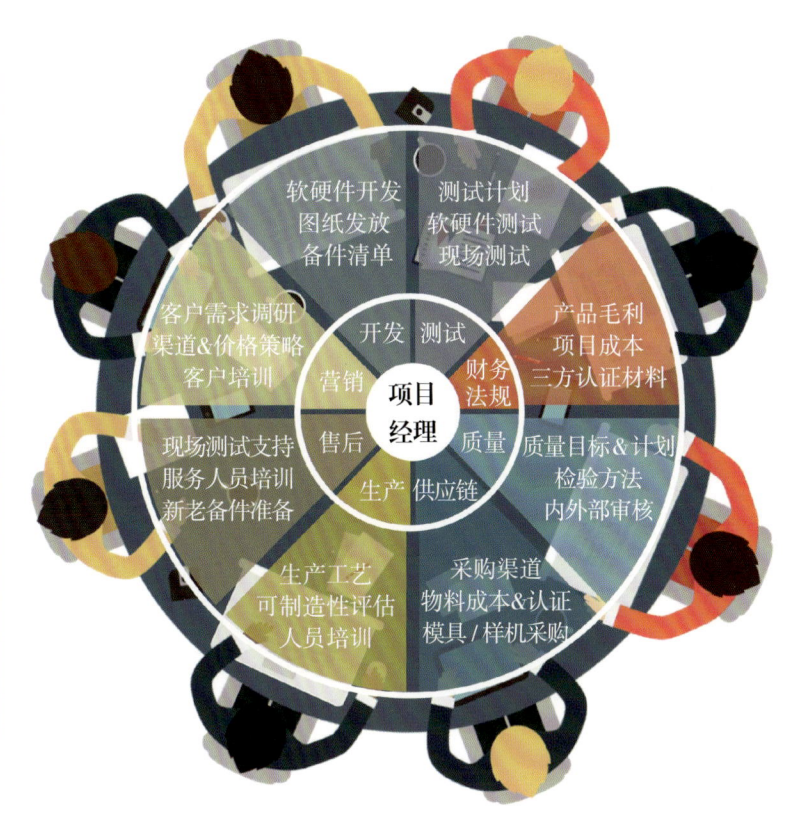

圆盘图（项目经理为中心）：
- 开发：软硬件开发、图纸发放、备件清单
- 测试：测试计划、软硬件测试、现场测试
- 财务法规：产品毛利、项目成本、三方认证材料
- 质量：质量目标&计划、检验方法、内外部审核
- 供应链：采购渠道、物料成本&认证、模具/样机采购
- 生产：生产工艺、可制造性评估、人员培训
- 售后：现场测试支持、服务人员培训、新老备件准备
- 营销：客户需求调研、渠道&价格策略、客户培训

所有人的工作并行推进，不做"抛砖过墙"式的部门"交接"，才能最大化缩短项目周期，提升项目质量。

TG3	TG4	TG5	TG6
Product Design	Design Verification	Product Launch	Metrics & Review
产品设计	设计验证	投产上市	上市后表现
产品详细设计	设计冻结 B 样机测试 固定资产投资批准	量产准备完成 市场推广	上市 90~120 天后 产品表现 KPI 达标 项目经验总结

快速产品开发（APD）的里程碑标准作业地图

研发项目在推进过程中，最常遇到两个问题：一是项目过程中返工严重，导致最终质量不好、时间不能保证；二是各职能部门间串行工作，项目周期很长。

要解决这两个主要问题，就要用项目管理的标准作业地图来工作。这张图也叫"泳道图"。

标准作业地图有两个核心理念。第一，项目的每一个里程碑节点都要有标准的任务清单，即每一项任务的标准输入和输出内容。第二，项目团队各职能部门在各自的"泳道"上并行推进。

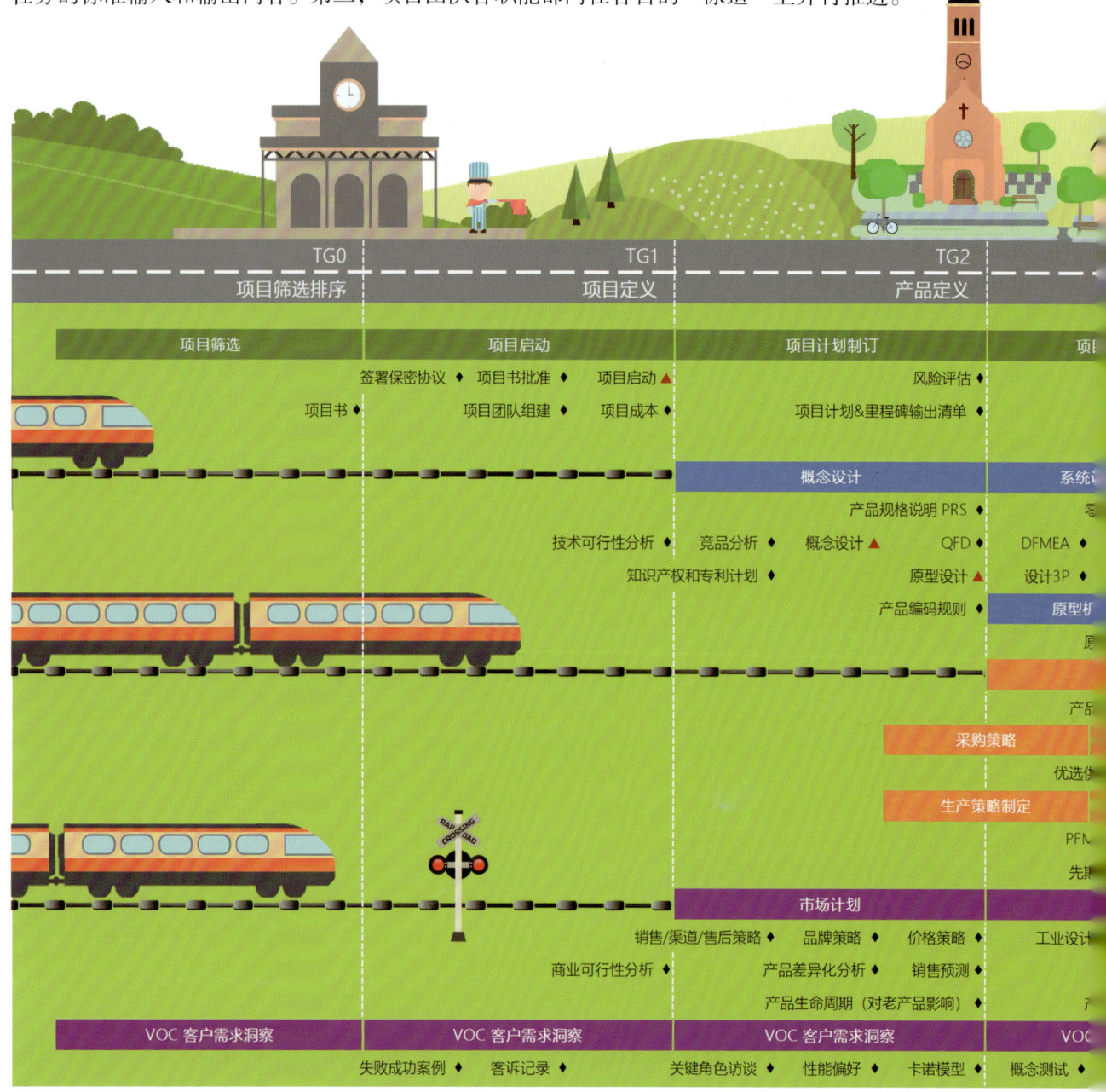

TG0	TG1	TG2
项目筛选排序	项目定义	产品定义

项目筛选	项目启动	项目计划制订	项目
签署保密协议 ◆ 项目书批准 ◆	项目启动 ▲	风险评估 ◆	
项目书 ◆	项目团队组建 ◆ 项目成本 ◆	项目计划&里程碑输出清单 ◆	

		概念设计	系统
		产品规格说明 PRS ◆	零
	技术可行性分析 ◆ 竞品分析 ◆	概念设计 ▲ QFD ◆	DFMEA ◆
	知识产权和专利计划 ◆	原型设计 ▲	设计3P ◆
		产品编码规则 ◆	原型机

			采购策略	
			优选
			生产策略制定	PFM
				先期

		市场计划	
	销售/渠道/售后策略 ◆	品牌策略 ◆ 价格策略 ◆	工业设计
	商业可行性分析 ◆	产品差异化分析 ◆ 销售预测 ◆	
		产品生命周期（对老产品影响）◆	

VOC 客户需求洞察	VOC 客户需求洞察	VOC 客户需求洞察	VOC
失败成功案例 ◆	客诉记录 ◆	关键角色访谈 ◆ 性能偏好 ◆ 卡诺模型 ◆	概念测试 ◆

标准作业地图让项目团队清晰地看到，在项目各个时点自己需要做什么，怎么和其他职能配合。

如果在项目的各个里程碑节点，团队都能把自己的工作做好（按时、按标准的输入和输出做功课），那么整体的项目输出质量、项目时间就有保障。

下图是一个典型的包含机电软设计的开发项目的标准作业地图示例。

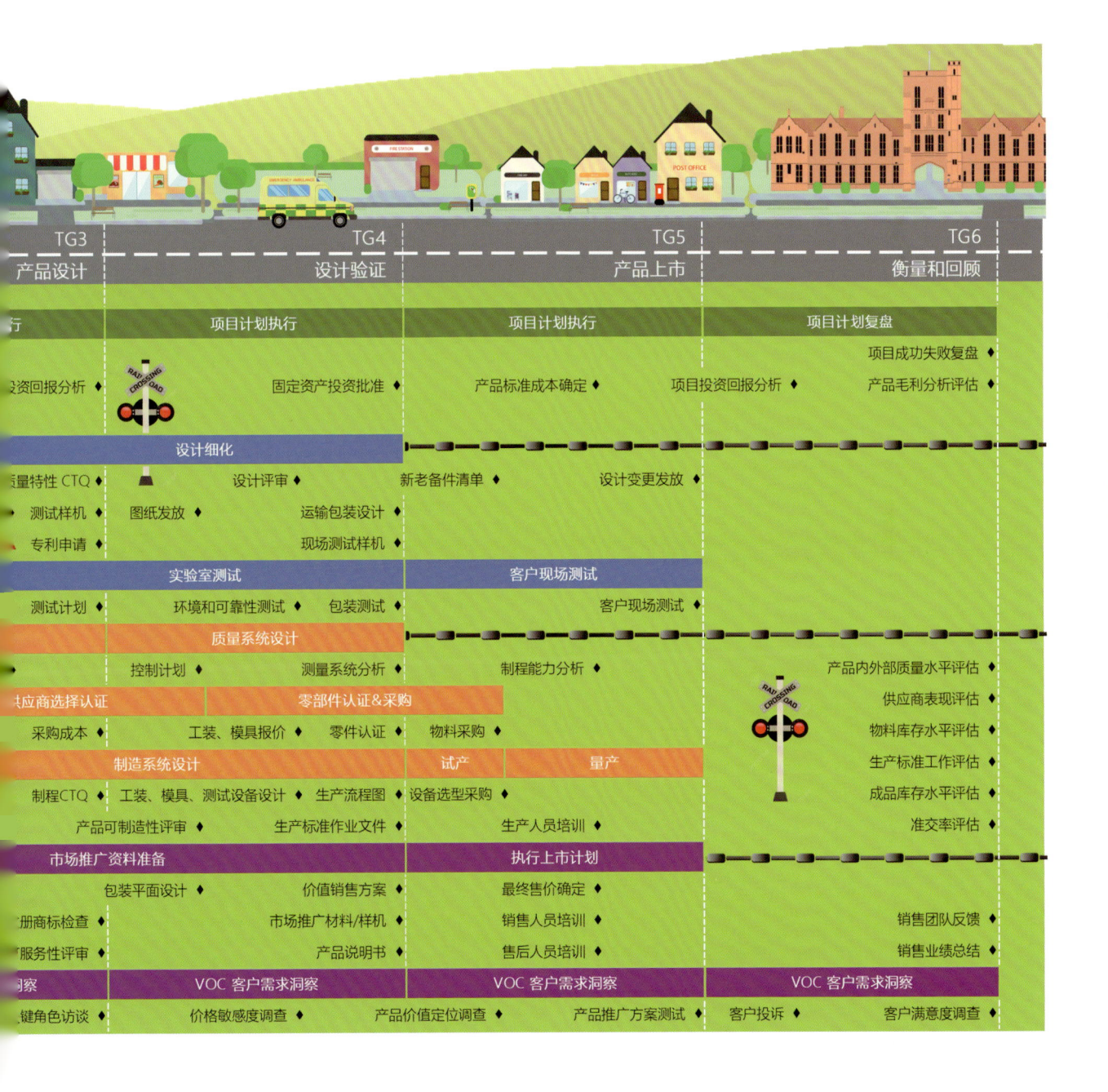

TG3	TG4	TG5	TG6
产品设计	设计验证	产品上市	衡量和回顾

项目计划执行	项目计划执行	项目计划复盘
		项目成功失败复盘 ◆
资回报分析 ◆	固定资产投资批准 ◆	产品标准成本确定 ◆	项目投资回报分析 ◆	产品毛利分析评估 ◆

设计细化			
量特性 CTQ	设计评审 ◆	新老备件清单 ◆	设计变更发放 ◆
测试样机 ◆	图纸发放 ◆	运输包装设计 ◆		
专利申请 ◆		现场测试样机 ◆		

实验室测试	客户现场测试	
测试计划 ◆	环境和可靠性测试 ◆	包装测试 ◆	客户现场测试 ◆

质量系统设计			
	控制计划 ◆	测量系统分析 ◆	制程能力分析 ◆	产品内外部质量水平评估 ◆

应商选择认证	零部件认证&采购		供应商表现评估 ◆
采购成本 ◆	工装、模具报价 ◆	零件认证 ◆	物料采购 ◆	物料库存水平评估 ◆

制造系统设计		试产	量产	生产标准工作评估 ◆
制程CTQ ◆	工装、模具、测试设备设计 ◆	生产流程图 ◆	设备选型采购 ◆	成品库存水平评估 ◆
产品可制造性评审 ◆		生产标准作业文件 ◆	生产人员培训 ◆	准交率评估 ◆

市场推广资料准备		执行上市计划	
包装平面设计 ◆	价值销售方案 ◆	最终售价确定 ◆	
册商标检查 ◆	市场推广材料/样机 ◆	销售人员培训 ◆	销售团队反馈 ◆
服务性评审 ◆	产品说明书 ◆	售后人员培训 ◆	销售业绩总结 ◆

VOC 客户需求洞察	VOC 客户需求洞察	VOC 客户需求洞察
键角色访谈 ◆	价格敏感度调查 ◆	产品价值定位调查 ◆	产品推广方案测试 ◆	客户投诉 ◆	客户满意度调查 ◆

革命性降低成本就用 VAVE

VAVE 是"价值分析与价值工程"的英文缩写。

通过 VAVE 的改善,将设计优化以消除不必要的浪费。降低成本的同时,增加产品的客户价值——功能改进、品质提升,从而提升利润。

马斯克的特斯拉和星舰,是工业领域中将 VAVE 运用到极致的典范。我们一起来看看,跟着马斯克,用设计改变世界。

- 材料替换
- 重量减轻
- 设计标准化
- 减少品质过剩

星舰 304L 不锈钢舰体

与传统运载火箭使用铝合金、碳纤维材料不同,星舰采用了 304L 不锈钢作为壳体的主要材料。虽然不锈钢的重量更重,但是它极低的成本、随手可得的货源以及简单的加工工艺,完胜传统材料。

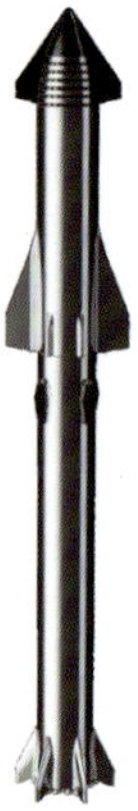

	传统材料	不锈钢
✓ 成本	碳纤维 180 美元 / 公斤,铝合金 20 美元 / 公斤	3 美元 / 公斤
✓ 熔点	铝合金 600℃	1200℃
✓ 货源	特殊定制	随手可得
✓ 加工	专用设备加工成型	普通切割、焊接
✗ 重量	轻	重

4680 电池成本减半路线图

为了将电池成本革命性降低,特斯拉从材料替换、生产工艺改变、结构优化等多方面 VAVE,规划了一个将电池成本降低 56% 的路线图。

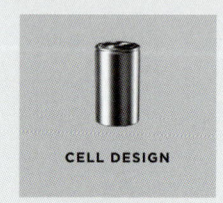

CELL DESIGN	CELL FACTORY	ANODE MATERIALS	CATHODE MATERIALS	CELL VEHICLE INTEGRATION
电池设计	**电池工厂**	**负极材料**	**正极材料**	**车体设计**
单个电池尺寸更大,采用无极耳设计	湿法涂覆变为干法涂覆	用硅纳米线代替石墨做负极材料	正极材料移除钴,使用新生产工艺	底盘使用车电一体化结构,整体铸造
5 倍能量,续航增加 16%,6 倍充放电功率	生产面积缩小 90%,能耗降低 90%	续航提升 20%	正极材料降低 15%,设备投入降低 66%,制造成本降低 76%	减重 10%,续航增加 14%,减少 370 个零件
-14%	**-18%**	**-5%**	**-12%**	**-7%**

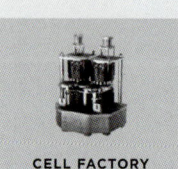

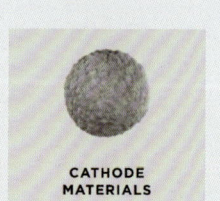

电池总成本降低 56%,设备投资降低 69%

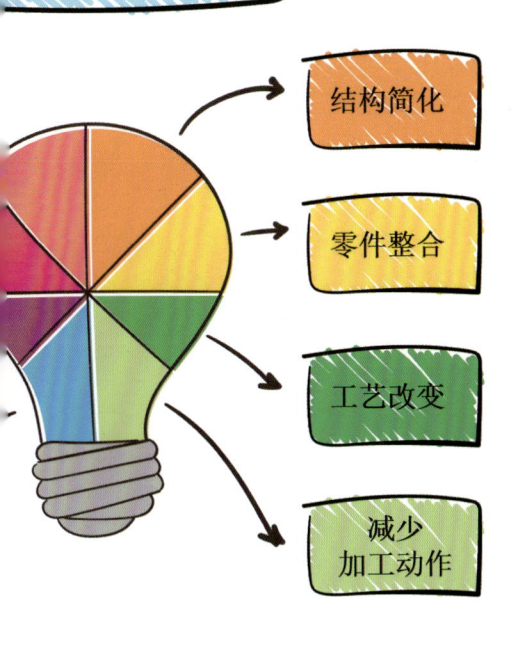

VAVE

- 结构简化
- 零件整合
- 工艺改变
- 减少加工动作

Model Y 的一体压铸车身

不再冲压车架各个零部件,而是使用压铸机直接压铸成型,一举消除了 100 多个零件和焊缝。使用一体压铸车架的 Model Y,与更早的 Model 3 相比:

- ✓ 工艺改变:从冲压+焊接,变为铸造,成本降低 40%
- ✓ 零件整合:从 171 个零件,减少到 2 个零件
- ✓ 加工动作减少:减少了超过 1600 个焊接点,车体生产车间机器人同比减少 70%

Model 3 原车体结构　　　　Model Y 新车体结构
171 个零件　　　　　　　　2 个零件

Cybertruck 的 48V 低压总线架构

使用 48V 低压总线架构的 Cybertruck,相比传统的 12V:

- ✓ 结构简化:布线减少了 77%
- ✓ 重量减轻:铜的使用量降低了 50%

Model S 2012 复杂的低压总线架构

Cybertruck 改善后的总线架构

未来新"拆箱式"组装

新工艺更类似于"组装乐高积木"。汽车车身无须像以前一样在一条传送带上依次传送组装零部件,而是在不同区域同时组装车辆的不同部分,最后将这些大型组件装配在一起。新生产方式与 Model3 和 Model Y 的传统流水线相比,工艺改变:生产成本降低 50%,占地面积减少 40%,喷涂车间的投资降低 50%。

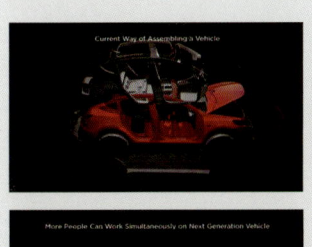

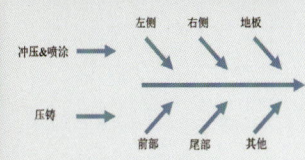

VAVE 的正确打开方式

VAVE 改善是对产品设计进行完整的反思，对结构、材料、制造方式等设计进行优化。

VAVE 成功的两个关键要点：

① 永远要相信，有比"传统""习惯""行业惯例"更好的办法！

② 把产品（有条件的话包括竞品）拆解、充分打开。下图是特斯拉做产品改进的照片。

我们在若干中小制造企业做 VAVE 改善的实际经验中看到，一次 VAVE 改善通常可以找到以下机会。
- ✓ 20% 的成本降低
- ✓ 30% 的生产效率提升
- ✓ 80% 的过程品质提升

战略落地的研发工作节奏

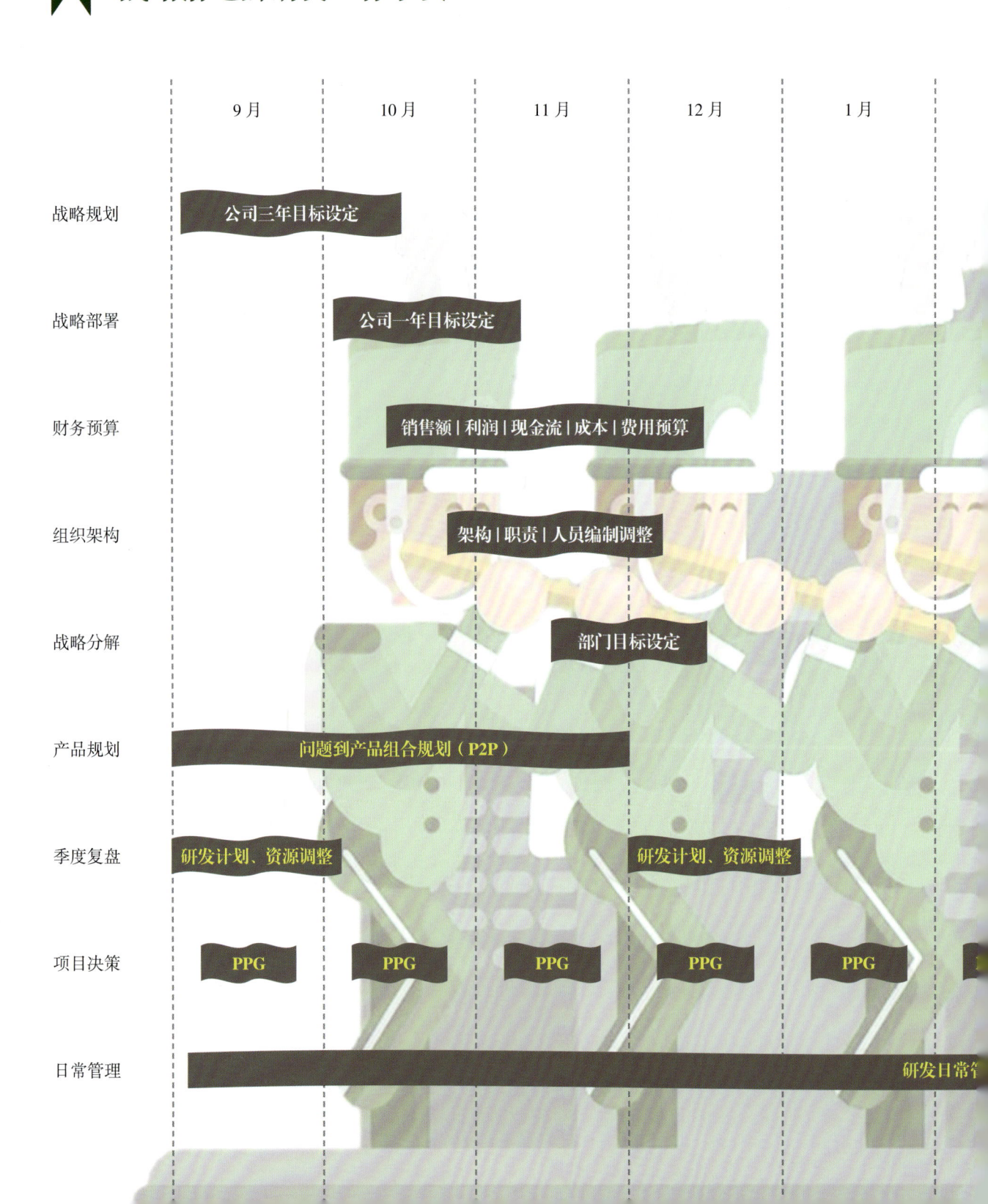

	9月	10月	11月	12月	1月
战略规划	公司三年目标设定				
战略部署		公司一年目标设定			
财务预算		销售额｜利润｜现金流｜成本｜费用预算			
组织架构			架构｜职责｜人员编制调整		
战略分解			部门目标设定		
产品规划	问题到产品组合规划（P2P）				
季度复盘	研发计划、资源调整			研发计划、资源调整	
项目决策	PPG	PPG	PPG	PPG	PPG
日常管理	研发日常管理				

第三章　中小制造企业赋能式经营工作剧本

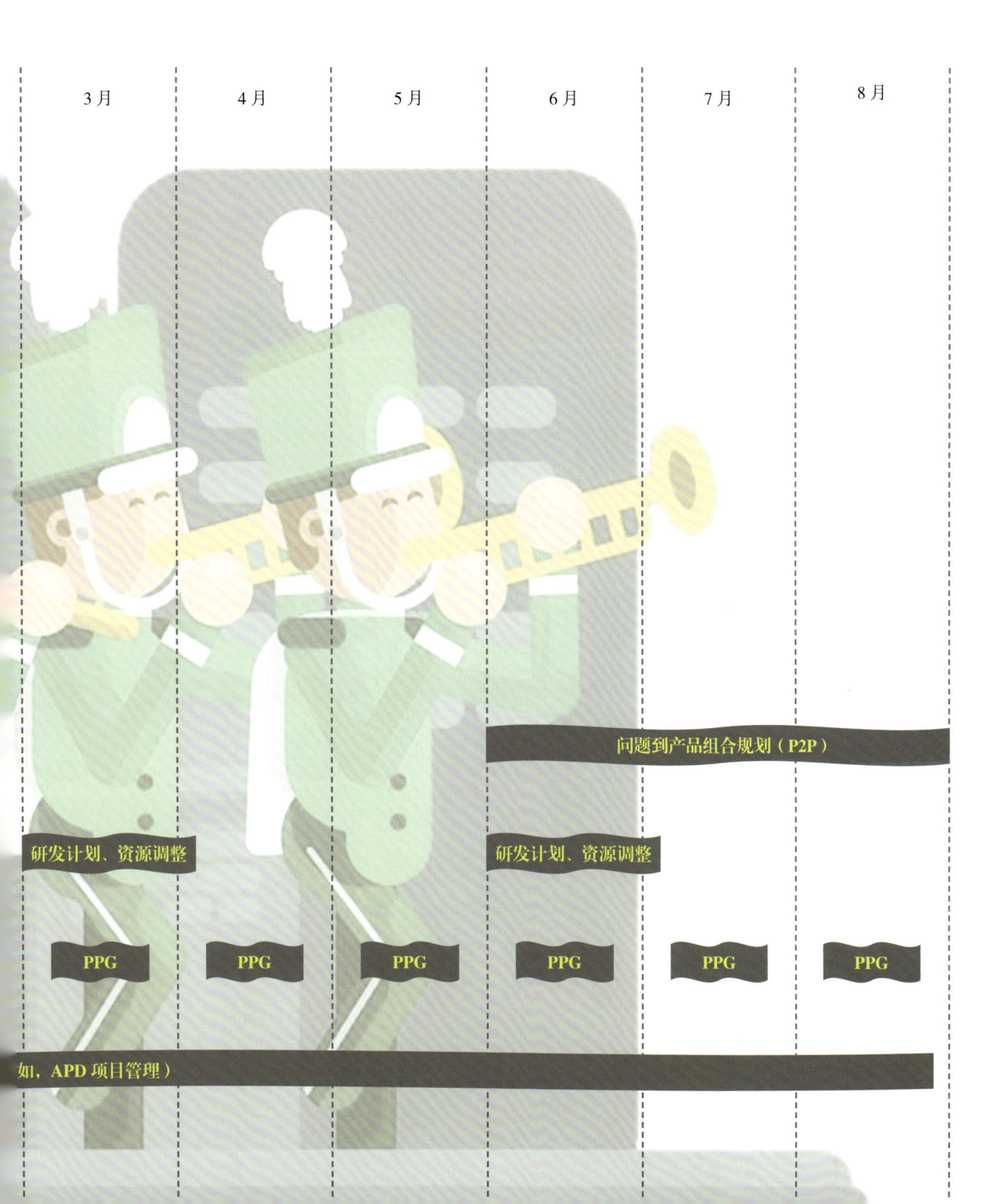

| 3月 | 4月 | 5月 | 6月 | 7月 | 8月 |

问题到产品组合规划（P2P）

研发计划、资源调整　　　　　　　研发计划、资源调整

PPG　　PPG　　PPG　　PPG　　PPG　　PPG

如，APD 项目管理）

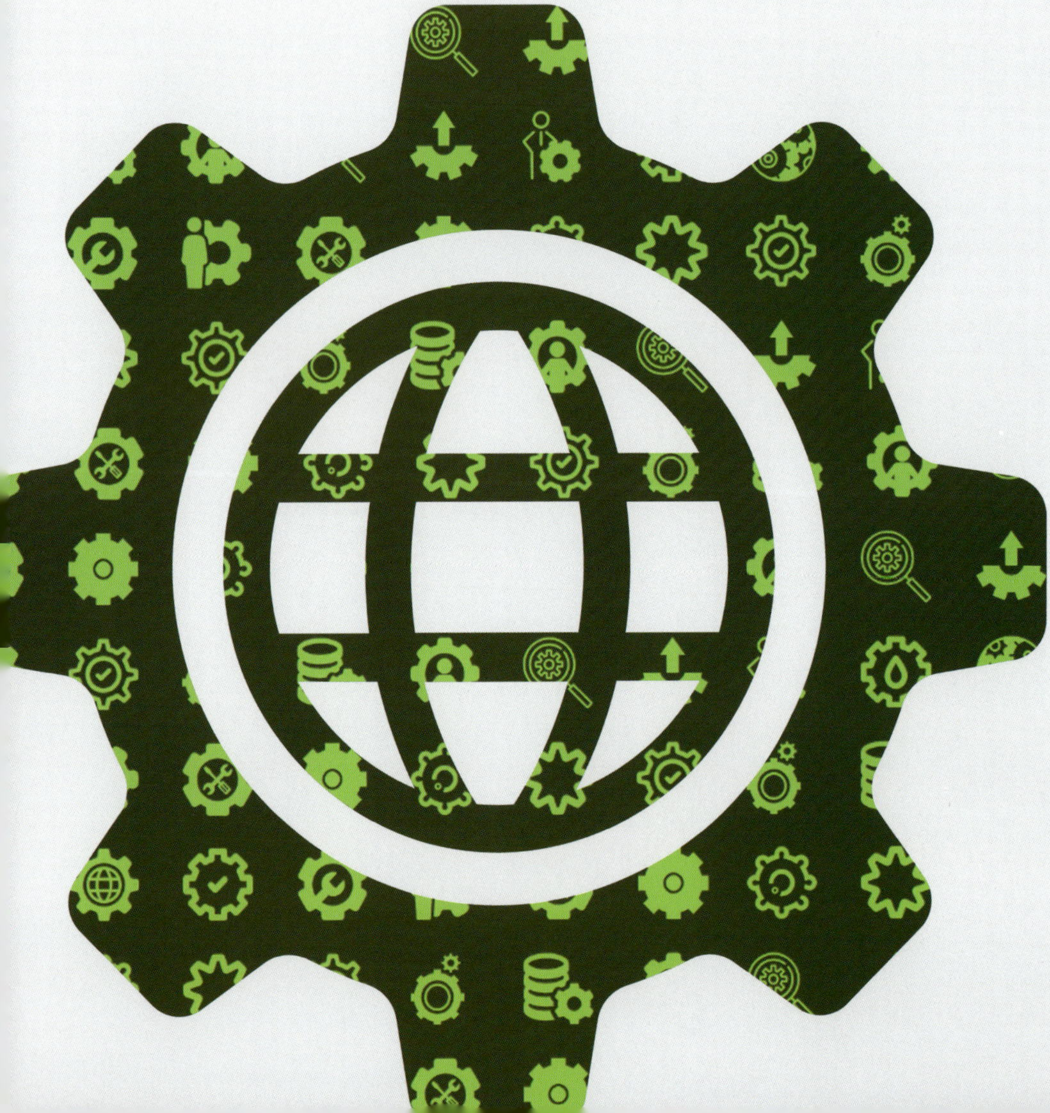

第五节
供应链工作剧本

中小企业的供应链管理

1. 典型供应链职责和目标

要想把供应链工作做好，第一步是要理解供应链应该有哪些职责。对于中小企业来说，供应链职责里严重缺失的是寻源（sourcing）这个岗位，而寻源恰恰是提升整体供应链质量的关键。好的供应商池，不仅能帮企业提升质量、准交率，降低成本，更能帮助企业提升业务拓展的能力，极大程度降低固定资产投入。

寻源
- 供应商开发认证
- 询价、价格维护
- 供应商绩效评价
- 支持新产品开发

- 采购降本
- 应付账款天数

供应商质量
- 供应商审核认证
- 物料认证
- 物料质量问题解决
- 供应商改善

- 供应商来料 PPM

采购
- 物料计划
- 采购订单下达追踪
- 供应商对账付款
- 呆滞慢流库存处理

- 物料准交率
- 库存周转率

仓储物流
- 收发货
- （给产线）送料
- 物流协调
- 库存盘点

- 盘点准确率
- 运费占比

2. 提升供应链的管理水平

供应链管理水平的高低，严重制约了很多企业的发展。对于广大中小企业来说，在众多的职能部门里，供应链往往是个管理洼地。要提升供应链的管理水平，首先要从认知上做改变。

- ✓ 要与供应商之间从买卖关系，转变为一起走远路的战略合作伙伴关系。
- ✓ 要提升 QDC，拥有一个优质供应商池是核心，所以设立寻源的岗位很重要。
- ✓ 要相信，多品种小批量一样可以管得好。

5. 供应

在中小制造业企业，我们常说的供应链主要涵盖从供应商处采购原材料

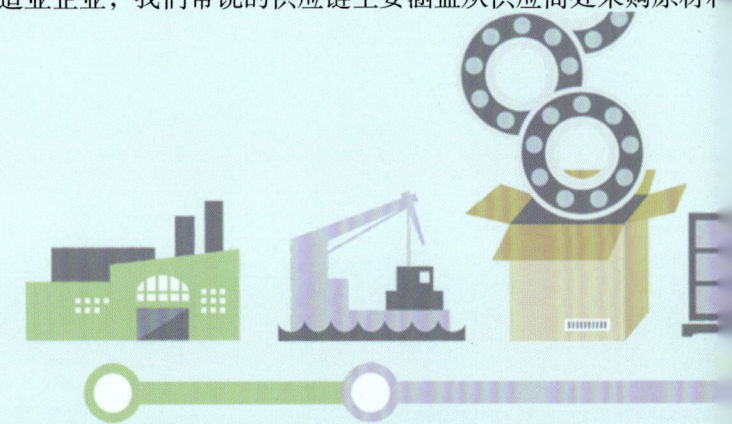

3. 供应链工作的本质

供应链工作的本质（也可以叫"真正的目的"）是：在需要的时候，以适当的成本，按需要的数量，提供需要的物料。也就是常说的 JIT 即时管理。

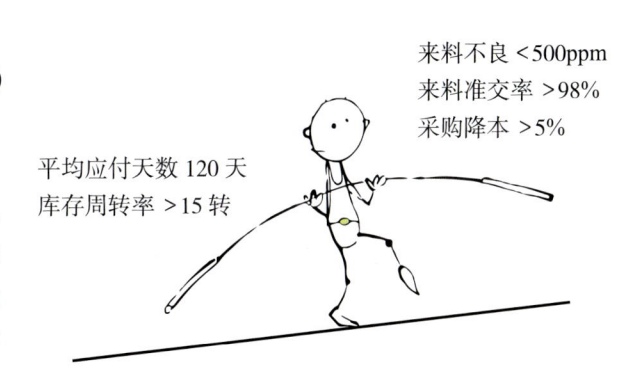

要想让质量、交付和成本同步提升，是很难的。举例来说，要想不缺料，最简单的办法就是多备点库存，因此就会牺牲库存周转来换取准交。但是我们的目标是，既不能让库存太高，也要保证不缺料。如何在 QDC 之间找到最佳平衡，是供应链工作的核心。

来料不良 <500ppm
来料准交率 >98%
采购降本 >5%
平均应付天数 120 天
库存周转率 >15 转

4. 中小企业供应链管理的误区

怎么管好供应链，是很多中小企业头疼的问题。我们在很多企业，都听到大家讲：
- ✘ 为了帮公司降低成本，只要是大于几百元的单子，就要三家比价。
- ✘ 大宗行情我们控制不了，所以采购价格我们也不可控。
- ✘ 我们采购额低、多品种小批量，在供应商处是弱势群体，所以没法谈账期、谈价格。
- ✘ 库房最清楚原材料库存的情况，生产最清楚排产计划，所以采购不负责做物料计划。

这些都是对供应链的错误理解。其实：
- ✓ 到底要不要三家比价，要看时间投入和产出比。另外，要和供应商发展长期战略合作关系，每回都三家比价，就没有供应商会认真对待我们的生意。
- ✓ 大宗行情不可控，但是物料采购价格可控，关键要了解物料的价格构成。
- ✓ 多品种、小批量采购的公司远比你想象中多得多。再大的供应商，也不会轻易放弃一个"很专业"的客户。
- ✓ 物料计划是采购的职责。要做好物料计划，要用好 ERP/MRP。

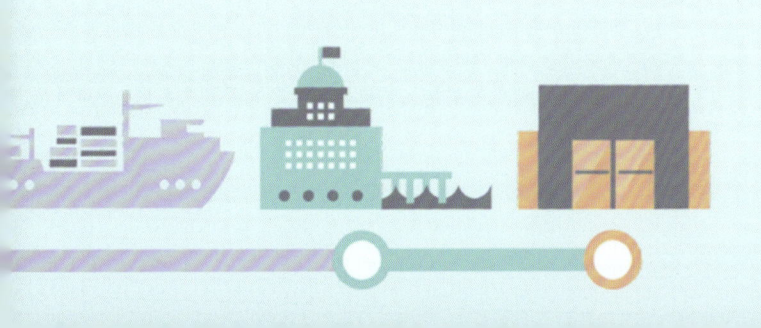

关于供应链工作剧本

1. 供应链工作剧本

供应链工作剧本是帮助中小企业不断达成战略目标，并在过程中搭建供应链管理体系的指导手册。

供应链工作剧本有两个维度。从目标达成和工作方法的维度，分为供应链策略、JIT 管理和不断改善三大模块。从体系搭建和能力成长的维度，分为搭建基础、一级、二级和三级共四个阶段。每个阶段都有阶段目标和衡量方法。

2. 供应链发展阶段

搭建日常管理基础，健全供应链的职能。供应链通常包括寻源、采购（包含物料计划和订单下达）、供应商质量管理、仓储物流四大职能。明确各职能的职责与目标，让团队的工作方向更清晰。同时，将各项基础流程健全，建立标准作业。

日常工作不依靠个体，而是依靠团队运转，是这个阶段取得的明显效果。

一级，实现 QDC 指标从不可控到可控的转变。通过基本的供应商策略、物料质量管理、物料计划和降本漏斗的管理，打破过去靠天吃饭，指标忽上忽下、忽好忽坏的情况，为生产运营提供稳定、可预见的物料管理。

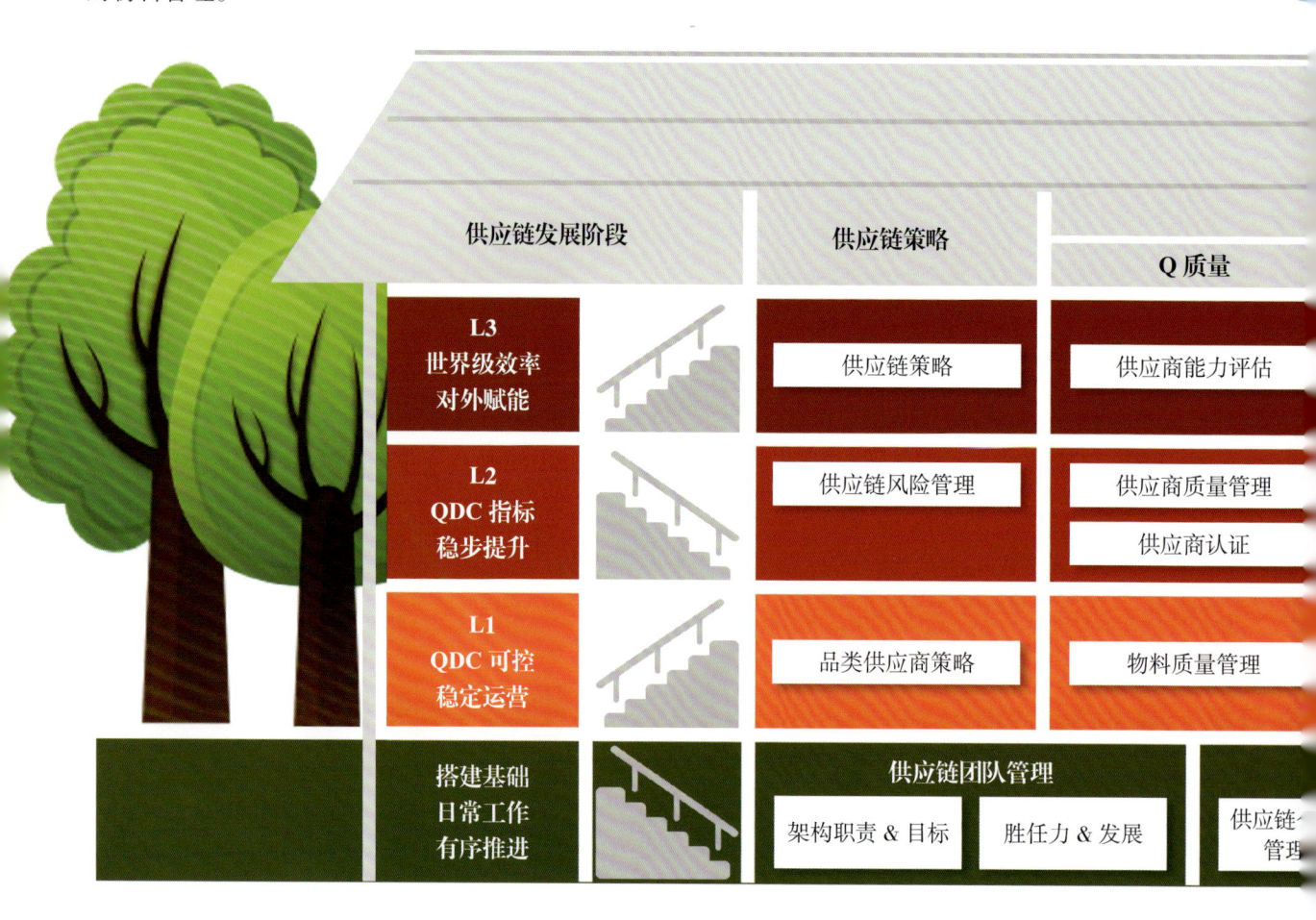

供应链发展阶段	供应链策略	Q 质量
L3 世界级效率 对外赋能	供应链策略	供应商能力评估
L2 QDC 指标 稳步提升	供应链风险管理	供应商质量管理 / 供应商认证
L1 QDC 可控 稳定运营	品类供应商策略	物料质量管理
搭建基础 日常工作 有序推进	供应链团队管理：架构职责&目标 / 胜任力&发展	供应链管理

日常工作中"救火"次数的降低,是这个阶段的明显感受。

二级,实现QDC指标的稳定提升。随着能力的提升,在稳定运营的基础上,逐步过渡到通过工具和方法进行改善,以实现QDC各项指标的稳定提升,且通过数字化手段链接和管理供应商。

各项指标"小步快跑、稳中有升"是这个阶段的典型特征。

三级,实现世界级供应链管理效率QDC指标全面达到世界级效率,来料不良率<500ppm,来料准交率>98%,年采购降本>5%,库存周转率>15转。

团队自我驱动,具备对外赋能能力,是此阶段的特点。

供应链策略			不断改善
D 交付	C 成本		
JIT 物料管理	品类价格模型	供应商改善程序	
产销存管理 PSI	精益库存管理	供应链数字化	
最佳物流实践	间接采购管理	供应商绩效管理	
MRP 物料计划	降本漏斗管理		

供应链基础流程			
物料和供应商认证流程	价格、订单和应付管理流程	固定资产采购流程	库存管理流程

品类管理 & 供应商策略

对于广大中小企业来讲,要想提升整体的供应链管理水平(提升质量、准交率,降低成本、库存),第一步是要建立把物料按品类进行划分、分品类进行管理的理念,第二步是要建立把供应商分级,并对供应商制定中长期策略的理念。对于供应链部门来讲,要把和供应商之间一单一结、不想明天的短期买卖行为,变为有张有弛、看长期利益的管理行为。

1. 什么是物料品类管理

不同性质的物料管理方式不同。要想把物料的 QDCI 管理好,就要对物料进行分品类管理。根据产品复杂程度不同,一般制造企业按 2~3 级品类划分。

一级:通常按物料的属性划分。

二级:在一级品类基础上的细分。

三级:将相近加工工艺的物料归为一类,很多情况下相同三级品类的供应商之间是竞争对手关系。

2.GMTE 品类供应商策略

中小企业往往遇到的一个问题是,在供应商管理时眉毛胡子一把抓,导致价格谈判时谈不下来,新品开发时找不到合适的供应商,来料质量问题频出一直在救火……

要管理好供应商,就像管理客户,一定要进行分级分类。重点物料重点供应商要重点管理,本着维护关系、长期合作共赢的理念对待。简单物料普通供应商本着互相尊重、做好生意的理念对待。

对每一个品类(二级或三级品类)的每一个供应商,我们分别制定 GMTE 策略。

物料品类划

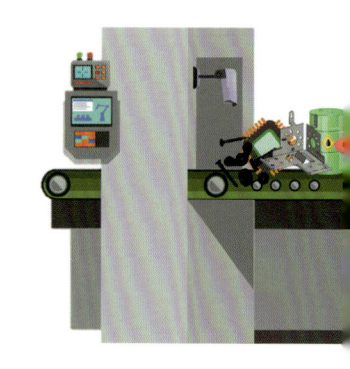

目的

- 提高谈判筹码,降低管成本
- 供应商质量水平以 10 速度提升
- 供应商交期缩短 35%
- 原材料库存降低 50%

G 增长

- 具有良好的 QDCI 表现
- 具有国内/国际竞争力
- 有能力支持新项目
- 已通过公司审核,且未发现重大风险
- 签署供应商框架协议,同意付款条件

Q	D	C	I
✓	✓	✓	✓

采购份额:增加

M 维持

- 在 QDC 方面表现良好
- 可能没有国内/国际竞争力
- 可以支持当前业务,但不能支持新业务
- 有需要监控的低风险

Q	D	C	I
✓	✓	✓	✗

采购份额:不变

第三章 中小制造企业赋能式经营工作剧本 204 / 205

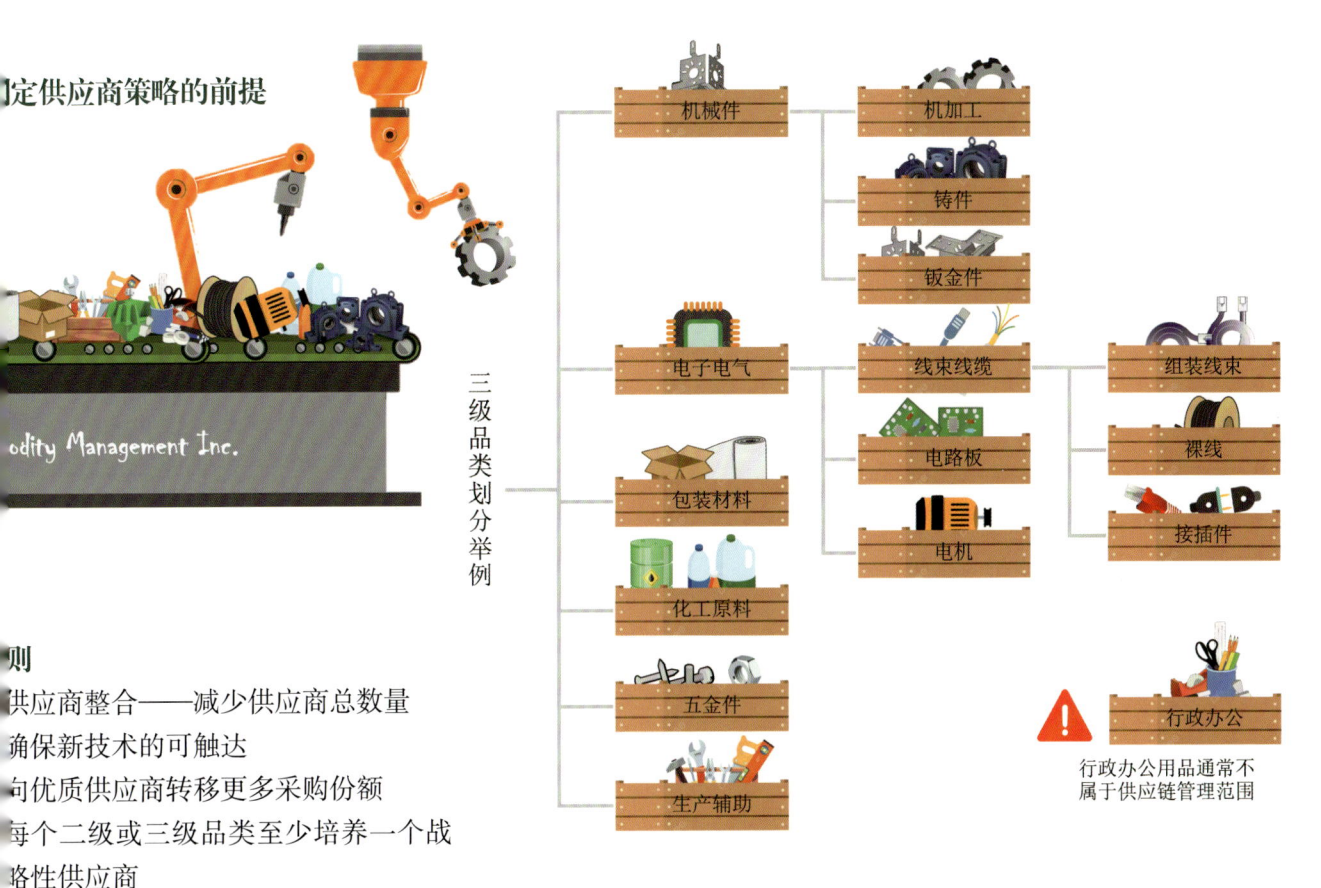

定供应商策略的前提

三级品类划分举例:

- 机械件
  - 机加工
  - 铸件
  - 钣金件
- 电子电气
  - 线束线缆
    - 组装线束
    - 裸线
    - 接插件
  - 电路板
  - 电机
- 包装材料
- 化工原料
- 五金件
- 生产辅助
- 行政办公 ⚠ 行政办公用品通常不属于供应链管理范围

则

- 供应商整合——减少供应商总数量
- 确保新技术的可触达
- 向优质供应商转移更多采购份额
- 每个二级或三级品类至少培养一个战略性供应商

T 转移

- 在 QDCI 指标方面表现不佳
- 有需要密切监控的中风险
- 不满足产能要求,或证明无法扩大产能以满足需求

Q	D	C	I
✓	✓	-	✗

采购份额：降低

E 增长

- 一直未能达到 QDCI 指标,且应对措施被证明无效
- 有必须密切监控并制定对策的中高风险
- 不符合我们的要求,或不再需要服务/产品

Q	D	C	I
✗	✗	✗	✗

采购份额：减少到零

挖掘采购降本的金矿

1. 什么是降本漏斗

要实现年度的降本目标,就一定要有项目池。就和做销售管理工作一样,池子够大,目标才能完成。这个项目池就是降本漏斗。

降本漏斗是把所有对采购成本有影响的物料,分类、分项目制定降本策略,并进行管理的工具。通常在每年的第四季度建立,用来筹划来年的降本工作。

2. 降本漏斗的核心

漏斗既要包含降价项目,也要包含涨价项目。涨价和降价相抵消才是真正的"净降本"金额。

原材料占销售额的比例超过 1/3 的制造业企业,务必要建立降本漏斗,来不断驱动原材料成本的降低,提升利润。

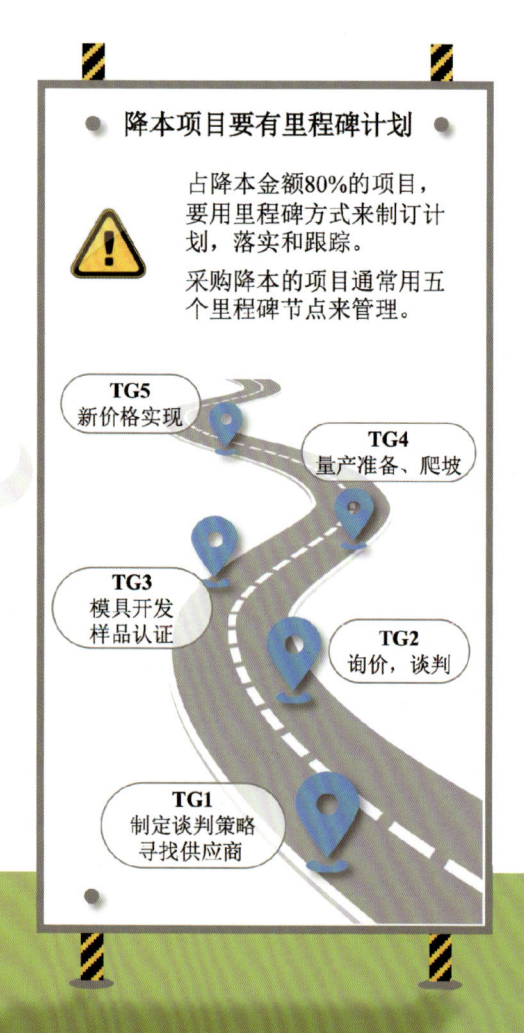

漏斗中的项目要足够多

漏斗建立时要头脑风暴,将所有有价值的机会都列进来。

漏斗中通常包含谈判、转移、整合、竞标、VAVE类的项目。

VAVE　竞标　转移　谈判　整合

降本项目要有里程碑计划

占降本金额80%的项目,要用里程碑方式来制订计划,落实和跟踪。

采购降本的项目通常用五个里程碑节点来管理。

- TG5 新价格实现
- TG4 量产准备、爬坡
- TG3 模具开发、样品认证
- TG2 询价,谈判
- TG1 制定谈判策略、寻找供应商

大宗材料市场行情永远会有波动,我们的工作是如何在市场波动的情况下,达成降本目标,将"不可控"变为"可控"。

(*降本漏斗以及降本项目里程碑计划的示例见附录)

漏斗中的"净降本"金额一定要达到年度降本目标的 1.5 倍以上

在每年的第四季度,做完公司战略部署,有了物料降本目标以后,会进行为期 3 天的采购降本改善活动。由寻源、采购、供应商质量、生产工艺、质量、研发、财务组成的跨部门团队共同参与。

做降本改善有 6 个步骤:历史 3 年数据分析—确定供应商定级标准—制定品类供应商 GMTE 策略—制定品类来年降本策略—生成降本漏斗—重点项目行动计划制定。

本项目要做月度管理

漏斗中每一个项目的计划降本金额,都要分解到月。

漏斗一定要做到至少每月点检和更新(过去实际值和未来计划值)。

为止,是否按计划达成目标?

里的项目是不是足够支撑未来目标的达成?

用组合拳做 JIT 物料管理

JIT 物料管理是指根据不同物料的属性，分别制定物料计划、采购、库存管理的方式。

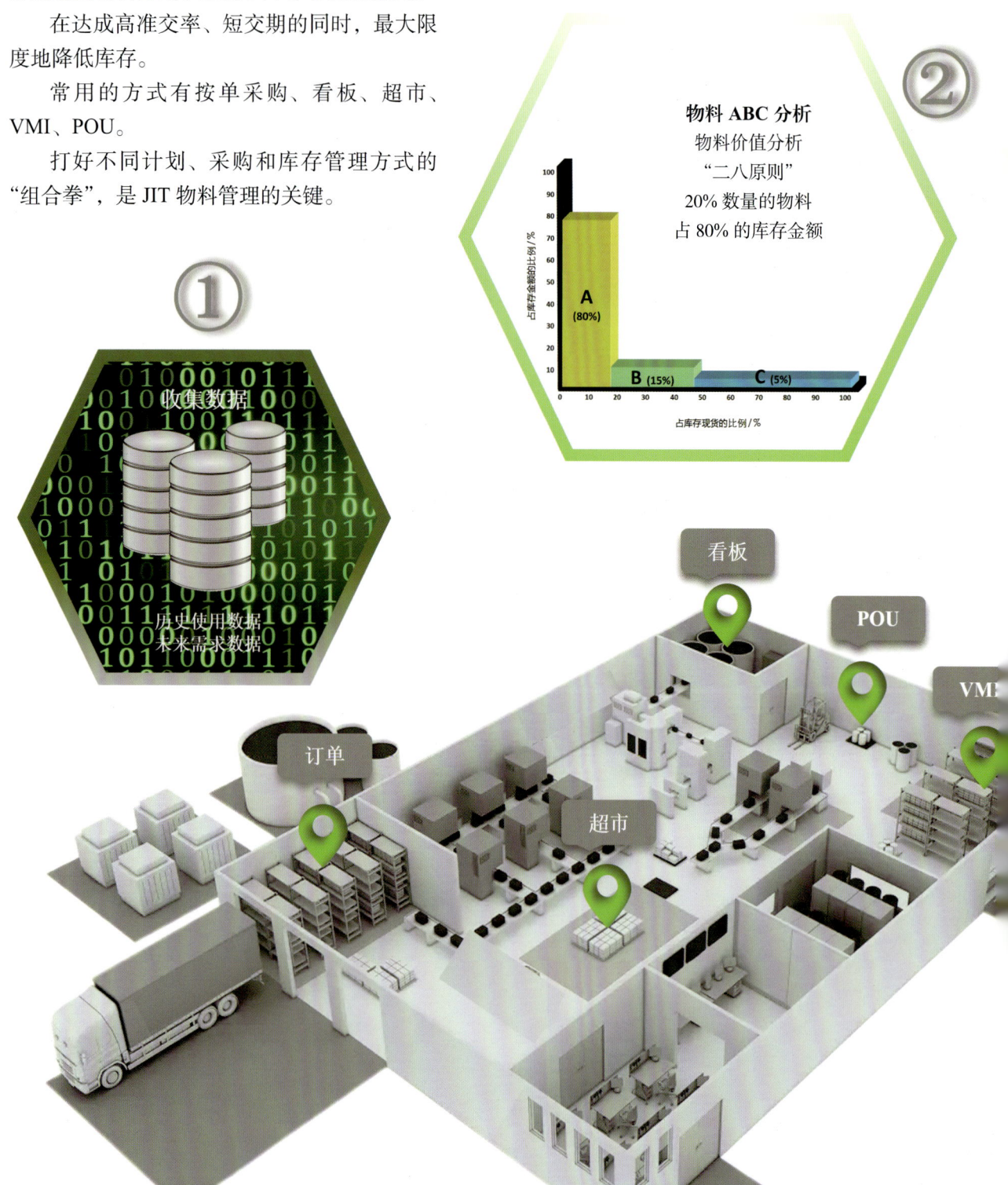

在达成高准交率、短交期的同时，最大限度地降低库存。

常用的方式有按单采购、看板、超市、VMI、POU。

打好不同计划、采购和库存管理方式的"组合拳"，是 JIT 物料管理的关键。

① 收集数据
历史使用数据
未来需求数据

② 物料 ABC 分析
物料价值分析
"二八原则"
20% 数量的物料
占 80% 的库存金额

A (80%)
B (15%)
C (5%)

订单
看板
POU
VMI
超市

③ 物料 XYZ 分析

物料需求波动分析
Z 类，非常不规律的需求
Y 类，波动 / 季节性的需求
X 类，稳定的需求

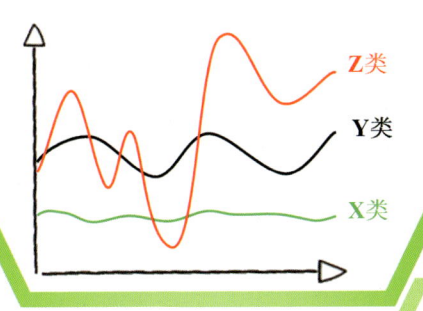

④ JIT 物料策略

① 全定制化或价值很高，且需求低或非常不稳定
　　——按订单采购（MRP）
② 中高价值，交货期稳定，且短于销售订单要求交期
　　——按订单采购（MRP）
③ 中高价值，交货周期长于销售订单要求交期，需求相对稳定——看板
④ 中高价值，需求有一定波动的物料——VMI
⑤ 中低价值，体积小，品种多，用量波动（如五金件、备件）
　　——超市 Min/Max
⑥ 低价值，体积大，用量相对稳定的物料（如包装）——POU

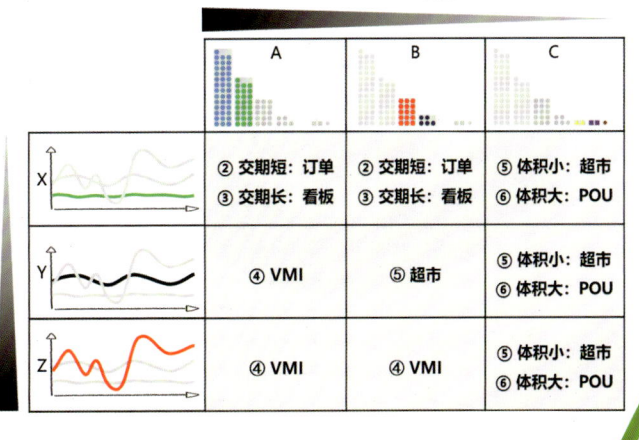

	Value 价值		
Demand Fluctuation 需求波动	A	B	C
X	② 交期短：订单 ③ 交期长：看板	② 交期短：订单 ③ 交期长：看板	⑤ 体积小：超市 ⑥ 体积大：POU
Y	④ VMI	⑤ 超市	⑤ 体积小：超市 ⑥ 体积大：POU
Z	④ VMI	④ VMI	⑤ 体积小：超市 ⑥ 体积大：POU

关于生产运营工作剧本

以精益为核

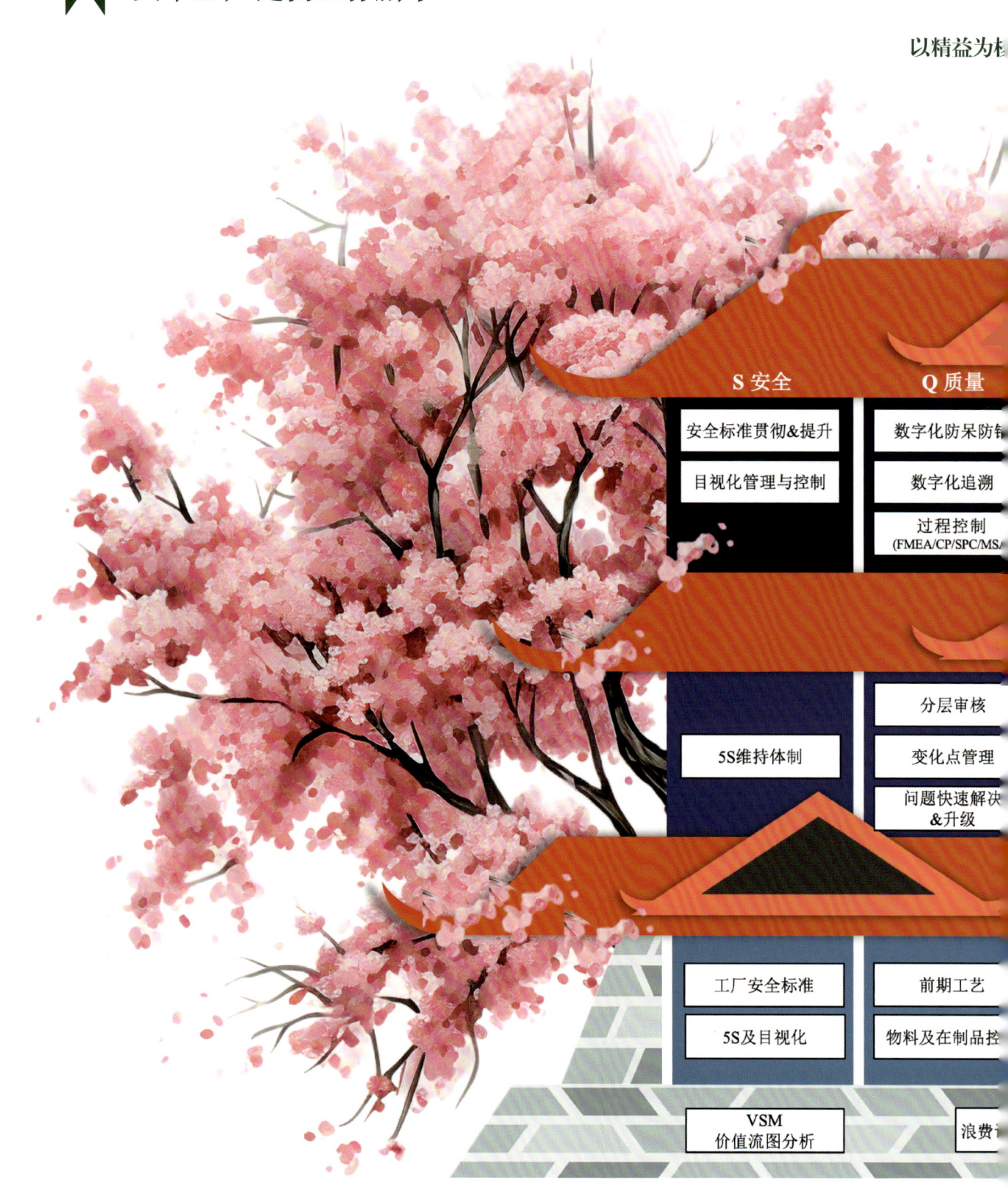

S 安全	Q 质量
安全标准贯彻&提升	数字化防呆防错
目视化管理与控制	数字化追溯
	过程控制 (FMEA/CP/SPC/MSA)

5S维持体制	分层审核
	变化点管理
	问题快速解决&升级

工厂安全标准	前期工艺
5S及目视化	物料及在制品控

VSM 价值流图分析	浪费

第三章　中小制造企业赋能式经营工作剧本

不断改善的文化

D 交付	C 成本	M 员工
投产启动过程	制造成本持续低减	内部人才培养与供给
（均衡生产）		基于生产效率评价的绩效考核
SI产销存管理		
快速换模	标准成本建立	OJT人才培养
异常处置机制	流动单元	
全员生产维护（TPM）	标准工时与生产效率	
标准作业		班组长职责 & 标准作业
视化生产计划	现场目视化日常管理	一线人员技能管理
5S基础体系	精益基础	

L3 标杆工厂

L2 稳定运营

L1 标准化

基础管理

中小企业的生产运营工作剧本

很多中小企业有一个共同烦恼，就是一线员工太难管了。员工责任心不强、流动性高，导致质量和效率没保障，事故频发；很多关键工序、设备操作、模具调整只能依靠有经验的老员工……

其实，这不是一线员工的问题，而是企业在过去迅速工业化的过程中，没有达到一个系统的标准化状态造成的。因为没有标准化，所以对人的依赖性就很强，从而使得产品质量没有很好的一致性，生产交付周期难以把握；没有标准成本，成本异常难以把握，容易失控。"如何达到系统的标准化状态""如何在日常生产运营活动中维持标准化状态""如何通过持续改进实现更好的标准状态"是生产运营管理要解决的主要问题。

生产运营工作剧本是生产管理在各个维度上的标准化程度的发展全景。其分为五个维度，也就是我们在管理生产现场的五大任务。除了QDC即质量、交付、成本之外，还有通向一切的入口——安全和最终的执行者即工厂员工的培养。

从发展阶段来看，主要分4个阶段：

第一个阶段，是基础管理阶段。这个阶段是工厂通向标准化必须具备的管理条件，让工厂的生产运营从缺乏系统管理走向基本有管理的安定化状态。我们需要从工厂建设时的前期工艺开始，对产品、产量、工艺路径进行规划；对物料以及生产计划、生产计划的执行进度有所控制；对现场的技能员工的技能有管理，现场的基层管理者具备自己需要管什么的意识，有基本的日常管理动作。对整个生产运营过程做到一定程度的预期管理，从我们不知道有什么问题会发生，但是问题每天都在发生，到能一定程度地预知可能发生什么问题，更加主动地想办法预防和解决。

第二个阶段，是标准化建立的阶段。在这个阶段要建立起基本的标准化，要实施5S、浪费的排除，并要有基本的5S维持体系。让也许并不完美的工作过程变得每一次都可重复，而不是每次都是随机状态。要有技术及工艺参数的基本标准，也许这个标准下仍然会发生质量不良，但我们能维持在一个稳定

的质量水平；要有标准的 SOP，并依据 SOP 进行员工的技能管理，让现有的技术和工艺参数、操作要点得到贯彻。在这个阶段，我们的目标是建立一个基于现状、略微优化的标准化状态。有了标准化的状态，我们就能够区分正常和异常，并为进一步的改善提供基线。

第三个阶段，是稳定运营的阶段。这个阶段要从日常的异常以及问题解决的角度出发进行一系列的改善。进一步将标准化的状态进行优化，逐步建立目视化管理，使得我们即使不刻意关注，生产运营过程的异常也会主动呈现在眼前。掌握快速解决问题的方法，拥有一套快速解决问题的体系，当发生任何问题时这个体系可以自动启动将问题消除，并让类似的问题不再重复发生。真正实现即使老板不在，也能良性自运转。

第四个阶段，是标杆工厂、灯塔工厂建设的阶段。这个阶段可以实现彻底的目视化管理以及目视化控制，并可以就已经建立的标准进行不断优化。质量方面能做到完善的过程控制，防呆防错，甚至数字化的质量问题追溯。能够实现拉动式的均衡生产，生产过程的存货及资金周转极快，甚至可以以小时计。成本能被自然而然地控制，甚至通过技术手段持续降低。有一套能激励现场改善的生产绩效考核制度，实现内部的人才供给。甚至具备对外赋能，比如培养自己供应商的能力。

通过安全、质量、交付、成本的不断深入，实现发展阶段的进阶，在这个过程中实现人才的培养和现场改善文化的建立，不仅是立足于具体问题解决的治标，还能从根本上改变企业的土壤，实现治本。

再来看看横向的维度：生产运营主要要管理好 5 个方面，我们又叫"工作中的五大任务"。

第一是安全。在优秀的世界级工厂里，在工厂的入口常常会看到一个绿色的拱门，拱门上写着"安全是一切作业的入口"。甚至发生一件微小的安全事故，也会大张旗鼓地排查所有类似点位的安全隐患，做改善，全员开会反省。为什么？在工业安全管理领域有一个著名的海因里希法则（Heinrich's Law），每发生一起重伤事故（致命或导致重大损失的事故），就会有 29 起轻伤事故和 300 起未遂事故（没有造成人员

生产运营工作剧本

伤害但有可能导致事故的事件)。因此每一起未遂事故和轻伤事故都值得好好地重视和做好预防对策。

安全管理的首要工作也是做好老生常谈的 5S 和目视化。5S 做得不好,现场的标准化情况就一定很差,必然会常常发生异常,异常多的地方自然也容易滋生安全问题。5S 不是一次性的,而是要作为长期的日常工作去做。因此 5S 导入后,要有一个 5S 维持体制,让 5S 能一直实施下去,并且随着精益改善的深入让 5S 也越来越深入。最终需要创建工厂的安全标准,比如说工厂里要有绿色通道,大家走路都要走在绿色通道里,做到彻底的人车分离,规避叉车、电瓶车撞到人的可能性。

第二是质量。工业品领域里,产品质量的一致性是我们追求的目标。我们常常看到的情况是,每一批的产品不太一样,有时候客户会问,这一批产品非常好,如果每一批都能这样,我们就要长期订货了。面对这样的问题,我们的销售人员往往无言以对。

这里首先就需要我们做好工艺参数和技术的标准化工作。在中国文化中做到这一点有难度。就如我们在做菜时,除了锅和铲子,通常不需要额外工具。我们的菜谱会写"盐少许""酱油适量""翻炒几下"。所以不同的厨师拿着同一个菜谱做出来的菜味道也会不一样。西餐菜谱就会需要量杯量勺、计时器、温度计、打蛋器等一堆工具,菜谱会写"水 1/2 量杯""盐 1/4 茶匙""煮 2 分钟""高速搅拌 40 秒"。因此,只要按照菜谱一板一眼地做,所有人都能做出一样的味道。在工业化生产中,我们就是要采用西餐这种工具化、标准化的方式,消除"因人而异"。

其次是分层审核、变更管理、问题快速解决和升级。这也是为了应对日常运营中不断会发生的变化,而需要做的维持标准化、改进到更好的标准化的一系列工作。

最后是过程控制。这里涉及一个重要理念,在精益的质量管理中,质量不是检查出来的,而是要在每一道工序中打造。过程控制就是在前面的标准化及标准化维持和改进的基础上,将每一道工序的过程

控制做好，打造不产生不良品的工艺环境。

第三是交付。解决交付问题，必须首先有一个相对标准且可控的产品工时。那就需要梳理各产品族的标准工艺路径以及要求产能和各工艺之间的平衡关系，并通过标准作业将人的作业工时进行分解、测定、测算，使人的作业工时、人机作业工时和人的操作质量都达到一个可控的状态。

其次，在此基础上进行科学排产。要导入"生产节拍"的概念，将销售的节奏转化成生产的节奏，有了生产节拍，就有可能明确生产进度。排产之后，要用尽可能短的时间确认生产进度的执行情况，比如每小时的报产，或者通过数字化的手段，让每一个或一批产品能够自动确认其生产进度，通过管理手段将生产进度变得能够目视化。对生产进度异常的情况能做到及时察觉，进而迅速反应，做到消除异常和防止再发生。

最后，做好设备的管理和快速换模这样的浪费排除和工时缩减的规划，最终在基础管理都做好的情况下，推动整体的均衡生产和后拉动式生产。做到在需要的时间，按需要的数量，生产需要的产品，也就是准时化（just in time）。

第四是成本。生产运营的成本有两个重要的主题。一个是标准成本的建立与管控。做好前面提到的各种标准化工作，就能有标准工时和标准BOM，相对应的也就能建立起生产的标准成本。所以成本工作并不仅仅是财务的工作，而是需要先贯彻好生产运营的标准；有了标准，针对超出部分进行问题解决和改善，先使成本控制在标准成本范围内；继而通过不断的改善让标准成本变得更小。另一个是周转。企业的资金活动是资金投入，通过生产运营变成产品，再将产品销售出去获得利润的过程，周转越快就意味着企业赚钱的速度越快。减少过程中的停滞，让产品更好地在工序间流动；减少在制品和成品库存，让工序间的连接更紧密，流转的成本才能更低。

第五是对执行这一切的工厂员工的培养。工厂员工的培养不能只靠"悟性"。对一线人员要实施技能管理，针对SOP、SIP总结出需要的技能矩阵，有教授和评价的方法，进行科学的技能管理；对班组长等基层管理者要明确他们的职责，找到班组长的标准工作，并在每一次的问题解决和改善中进行工作中的人才培养（OJT）。尊重每一个人，让每一个员工成为现场的"神"，所有的异常都能很快消除，并积极提出改善提案，建立起自下而上的改善文化。

在生产运营的工作剧本中，涉及30多个不同的工具。这些工具就是我们常说的精益工具。对于中小企业来说，一定不能"为了精益而精益"。我们在很多企业看到，为了提质增效，全员轰轰烈烈搞精益，各种改善，各种培训。但是最后总是雷声大雨点小，改善做了一堆，工厂效益没有提升。

要把生产运营管理好，要提质增效，一定不能从工具出发，而是要从问题出发。工具之间有内在联结，某几个工具的娴熟运用，不能解决系统性的问题。而我们中小企业在日常经营过程中碰到的问题，恰恰就是系统性的问题。

因此，针对每一个问题，用好相应的工具，打好"组合拳"，才是制胜之道。

我们挑选了中小企业在生产运营中碰到的非常具有代表性的一个共性问题——计件工资的问题，来给大家讲解，如何从问题出发，运用工作剧本中的工具，打好组合拳。

计件制的五大问题

目前，国内90%的中小制造企业，一线员工的工资都是采用计件制。而90%的大型企业和几乎100%的外企，一线员工的工资都是采用计时制。

计件制的最大优点就是简单。当企业规模小、管理能力比较弱的时候，尤其是当工艺和作业标准、标准工时没有建立起来的时候，我们更多的是希望通过激励的方法，最大限度挖掘一线员工的自驱力。大家愿意多挣钱，就会多干活。如果没有这个激励的手段，就会导致磨洋工、生产效率低、工作互相推诿、加班严重等现象。

但是，计件也有计件的问题。在中小企业中存在的最普遍的五大问题中（见下图），对企业影响最大的是以下三个。

质量：因为计件工资计的是"好件"，所以在很多企业看到员工为了多拿工资、少被罚款，就将各种质量问题掩盖起来。曾经有的极端情况是，老板在公司的厕所里找到大量被藏起来的不合格品。

库存：库存的产生通常是两种典型情况。第一种，因为行业特点，订单有淡旺季，淡季的时候虽然没有订单，但是为了让员工能有基本收入，待得住，所以只能为备库存而排生产。虽然备库的时候觉得"早晚能卖掉"，但是在实际中，情况总是不那么如人意，造成大量呆滞慢流乃至报废库存。第二种，每个工序都以自己利益最大化来安排本工序生产，要么就是尽可能地加大批量减少换型；要么就是因为各种异常（譬如缺料），有什么就生产什么，只要本工序不停工，下游工序和客户需要什么不重要。所以造

忽视安全：计件导致员工忽视安全问题。为了提高产量，员工会忽略安全规程和操作程序，从而增加事故风险。

忽视质量：计件导致员工只注重数量而忽视质量。为了提高产量，员工会不按要求进行操作，不按要求进行检验，或发生质量问题后掩盖问题，导致产品质量下降。

库存积压：产量，优先最大化的产大生产批量致一边准交

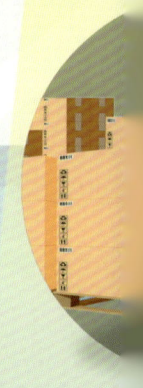

成了公司内部在制品和成品库存比山高，但是给客户的订单准交率却很低。

成本：我们在很多企业看到一个普遍的误区，认为因为采用计件制，所以就可以随时加人。订单翻一番，人员数量就要翻一番。人数的多少不会影响成本，所以也没必要控制。结果导致企业迅速发展的时候，内部成本失控，做得多反而不挣钱。我们按精益的思想来算一算账。假如某工序现在有3个操作员，每人每个月能挣8000元。然后有一天公司销售翻倍了。但是通过精益改善，生产效率提升了，4个人就能干双倍数量。这个时候，每人每个月能挣1万元，员工的收入增加了25%，公司的成本降低了58%，这才是双赢。

计时和计件，没有绝对的对与错、好与坏，在企业的不同成长阶段，适用的方法不同。计时与计件，其实最大的本质不同在于是把生产效率提升的责任放在一线员工的肩上，还是放在各级生产管理、公司管理人员的肩上，是让一线员工自我管理，还是被管理。放在一线员工的肩上，我们就要用"钱"的力量，驱动一线员工自己想办法，各显神通；放在管理人员的肩上，我们就要求管理人员建立标准、监督执行，同时不断改善，来提升效率。这是在企业不同发展阶段，我们要去思考和不断调整的。

当企业发展到一定规模，尤其是进入快速增长阶段后，计件制的弊端就会慢慢显现出来，有时候弊端甚至大于优势了。

成本升高：因为是计件，认为不论招多少个人，对公司成本都一样。所以只要订单增加就等比例加人，忽视效率提升。公司无法享受到规模效应带来的收益。

员工能力难提升：计件导致员工缺乏学习动力。只关心更多地完成手头的工作，不愿意尝试新岗位，不愿花时间学习新技能。导致团队整体能力很难提升。

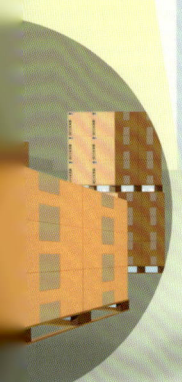

通往计时制的五大障碍

计时制，顾名思义，是按一线员工的上班时长来支付报酬的。也就是说，只要员工今天来上班了，不论有没有生产、生产了多少，都要按天给员工付薪水。

计时制的优点，除了规避计件制的五大问题，还有员工的收入稳定性高，有助于吸引并留住优秀员工，团队之间更容易形成协作，因此会形成安全、质量、交付、成本各方面不断提高的正循环。

既然计件有那么多弊端，而计时又有这么大的好处，那我们是不是就要立刻强行转为计时工资呢？答案是：不是。

一些企业的老板看到了计件工资的弊端，非常认同精益的理念，因此一咬牙、一跺脚，连夜改革，将全厂一线员工的工资从计件改为了计时。开始的一个月，员工们觉得新鲜，老板人性化，所以大家心气挺足。改革后的第一个月，产量与过去持平。但是，在后来的半年里，每个月的产量开始出现持续下滑，一直滑到了改革前的一半。走进车间现场，到处能看到聊天、刷手机的人，每月还要产生大量的加班费。

这是不是因为计时制本身的问题呢？其实并不是。

要从计件转为计时，最核心的理念是"管理先行"。因为计件的本质是一线员工自我驱动，自我管理。如果我们把计件的这个抓手拿掉了，但同时又没有建立起好的管理监督和绩效评估机制，就会导致生产出现大问题——交不上货、品质问题大规模爆发、库存积压、成本奇高……

通过在众多中小企业的实践，我们总结出来一套从计件成功转为计时的经验。

通往计

需求传递
客户及下游工序需要什么型号，什么时候需要，需要多少，优先级是什么，计划有哪些变化，我们能及时地知道吗？

标准产出
我们能准确地知道各个型号、各个工序、各个机台，每天/每班/每小时应该产出多少是合适的吗？

生产进度
我们能准确各产品、各每班/每小了还是慢了在转变机制之前，先要初步扫清通往计时制的五大障碍，也就是我们所说的管理先行。认清这五大障碍，以及它们会产生的影响，是改革的第一步。

第一，是不是真正知道客户的需求是什么（型号、数量、日期、优先级、变更点）；这些需求是不是能快速地从销售端，一道一道地向前传递到各工序、采购；这些需求是不是能及时地反映到生产计划中去。

第二，各型号、各工序、各机台，到底生产多少数量是合适的，也就是有没有标准产出。有了标准，我们才能进行衡量；有了衡量，我们才能对员工进行管理和奖罚。

第三，有没有方法在第一时间知道实际与标准产量的差距，订单实际进度与计划间的差距。看到差距是弥补差距的开始；看不到差距，没人去想办法弥补，生产内部就会失控，乱成一锅粥。

第四，制程中的品质很重要。每道工序，尤其是前工序，都要做到不制造不良品，不传递不良品。否则所有上游产生的"垃圾"都会没有阻拦地一直流到终检。无法判断前工序的质量好坏，就无法对员工进行管理。

第五，当生产内部出现各种异常时，有没有一套管理机制，快速对问题进行处理，让生产迅速回到有序状态。

这五大障碍是依次递进的关系，需要我们从头开始，一个一个扫清，为计件转计时打好基础。

品质判定
我们能彻底精准地判断，生产出来的产品是合格还是不合格？会不会自己检测是合格品，到下游工序或客户那儿还是不行？

异常处理
当发生质量不良、设备故障、产量不达标等异常时，现场有人能够快速处理吗？作业员处理不了的，我们有快速升级处理的机制吗？

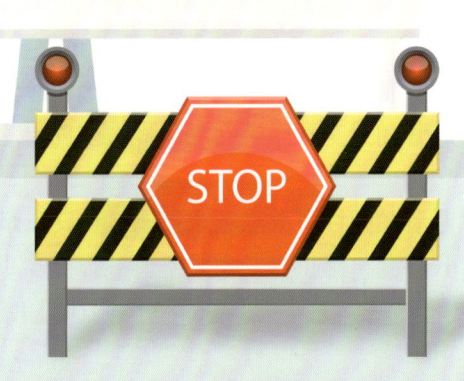

计件转计时的实现路径

实现从计件到计时的平稳过渡，要有清晰的路径。

在变革的路上有两条主线。一条是逐步完善现场的管理基础，另一条是重视现场管理人员的能力建设。这两条主线推进的过程，也是中小企业体质强化的过程。在这个过程中，企业会完成基础建设甚至是标准化建设的过程，获得更优质的制造能力，同时培养了一个初步具备现场管理和问题解决能力的人才团队。

现场管理基础的建设，要先从价值流入手，从万米高空去看工厂的物和信息流动的整体情况，让不通的地方被打通，让生产计划和销售联动，减少流程中的大浪费。继而是一系列促成标准化的动作：5S与目视化、浪费识别和消除，先为标准化的实现打下基础；接着是工艺的标准化、标准作业、标准工时的三件套，让现场的各个要素都变得可重复、可复制，并且能明确单位时间的标准产出；有了标准产出且标准产出有了实现的可能性之后，就是目视化的生产计划和计划的控制；可以缩短报产的时间，并且在报产的时候，我们就不说"今天生产了800个"，而应该说8:00—9:00应该生产100个，实际生产98个，差了2个是什么原因。生产的过程就能变得稳定而可控了。

为生产过程
标准化打基础
现场清爽了，生产节奏才有保证
出了"异常"才能一眼看得出来

用PQPR区分产品族
目前和未来的信息流怎么走
当前各工序存在哪些问题

改进明显的浪费
这样在建立标准工时时
水分才不会太多

5S&目视化

VSM 价值流图析

浪费 识别&消除

主线一 完善现场管理基础

主线二 现场人员管理能力建设

PSP问题解决

班组长职责&标准作业

建立部门间问题解决的共通语言
提高团队有效识别、分析和解决问题的能力
让同样的问题不反复发生，不在部门间推诿扯皮

明确班组长的职责
建立Gemba Walk的制度
形成现场管理者的标准工作

第三章　中小制造企业赋能式经营工作剧本

一切好的想法都需要人来实现。所以以精益立世的丰田有一句代代相传的话叫"造车先育人"。对中小企业更是这样，在管理成本有限的情况下，往往需要以一当十地用人，既需要充分调动每一个人的主观能动性，又需要让整个团队有团队意识和团队效率。所以现场人员的能力建设首先需要有针对"问题"的共通的思考方式，在定义问题、解决问题上要有统一的思路，避免各自为政地站在自己的视角上忽视全局；其次针对班组长这些基层管理者要明确其职责，甚至明确每一天的每个时间段都需要做什么，让他们的工作更有方向、更有效率。现场是个充满了变化和异常的地方，在有了标准的前提下，要让人员能够识别什么是异常，发生异常时自己该如何行动才能让异常对生产、质量的影响最小化。此外对于我们常常忽略但却直接接触产品的一线技能人员要有技能管理，要把脑子里的技巧转化成可以进行培训和复制的技能并对员工的技能进行熟练度的培训和评价，保证上岗人员的有效性。

做好这两条线，不仅能让计件转计时实现平稳过渡，对企业而言也是一个强健体质的过程。现场管理基础打好了，团队建设起来了，意味着具备了先进的制造能力，无论制造什么都可以很快进入状态。

每天来上班到底应该产出多少才合适

生产中的人、机、料、法、环、测要如何控制，才能保证效率和质量的一致性

清楚地知道每个工序、每台设备到底今天要干啥、干多少

怎么干才能让不管谁来干都能干的一样

标准作业　　工艺标准化

目视化生产计划

可以开始计件转计时试点了

目视化现场日常管理　→　异常处置 & 升级　→　一线人员技能管理

现场管理的目标是什么
如何践行领导力
生产进程和异常如何

学会识别什么是"异常"
建立基本的异常处置能力
搞不定的按章升级的制度

有了明确的SOP / SIP后
依据其制定员工技能矩阵和培养计划

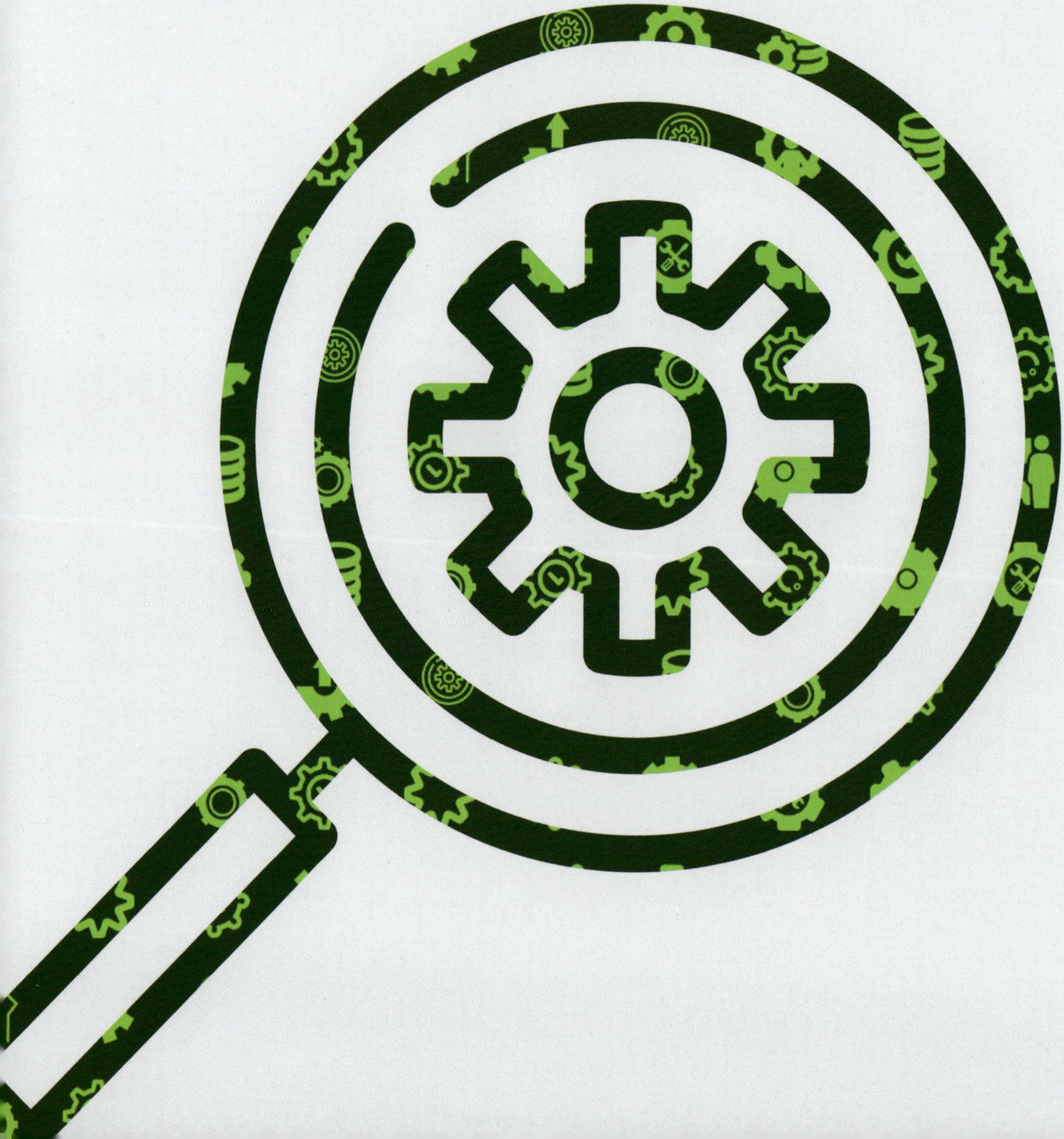

第七节

质量工作剧本

质量全景图

关于质量的一些你不知道的数字

60% 的质量问题，
是设计原因造成的

80% 的质量问题，
集中在 20% 的原因上

隐性质量成本，
是显性质量成本的 **4 倍**

质量问题每向后漏一步，
成本损失就会 **×10 倍**

外部不良率 500ppm 时，
质量成本占销售额的 **15%**

中小企业 **70%** 的质量成本，
花在应对问题"亡羊补牢"上

质量第一，绝不仅仅是一句口号，而是企业长久竞争力的来源。

汽车行业通常要求外部不良率 <200ppm。非汽车行业的其他工业品，我们采用 500ppm 作为标准。目前国内大部分的中小企业，还都达不到这个水平。很多企业对质量的理解有几种典型误区。

第一种，提升质量就是加强检验。我们见过的极端情况，一个工厂全部员工 200 人，其中有 90 个都是终检的检验员。

第二种，质量应该是"制造出来的"，所以不需要质量部。

第三种，任何质量问题，都是质量部的责任，都由质量部解决。

第四种，质量不好，是一线员工工作不认真，所以要靠重奖重罚一线员工，或者黑榜红榜，来提升质量。

我们列出了一些与质量相关的数字，通过这些数字，帮助众多中小企业从不同的角度，来看待质量。同时，我们总结提炼出了一套简单易用好理解的"质量全景图"工具，打破过去一说质量就是质量体系的习惯，让质量提升的工作更具象化、工具化，更好被理解，更快出效果。

大家总在说质量体系。在理解什么是质量体系之前，要先理解产品质量是怎么做出来的。产品质量的形成，就像是一个瀑布，源头是基于对客户需求和应用场景的深度理解，然后将需求转化为产品的设

有了对质量的理解，我们就可以搭建出一个如何提升质量的"全景图"。做好质量的起手式是明确的质量目标和完整的质量团队；其次是设计、采购、生产、售后服务，环环相扣，每个环节做好自己的工作，把好质量关；最后，出现问题后高效解决，并驱动以上

筹划开什么餐厅，组一支完整团队
（质量目标&团队）

制定菜单，研究好的菜谱
（可靠性设计）

采购
（供应

根据客户的反馈不断优化
（质量问题

计以及质量目标。我们在质量管理里有一个工具"QFD",也叫质量屋,它的作用就是如何将客户需求转化为产品设计。

有了设计后,采购按设计的要求买到合格的物料,生产按照工艺和 SOP 制造。这样才会有符合客户需求的合格产品。如何一道一道控制好质量,就叫作 QA(质量保证)系统。

为了验证买来的材料是否合格,生产出来的产品是否合格,我们会进行各种检验测试。各个环节如何做好检验,不让问题产品流下去,就叫作 QC(质量控制)系统。

QA 和 QC 难以做到万无一失,有问题的产品流入客户端,这时候需要一套如何快速反应、制定对策、防止问题反复发生的办法,就叫问题解决。

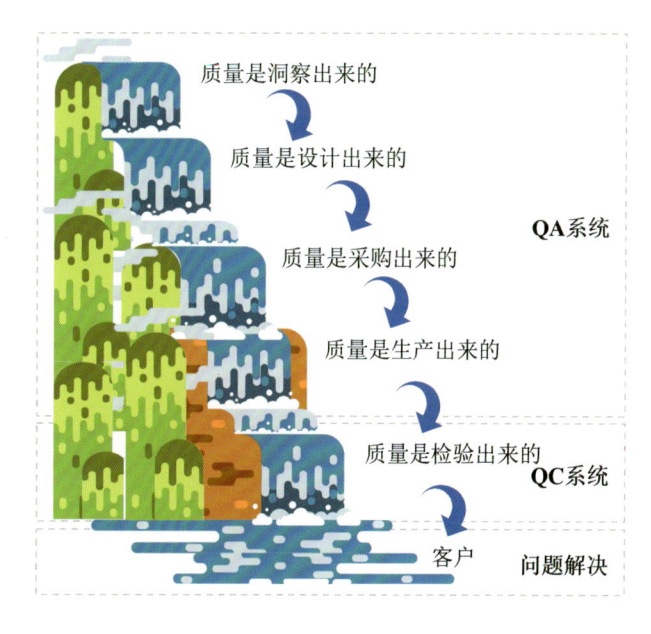

"问渠那得清如许,为有源头活水来。"从整个产品质量控制的角度来说,一定要卡住源头。没有好的 QA,QC 的成本就会居高不下;没有好的 QA 和 QC,就会不停地"问题解决"。

因此,一个完整的质量团队一定也要包含 QA、QC 和问题解决这三大职能。

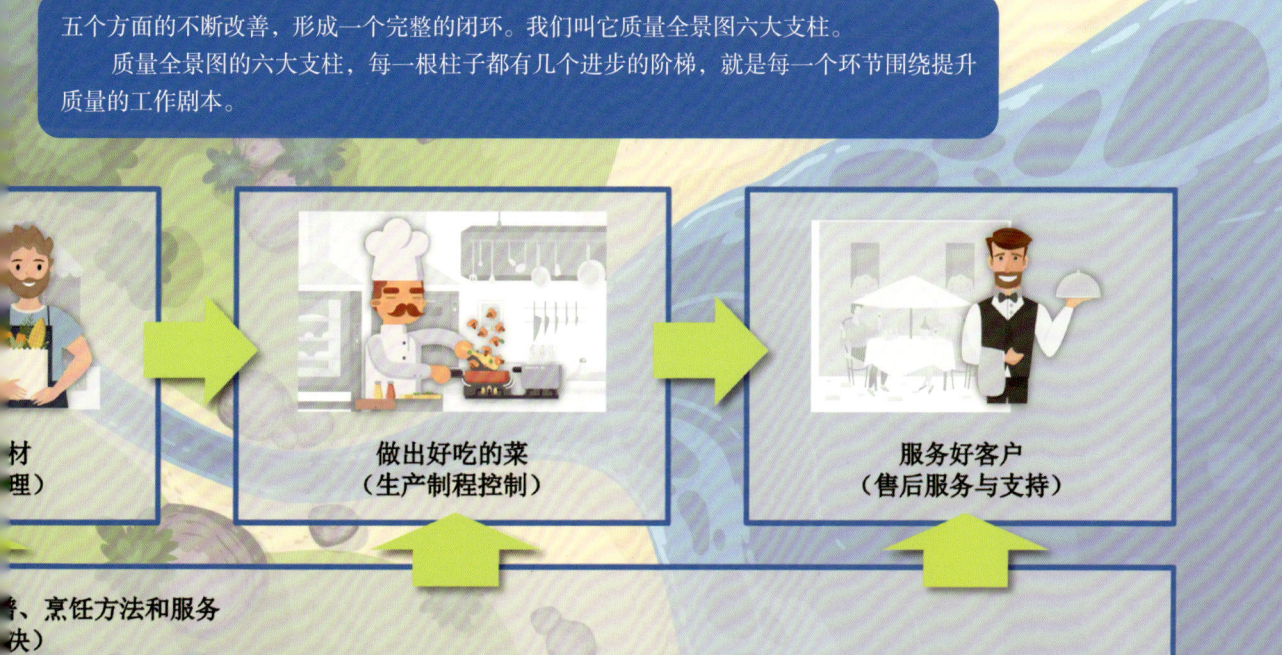

质量是洞察出来的
质量是设计出来的
质量是采购出来的 — QA 系统
质量是生产出来的
质量是检验出来的 — QC 系统
客户 — 问题解决

五个方面的不断改善,形成一个完整的闭环。我们叫它质量全景图六大支柱。

质量全景图的六大支柱,每一根柱子都有几个进步的阶梯,就是每一个环节围绕提升质量的工作剧本。

做出好吃的菜
(生产制程控制)

服务好客户
(售后服务与支持)

关于质量工作剧本

质量工作剧本，是把质量全景图六大支柱，分别划出了两级到五级不等的发展阶段。对于质量基础比较薄弱的中小企业，按照这个进步阶梯，从头开始，一步步实践即可。

第一支柱，管理关注。要想做好质量，必须在公司的层面做好统筹。第一阶段打好基础，建立完整的质量团队，设定目标及好的激励机制。第二阶段重点提升质量领导力和人才培养。

第二支柱，研发。第一阶段先从最基础的设计、测试标准化开始，做好定制订单的技术转化，保证最基本的交货质量。第二阶段侧重预防性质量控制，从设计的源头掐断潜在的质量问题。

第三支柱，供应链。供应链的质量其实也就是供应商的质量。第一阶段，在没有能力找到更好的供应商、管理供应商之前，先把来料检验工作做好，不让不良品流入产线，最大限度保障生产。第二阶段，从供应商开发和管理上做工作，从源头上解决问题。第三阶段，和战略供应商深度合作，将质量风险降到最低。

第四支柱，生产。控制好制程质量，关键是要有明确、具体、可操作的标准，让员工工作有据可依，而不是靠经验和自觉性。第二阶段要对标准的执行情况进行监控，不断暴露问题，解决问题。第三阶段和第四阶段分别进入制程能力提升和预防性管理。第五阶段，在过程中形成的质量领导力和质量文化，就成为维持的能力。

第五支柱，售后服务。第一阶段通过标准工作，提升安装维修的质量和及时性，让客户满意。第二阶段重点在内部人员的能力提升，而售后的能力提升的重点又在于知识管理。第三阶段是如何从维修工程师变为维护工程师，通过监控、维保等方式，不让产品出问题，不影响客户正常使用，最大限度提升

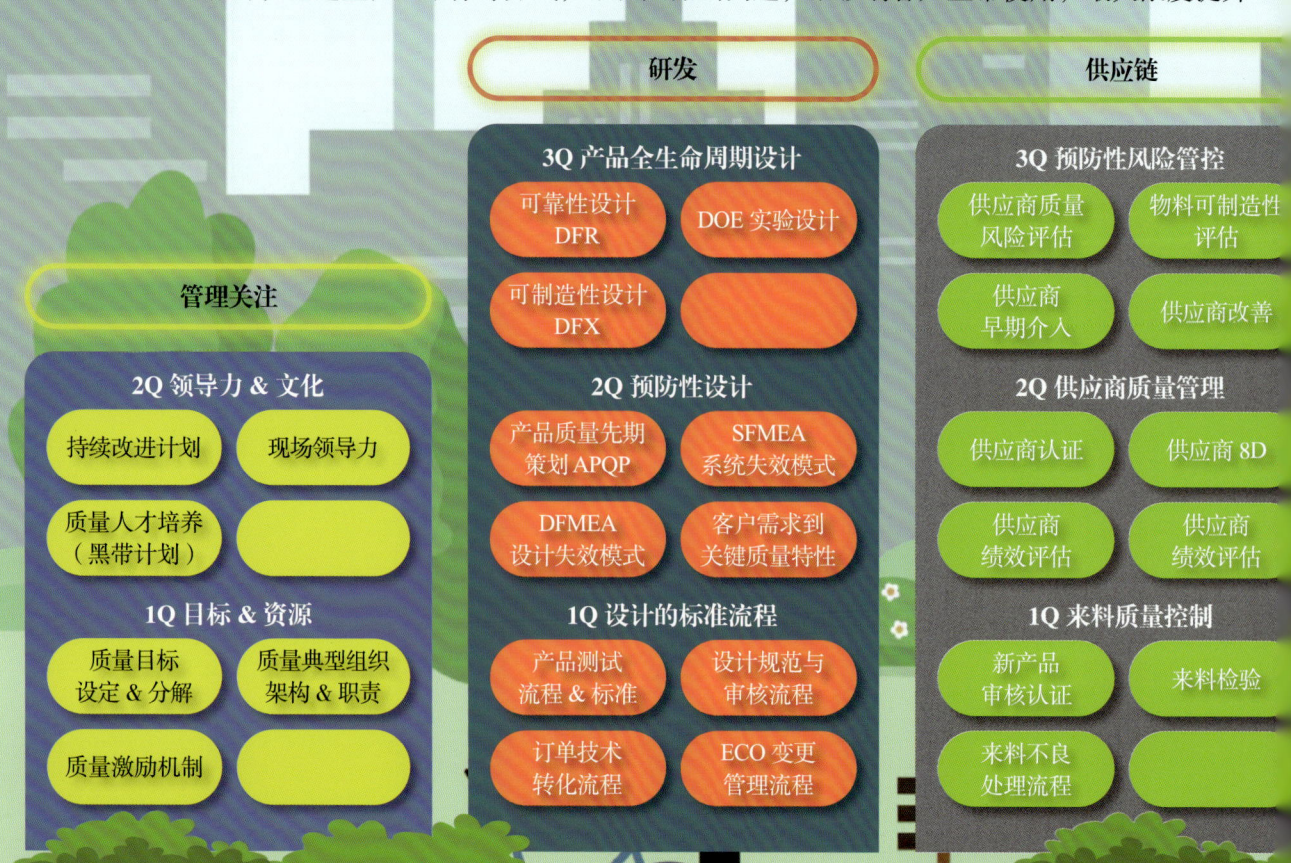

管理关注

2Q 领导力 & 文化
- 持续改进计划
- 现场领导力
- 质量人才培养（黑带计划）

1Q 目标 & 资源
- 质量目标设定 & 分解
- 质量典型组织架构 & 职责
- 质量激励机制

研发

3Q 产品全生命周期设计
- 可靠性设计 DFR
- DOE 实验设计
- 可制造性设计 DFX

2Q 预防性设计
- 产品质量先期策划 APQP
- SFMEA 系统失效模式
- DFMEA 设计失效模式
- 客户需求到关键质量特性

1Q 设计的标准流程
- 产品测试流程 & 标准
- 设计规范与审核流程
- 订单技术转化流程
- ECO 变更管理流程

供应链

3Q 预防性风险管控
- 供应商质量风险评估
- 物料可制造性评估
- 供应商早期介入
- 供应商改善

2Q 供应商质量管理
- 供应商认证
- 供应商 8D
- 供应商绩效评估
- 供应商绩效评估

1Q 来料质量控制
- 新产品审核认证
- 来料检验
- 来料不良处理流程

客户满意度。

第六支柱，问题解决。第一阶段的重心是通过标准化的问题收集、处理流程，最大化提高信息传递效率，保证客户满意度。第二阶段的重心在于提升内部挖掘问题根因、制定永久对策、举一反三，不让问题重复出现，最大化降低质量成本。

质量工作剧本是帮助中小企业突破从0到1的质量提升的工具。它有三个核心理念。

第一，不论哪个职能，做任何工作，都要先建立标准。没有标准，或者标准不具体、不合理，只是靠员工的个人能力，质量的一致性是无法保障的。有了标准，再来管理标准的执行情况。

第二，踏踏实实先做好检验。虽然做质量管理的终极目标是提升QA系统，但是提升QA系统需要时间和相对较长的过程。因此，在QA系统没有完善之前，我们要首先做好QC。通过检验将不良品挡在厂外，不流入产线；拦在家里，不流到客户。

第三，要想最大化降低质量成本，最终就一定要从质量检验的"死后验尸"和解决问题的"亡羊补牢"，过渡到预防性质量管理。在问题没有发生之前，就预见它的发生，并采取措施。

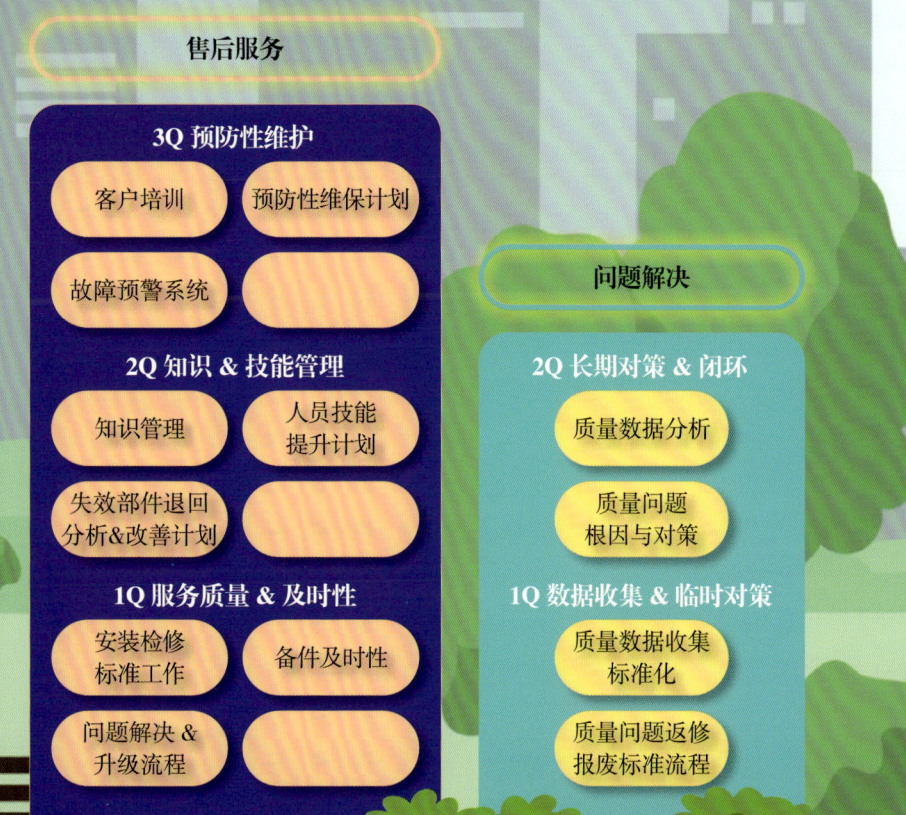

生产

5Q 维持能力
- 层级标准工作
- 持续改善

4Q 预防性管理
- 预防性维护 设备|工装|模具
- 防呆防错
- 可追溯性

3Q 制程能力 & 问题解决
- RK 变差减少
- PFMEA
- 制程能力 SPC
- CP 控制计划

2Q 过程监控 & 快速反应
- 目视化 日常管理
- 层级审核 LPA
- QRQC 现场快速问题解决
- 变化点管理

1Q 基础流程 & 标准执行
- SOP 合理 & 完整
- SIP（合理 & 完整）
- 5S
- 不合格品控制程序

售后服务

3Q 预防性维护
- 客户培训
- 预防性维保计划
- 故障预警系统

2Q 知识 & 技能管理
- 知识管理
- 人员技能提升计划
- 失效部件退回分析&改善计划

1Q 服务质量 & 及时性
- 安装检修标准工作
- 备件及时性
- 问题解决 & 升级流程

问题解决

2Q 长期对策 & 闭环
- 质量数据分析
- 质量问题根因与对策

1Q 数据收集 & 临时对策
- 质量数据收集标准化
- 质量问题返修报废标准流程

质量的第一支柱——管理关注

1. 什么是管理关注

要想提升产品质量、提升内部的质量管理水平，一定要重视质量。而对质量最大的重视，就是来自企业的一把手、高管层。因此，质量六大支柱的第一根柱子就是管理关注。管理如何关注？光有态度和口号还不够，要从具体的事项中体现出对质量的重视。

对于中小企业来说，首先，要健全质量管理的组织架构，深刻理解大家在质量提升中都要扮演重要角色，也就是常说的全员质量管理。其次，要有清晰的可量化的质量目标，让团队有努力的方向。再次，要尽量减少负激励，多用正激励。负激励只会让员工掩盖问题，而不是积极暴露和解决问题。最后，质量文化和领导力的建设，既要做好宣导工作，更要让质量管理深入日常工作的点滴之间。文化是积累出来的，不是宣贯出来的。

2. 架构

完整且合理的组织架构和职责分工，是好质量的第一步。质量内部的岗位一定要分细，生产和质量一定要相互独立。岗位分类不细，意味着对个人能力的要求就要高，能力范围就要广，对个人的依赖性就要高，需要"超人"。岗位分得细，就可以团队作战，团队能力大于个人能力。

质量工程师 QA
测量方法和技术手段，质量管理工具的应用，
质量保证体系建立，推动问题的跨部门分析解决

质量检验 QC
产品检验的按章操作

质量经理 / 总监
质量管理系统的策划

3. 职责

在企业里，总经理是质量第一责任人。质量经理只是管理者代表。除了质量部门以外，每个部门都要对质量负责、做贡献。

负责人	职责
总经理	建立和达成公司总体质量目标，建立质量第一的文化
事业部总经理	确保本产品线的质量目标达成
质量总监	维护质量 KPI 保龄球图，提供质量保证的工具、分析、培训
市场销售总监	驱动整体质量提升，驱动客户问题的数据收集、分析、追踪和解决
研发总监 / 项目经理	使用流程、工具，达成新产品的质量目标
生产运营总监	建立和达成生产运营的质量目标
供应链总监	建立和达成供应商质量目标
售后服务总监	建立和达成售后服务质量目标

4. 目标

质量提升就像一场马拉松，要有终点的大目标和阶段性的小目标。否则漫漫长路，很快就会失去动力。

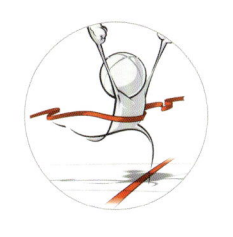

目标是执行的驱动力：

客户想要一个什么样的产品质量表现？

我们想要一个什么样的产品质量表现？

我们想要以什么样的成本控制质量表现？

供应商应该交付什么样的质量表现的产品？

我们是否超越了市场上同类产品的质量表现？

经过统计，非安全类产品，500ppm 的质量表现是最经济的点。

5. 激励

不能"不教而诛"，不管理，只奖罚，只会让质量失控。管理者要理解员工的需求：

员工需要安全感和归属感。在一个目标明确、标准明确、期望值明确的工作环境中，有一份稳定的工作，个人与公司共同发展。

员工需要被信赖和被尊重。希望在自己的职责范围内被充分授权，发挥自己的特长，用脑子去工作。期望自己的努力被看见，工作被认可，就有信心把工作做得更出色。

激励机制应关注物质上的奖励、培训上的奖励、升职的奖励、牵头做事的奖励。正向激励大于负面惩罚。没有一家公司是靠罚款盈利的。罚款只会让员工想尽办法互相包庇、隐瞒质量问题。

6. 领导力和文化

质量文化是在点滴中形成的，作为管理者，要抓住一切机会建立质量文化。

- 将质量列入公司级目标
- 将质量目标层层分解到基层
- 把质量目标与激励机制挂钩
- 建立完整、高效的质量组织架构，明确管理层对质量的职责
- 榜样的力量——走进现场，参加改善，解决质量问题
- 利用好目视化和沟通会，强调质量目标、现状和成绩
- 加强全员对"质量成本"的认知度
- 当出现质量问题时，毫不留情，不断提问、挑战，驱动正确的行为
- 确保质量工具在日常工作中的使用

生产的过程质量控制

怎么才能生产出好的质量的产品？做好"过程控制"，好的过程才能有好的结果。生产的过程质量控制，本质就是要从 5M1E（人、机、料、法、环、测）这六个方面做精细化的管理。中小企业的生产管理者，如何一步步做好 5M1E 的管理，需要工具和方法，需要在不同的发展阶段干不同的事。

1Q · 基础流程 & 标准执行

SOP/SIP

SOP 标准作业指导书/SIP 标准检验指导书，是为了将 5M1E 的各种影响因素固化下来，尽量减少因人的经验不同而产生的质量变化。不依靠"超人"员工就能做出合格产品。员工只看图识字就能一步一步生产出合格产品，完成产品检验工作。

5S

5S 是为了通过可视化管理暴露问题。在现场不用问任何人，只看着就能清楚地知道，哪些是合格品，哪些是不合格品。

不合格品控制程序

一旦出现了不合格品，如何快速地与合格品区分开？跨部门的决定是否可以让步接收、偏差放行？不能因个人拍脑袋或从单个部门的利益出发，让不合格品流出去。

2Q · 过程监控 & 快速反应

层级审核（LPA）

有了 SOP、SIP、5S 等标准后，员工是否按标准执行，需要进行审核。在以质量第一为文化的企业里，审核是从班组长到总经理的所有人工作的一部分。不同层级按照不同的频率、不同的内容做巡查，就是"层级审核"。

目视化日常管理

有了明确的工作标准，通过层级审核确保执行后，QDC 到底有没有达到目标，需要按天、按小时、按班组来追踪实际和计划的偏差。追踪的结果，通过目视化的方式让全员都能看得到，充分暴露问题，是解决问题的前提。

QRQC 现场快速问题解决

一旦出现质量问题，如何通过安灯系统，可视化地展示问题地点，呼叫支持人员到现场，在最短时间内解决问题，防止问题反复发生？

3Q · 制程能力 & 问题解决

PFMEA 与控制计划

建立完整有效的过程控制计划。通过潜在失效模式分析（PFMEA），识别出产品生产过程中的关键参数、关键过程特性，并对此制订有效的控制计划。从依靠产品过程检验、终检的事后管理，向生产过程中关键参数控制转变。产品质量是制造出来的，通过过程控制，提高生产过程中单序的一次合格率。

SPC

建立早期预警系统，通过统计技术 SPC 的应用，在产品虽然合格但已经出现不合格趋势时（如向边界偏离）提出预警，及时补偿纠正，把问题扼杀在摇篮里。

5M1E 分析

通过对 5M1E 的分析，找到并消除生产过程中可能影响质量和质量稳定性的因素。

4Q 预防性管理

预防性维护

预防大于纠正。设备做到预防性维护，保持出厂状态，对工装模具定期进行维护检测，对刀具进行寿命追踪……通过对设备、模具、刀具的状态来预判和管理产品质量，而不是用产品的质量来验证设备、模具和刀具的状态，是预防性质量管理的核心。

防呆防错

员工的操作过程中，加入防呆防错的手段。通过数字化、智能化的手段，及时发现人难以探测的问题，将人为的操作失误降到最低。

可追溯性

在生产的各个阶段，收集和记录材料批次、生产过程参数、质量检测结果等，降低批次质量问题的发生。当发生质量问题后，能及时快速地将同批次产品隔离，防止扩散。

5Q 维持能力

层级标准工作

全员参与质量管理。建立每个岗位的确保质量管理体系正常运转的关键任务清单，帮助管理者在繁忙的日常工作和改善提高之间找到平衡。关注过程管理，寻找改善计划。

持续改善（continuous improvement）

持续改善是一种管理理念和方法。持续改善的核心思想是通过小步改进、持续性的变革来实现长期的整体改进，而不是依赖于偶尔的大规模变革。每次改进可能看起来微不足道，但积少成多，最终会带来显著的改善。因此，全员参与（employee involvement）很重要。鼓励所有员工参与到改善中，因为他们最了解自己的工作和问题所在。员工的主动参与可以激发创新，发现更多改进机会。改善自上而下的任务式，转变为自下而上的自发式。

客诉问题的追踪和解决

1. 客诉包括什么

客诉，也叫外部不良，指的是从客户端反馈回来的所有在产品验收和使用中发生的问题。既包括最直接的产品质量问题产生的退换货，也包括以下情况：

- 质量有问题，但是客户迫于交付压力，让步接收了（这一次让步了，不等于下次还让步）。
- 发错货，运输中产生的破损（物流会野蛮装卸，所以包装一定要够结实）。
- 客户使用时发现的问题，例如产品不适应使用场景（其实是售前沟通没做好）。

在企业中经常认为以上三项不属于质量问题，不计入外部不良。其实这是掩耳盗铃。站在客户的角度想问题，只要客户不满意，就都是我们的质量问题。只有诚实地对待所有问题，才有改善的动力。

2. 中小企业客诉处理中的常见问题

- 客诉收集不全，质量数据不准确
- 质量部孤军奋战，搞不动其他部门
- 我们觉得是客户的问题，客户觉得是我们的问题
- 找不到解决办法，最后不了了之
- 问题已经处理了，但是又反复发生

3. 客诉处理的正确方法

客诉处理的目标
① 迅速解决客户问题，让客户满意
② 及时准确收集质量数据，为改善提供依据
③ 从源头解决问题，不让类似问题重复发生
④ 产品质量表现逐步提升

客诉处理的流程
① 不良追踪系统
② 不良现象分类，优先级排序
③ 不良根因分析
④ 实施对策，在产品和流程上做提升

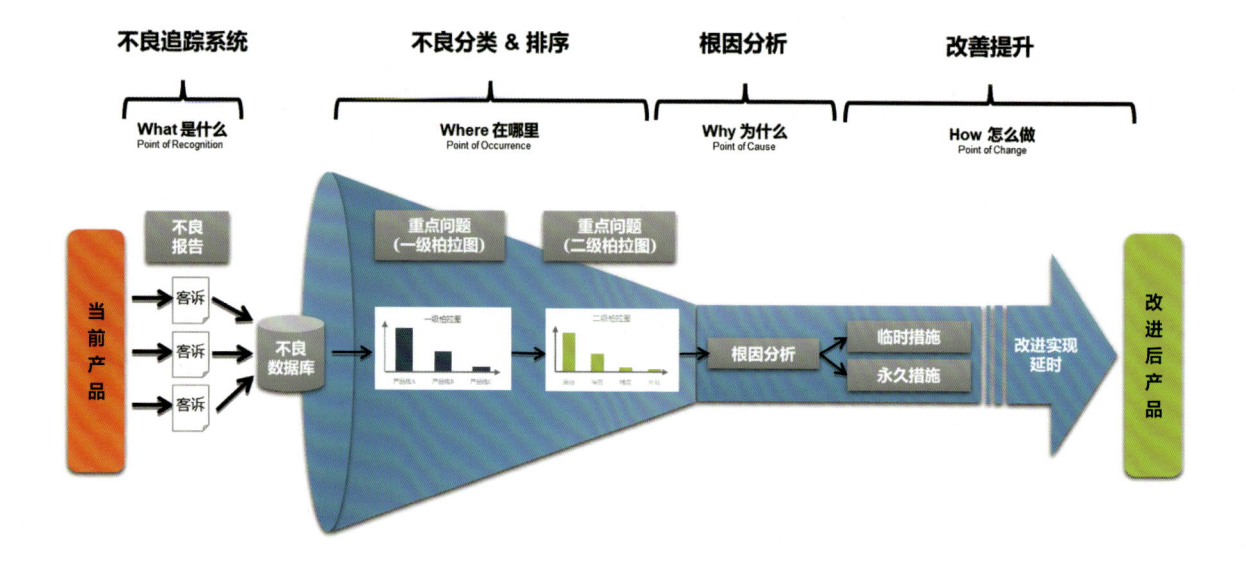

不良追踪系统	不良分类 & 排序	根因分析	改善提升
What 是什么 Point of Recognition	Where 在哪里 Point of Occurrence	Why 为什么 Point of Cause	How 怎么做 Point of Change

当前产品 → 客诉/不良报告 → 不良数据库 → 重点问题（一级柏拉图）→ 重点问题（二级柏拉图）→ 根因分析 → 临时措施/永久措施 → 改进实现延时 → 改进后产品

4. 客诉处理的两个最佳实践

组建跨职能团队

组建一个跨部门小组，是高效解决客诉问题的首要条件。小组定期召开会议（通常每周一次），按照固定的会议日程对质量问题进行追踪、分析，推动解决。

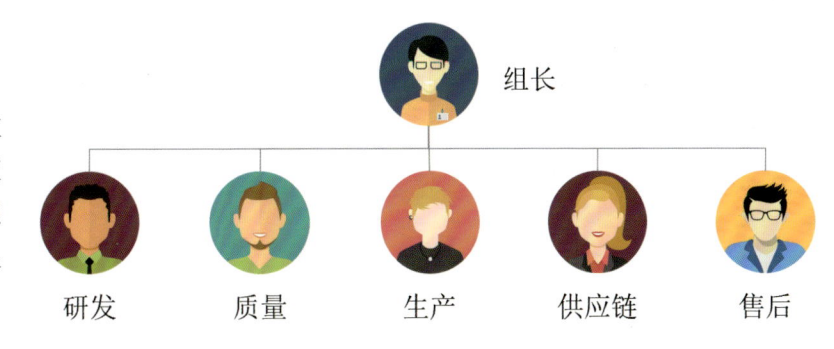

```
                    组长
   ┌─────┬─────┬─────┬─────┐
  研发   质量   生产  供应链  售后
```

客诉问题清单标准化

客诉问题清单一定要标准化，能做"选择题"，就不要做"陈述题"。标准化选择题提升数据收集的准确性，为后期的问题分析、数据分类和分析提供好基础。客诉问题清单分为两大部分：

- 信息收集部分：由客服负责，从客户处收集基本信息。
- 问题解决部分：由质量小组负责，根据收集到的信息进行分析、对策制定和追踪。

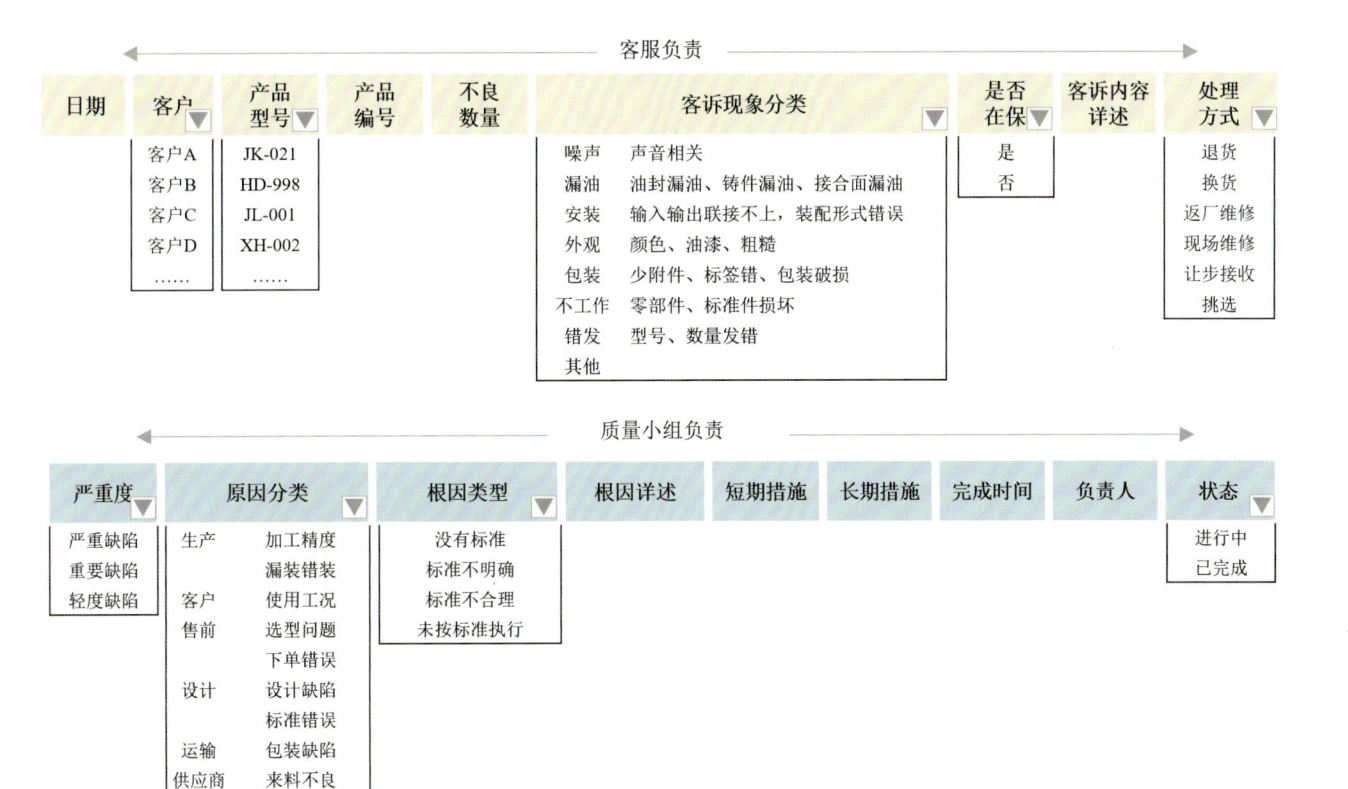

客服负责

日期	客户	产品型号	产品编号	不良数量	客诉现象分类	是否在保	客诉内容详述	处理方式
	客户A	JK-021			噪声：声音相关	是		退货
	客户B	HD-998			漏油：油封漏油、铸件漏油、接合面漏油	否		换货
	客户C	JL-001			安装：输入输出联接不上、装配形式错误			返厂维修
	客户D	XH-002			外观：颜色、油漆、粗糙			现场维修
	……	……			包装：少附件、标签错、包装破损			让步接收
					不工作：零部件、标准件损坏			挑选
					错发：型号、数量发错			
					其他			

质量小组负责

严重度	原因分类	根因类型	根因详述	短期措施	长期措施	完成时间	负责人	状态
严重缺陷	生产：加工精度、漏装错装	没有标准						进行中
重要缺陷	客户：使用工况	标准不明确						已完成
轻度缺陷	售前：选型问题、下单错误	标准不合理						
	设计：设计缺陷、标准错误	未按标准执行						
	运输：包装缺陷							
	供应商：来料不良							
	其他							

客诉问题的追踪和解决

5. 用好目视化管理

目视化是个强大的武器。使用目视化进行质量管理能帮助我们实现如下目标：

① 提高透明度：目视化工具（如看板、图表、色码等）可以直观地显示工作流程、任务进展和质量状态，所有团队成员都能一目了然地了解当前状况，从而提高整体透明度。

② 及时发现和解决问题：通过目视化管理，任何问题解决过程中的异常情况都能迅速被发现，团队可以立即采取措施。

③ 增强团队协作：目视化工具促进了信息的公开和共享，团队成员能够更好地协作，及时沟通。

④ 提高团队参与度和责任感：目视化管理可以让大家更清楚地了解自己的工作对整体目标的贡献，增强责任感和参与感，推动自我管理和持续改进。

⑤ 提高会议效率：当召开质量小组会议的时候，大家都紧紧围绕目视化中的数据、进展、问题展开讨论，避免"讲故事"的情况，避免"茶话会""神仙会"。

用好目视化的必要条件包括以下3个：

① 指定负责人定期更新内容（至少每周一次）。

② 相关会议务必在目视化墙前召开，围绕目视化展现的内容进行讨论。会议过程中团队共同更新内容。

③ 管理团队定期"光顾"目视化内容，了解情况、提问题、给建议。

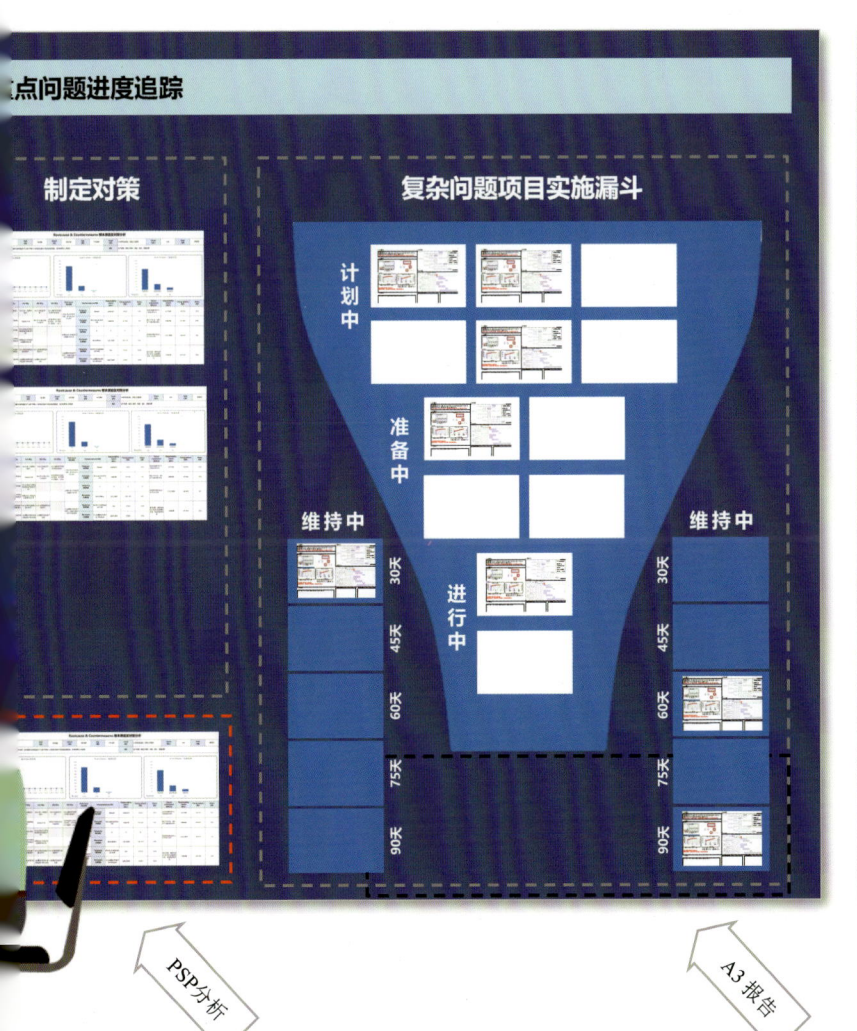

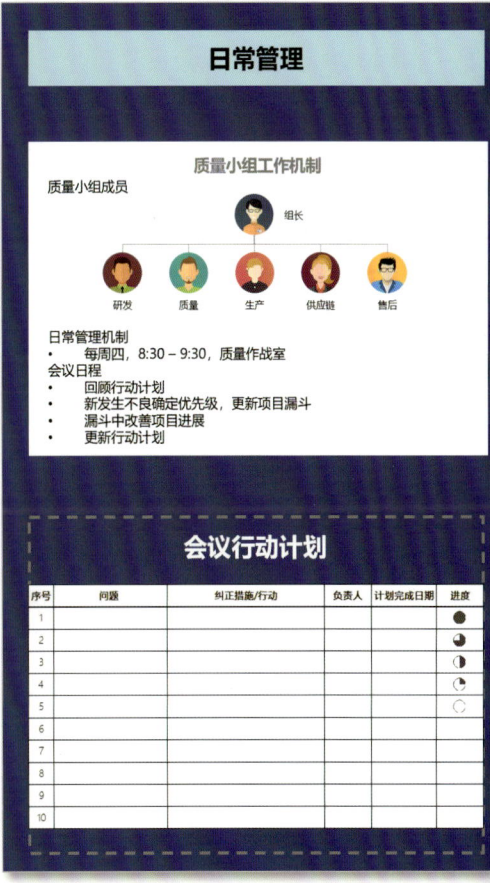

关于质量成本的那些事儿

我们所看到的产品表现出来的明显质量缺陷或故障，以及我们很容易直观感受到的质量成本，就如同冰山露出水面的部分。而在水面之下，是更加庞大的质量问题造成的成本。

显性成本
报废　检验　返工　售后
客户退货　……

显性原因
操作失误　材料缺陷　设计缺陷
工艺不当　发货错误　……

隐性成本
额外的生产资源投入
紧急给客户补货导致的插单影响
额外运费
丢失订单、丢失客户
导致生产周期变长
处理质量问题产生的差旅、加班
停线导致的等待
……

隐性原因
缺乏有效监督和控制机制
培训不足，员工缺乏解决问题的技能
不重视质量，质量给交付和成本让步
流程问题，无法有效识别和纠正缺陷
部门/客户间沟通不畅，信息传递错误
资源投入不足，缺乏必要的设备或人力
激励机制不当，不解决问题只隐瞒问题
……

质量成本分两大类——预防成本和补救成本。预防成本是指为了确保产品或服务达到质量标准而产生的成本，又分为预防成本和检定成本。补救成本是指由于产品或服务未达到质量标准而产生的成本，又分为内部不良成本和外部不良成本。

- 预防成本（prevention costs）：为了防止质量问题的发生而投入。包括质量策划、质量培训、流程设计和改进、供应商质量管理、防呆防错装置、预防性维护等。

- 检定成本（appraisal costs）：用于检测和评估产品或服务的质量。包括检验和测试、质量审核、检测设备和工具等。

- 内部不良成本（internal failure costs）：产品交付给客户之前所产生的。包括废品损失、返工费用、重新测试、材料损失、停工时间等。

- 外部不良成本（external failure costs）：产品交付给客户之后所产生的。包括保修维修费用、退货处理费用、产品召回费用、客户投诉处理费用、信誉损失、法律费用等。

质量成本到底有多高？下图是统计出来的企业的西格玛水平和质量成本之间的关系。

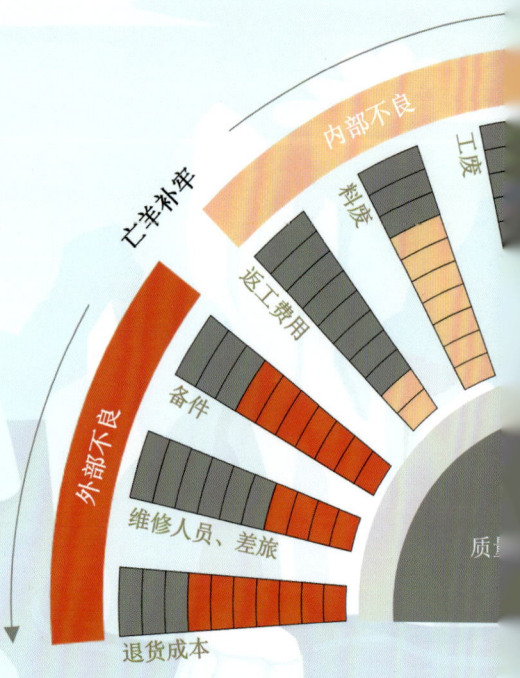

西格玛水平	缺陷率		质量成本占销售额比重	显性成本	隐性成本
6σ	3.4ppm	0.0003%	<10%	1%~2%	5%~8%
5σ	233ppm	0.02%	10%~15%	2%~5%	8%~12%
4σ	6210ppm	0.6%	15%~20%	4%~8%	11%~15%
3σ	66807ppm	6.7%	20%~30%	6%~10%	15%~20%
2σ	308537ppm	30.9%	30%~40%	10%~15%	20%~25%

　　质量成本数据能帮助企业更好地认识到现在的问题，帮助质量管理向正确方向前进。因此，要开始逐步建立起质量成本的数据统计、分析能力。

　　质量成本分为两大类、四小类，四小类里又有很多小小类。中小企业没有必要对所有成本进行统计和管控，尤其是隐性成本（如品牌影响、丢失潜在客户），统计成本高、准确度低。在初级阶段，按照右图所示

			现状	第一步	第二步
补救成本	外部不良成本	退货成本/维修人员及差旅/维修备件	40%	20%	10%
	内部不良成本	返工费用/材料报废/工费报废	35%	30%	20%
预防成本	预防成本	检验人员费用/三方审核认证费用/量检具测试设备	20%	20%	30%
	检定成本	防错装置、设备/质量管理人员费用/供应商质量管理	5%	30%	40%

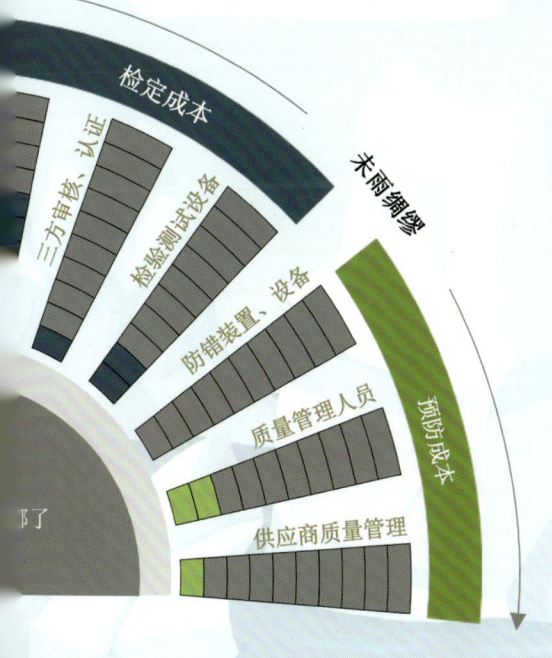

的这12小类进行质量成本的统计即可。控制总数、调整各项成本间的比例，把钱花在正确的地方。结构健康了，质量成本就会越来越低，质量就会逐步提高。

　　目前，绝大部分中小企业的质量成本是三七开，30%花在预防上，70%花在补救上。这是一个亡羊补牢的不健康的状态。

　　未来，先调整为五五开，50%花在预防上，50%花在补救上。然后在这个基础上进一步提升，变为七三开，70%预防，30%补救。

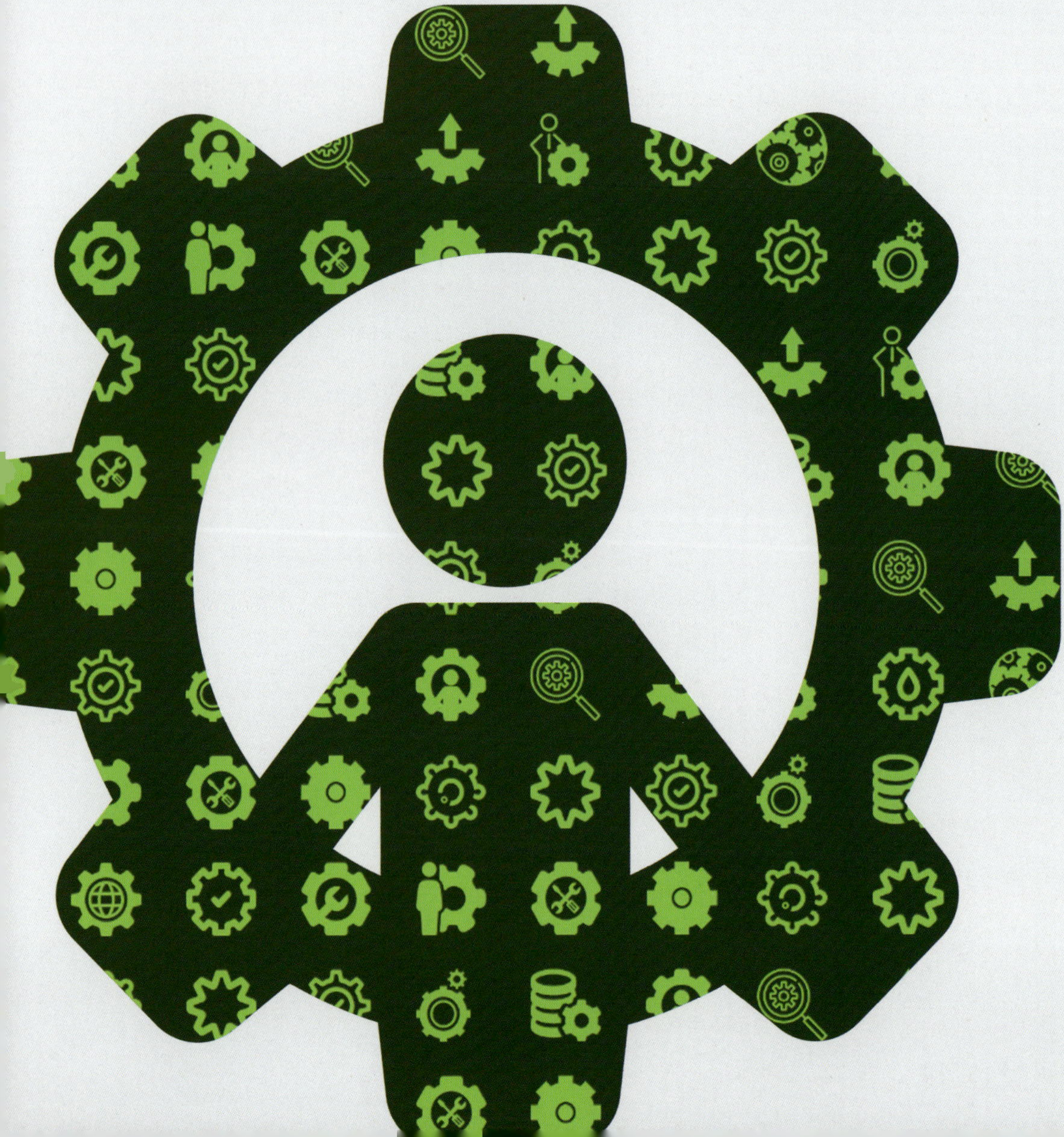

第八节
人力资源工作剧本

关于人力资源工作剧本

人力资源的工作就像一个米其林厨师，不光要会挑选好的食材，还要将各种味道融合在一起，产生化学反应，变成一锅好汤。也就是要让组织中的各种元素融合，让优秀的个体变为优秀的团队，发生 1+1>2 的变化。

"什么事说到底都是人的事。"这句话反映出很多中小企业在现实中的痛点。再聚焦的战略、再好的工具方法，如果没有好的团队，都很难落地。建立起优秀的团队，是中小企业发展过程中迈不过去的坎。我们在和众多中小企业接触的过程中，看到了一些普遍存在的问题和误区。

职责不健全。一些典型制造业应有的职责不健全，尤其是在质量、供应链、市场、研发管理等方面（可参见本节的制造业典型组织架构页）。很多老板认为，自己的公司小，所以不用搞那么复杂。公司小有小的做法，我们可以人数精炼，但是应有的岗位要有。也就是说，可以一个萝卜填多个坑。但是如果该有的坑没有，就说明一些重要职责无人负责。在企业发展和壮大的过程中，就很容易感觉团队战斗力不行。因此，提升团队战斗力，先从健全的职责开始。

认为事情做不好，都是基层员工的错。因为基层员工的意识不强、态度不端正、执行力不好、能力不够等，所以不断地在基层员工（包括生产一线和办公室基层员工）身上使劲，优化、培训、考核、激励，忙得不亦乐乎。这是一个认识的误区。大企业里最常说的一句话是，所有的问题，都是管理层的问题。出了问题，不是拿基层员工开刀，而是要从管理层找问题。俗话说，兵怂怂一个，将怂怂一窝。找到和培养出一个好将，可以把一个团队激活。因此，老板们和人力资源负责人，重心要放在如何不断提升管理层的能力上。不论是优化、培训、考核、激励，先从管理层入手。

人数不少，结构不好。我们之前提到过，一个高效的制造业企业的人效要做到至少 140 万元。目前，国内很大一批中小制造业企业的人效在五六十万元左右。其实，人效低只是浅层次的问题，深层次的问题是人员的结构失衡——在整体人员数量和人工成本中，基层、中层、高层之间的比例明显不合理。目前很多中小企业中层严重缺失，腰部力量不足，尤其是工程师（不仅是研发，工艺、制造、采购、测试、质量等，都有工程师岗位）、经理的数量和能力严重不足。要提升人效、提升工作质量，不能靠通过刺激一线员工多劳多得，而是要通过广大的工程师、经理团队多去动脑筋想办法。因此，人力资源在提升人效的过程中，不断优化人员结构，加强工程师、经理团队的力量。

做业务的时候是骨干，提拔起来却不会做管理。一些工作比较优秀、技术能力强的员工被提拔起来做管理岗位后，大部分很难实现从"把自己的工作做好"到"带着团队把工作做好"的转变。作为管理人员，一定要认识到，正确的工作顺序是先"管人"再"管事"。因此，人力资源的工作一要帮助新晋升的管理人员实现角色的转变，二要协助他们做好选用育留的工作。另外，要理解把自己的团队搭建好是每一位经理的职责。不论是在招聘过程中尽可能准确地识人，使其加入后更好地融入，还是工作中的发展培养，第一责任人都是"直线经理"，而不是人力资源。

认为目标达不成都是考核和激励机制没做好。我们在很多中小企业看到，每一年都要不断地调整考核和激励机制，考核越搞越复杂。有些极端情况，整个公司每个月都要花一个星期的时间做绩效考核，人力资源专员每个月要花 25 天的时间计算绩效工资。但是最后的结果不尽如人意。要想不断实现战略目标，对于团队来说，需要解决的问题是：①要做什么（战略方向和优先改善事项）；②用什么办法才能做好（标准作业和改善工具）；③ 怎么才算做好了（目标和考核机制）；④ 做好了有什么好处（激励机制）。如果我们把这四个问题的先后顺序弄颠倒了，不关注前两个，只一味在后两个问题上下功夫，就本末倒置了。

要解决这些现实问题，人力资源有很多具体的工作要做，但是最重要的是要深刻理解自己工作的目标和重心。人力资源工作的一切目的，都是帮助实现企业的战略目标。切莫围着锅台转，把自己定位成做事务性工作的服务部门。这就意味着，人力资源要深度参与和理解公司的战略方向、重心和目标，以及要实现这些目标存在的组织和人才方面的差距，围绕这些差距制定出自己的工作重心和优先改善事项。

围绕"一切为了实现战略目标"这个核心，人力资源的工作重心是一手抓组织，一手抓人才。

抓组织。一要健全职能，该有的都要有，职责清晰。二要层级精简、编制合理，保证腰部力量的建设。要想做好这两项工作，人力资源就要更深入地进入业务，对于理想的制造业的职能、编制、比例结构有清晰的认识；还要对公司的各项成本结构有了解，才能更好地判断如何进行编制的优化。

抓人才。抓人才的第一步，是要建立"用好料，才能煮好汤"的理念。识别优秀人才、不断优化团队，是最核心的工作。人力资源工作中的"选—用—育—留"是有顺序的，"选"要放在第一位。一方面保持团队的稳定性，不能人员大进大出；另一方面保证团队总有新鲜血液和活力注入，不能多年一潭死水。有了好料，再从建立良好的目标设定和绩效考核激励机制及人才培养和发展这三个方面把工作做好。总结来讲，抓人才的五项工作是：① 找到优秀人才；② 建立从战略目标出发的目标分解体系；③ 优化考核机制；④ 如何更好地激励；⑤ 围绕战略目标建立岗位胜任力，围绕胜任力进行人才培养。

人力资源工作剧本

人力资源工作剧本是帮助中小企业从组织、绩效、激励、人才及经营体系赋能办公室五大模块建立人力资源的基础架构,并围绕目标实现,持续整合和优化各个模块,帮助企业提升组织能力,打造一支能够在内部引领组织迎接挑战、在外部赋能其他组织的人才梯队的指导手册。

组织管理。从建立健全基本的组织架构,明确岗位职责开始,让企业能够正常运转。

绩效管理。要发挥好绩效目标作为指挥棒的作用,不让以KPI为核心的绩效考核变为掩盖问题、互相推诿的源头,而是让团队工作有更强目标感,更好地促进团队协同作战。如何协助业务部门合理设置团队的工作目标,并将工作目标转化为绩效考核,如何让绩效考核的结果更好地帮助团队提高业绩,是绩效管理的根本目的。

激励管理。对于所有的员工来说,大家需要知道"干什么""怎么干""干好了有什么好处"。目标管理帮助员工理解要干什么,工作剧本和标准作业帮助员工了解怎么干,激励管理就是闭环的最后一环,即干好了有什么好处。激励管理要同时通过岗位职级体系、薪酬体系,维护组织内收入的公平和客观。

人才管理。需要什么样的人才,如何找到、招到合适的人才,如何识别并培养梯队人才,直到建立起一支能打胜仗、懂方法论、能带队伍的赋能型团队,是人才管理的关键。

要建立经营体系,并让经营体系助力企业成长,就需要一支具备经营体系方法论和落地能力的团队,以及相应的工作机制。当企业发展到一定阶段,就需要建立对外赋能的能力,以支持外延式增长,并向客户端和供应链端输出能力。因此,赋能能力构成了人力资源体系的第五大支柱。这根支柱,也是赋能式经营体系的独特处之一。

	组织	
L3 对外赋能	集团组织架构	绩效
L2 人才管理	组织盘点	
	组织架构进阶版	绩效
L1 团队管理	典型制造业 人员结构 & 编制	全面
基础搭建	典型制造业 组织架构	绩效
	典型制造业 岗位职责 & 边界	

人力资源体系建设阶段的维度，分为搭建基础管理、做好团队管理和人才发展三个阶段。

搭建基础管理阶段，让企业的基本运转有保障。人力资源的核心任务是让企业像一部机器一样正常地运转起来。每一个齿轮都不能缺，每一个齿轮都知道自己转动的方向。"挖好坑"，"找到萝卜"。

做好团队管理阶段，让企业运转顺畅，实现稳步提升。人力资源的核心任务，是通过体系的搭建，创造一个透明、公正、人人觉得有奔头的工作环境，从而提升团队的整体作战能力。在这个阶段，不仅要"找到萝卜"，而且要明确需要什么样的"萝卜"，怎么提升能力，怎么提升业绩，怎么按功分配。

人才发展阶段，挖掘优秀人才，实现企业突破成长。团队整体能力的提升，能帮助企业稳步、有预见性地提升。但是，"武林高手"会帮企业实现创新、突破、高速增长。这个阶段人力资源的核心任务是挖掘高潜质人才，将高潜质人才送上成长轨道和关键岗位；协助所有管理和关键岗位，识别和培养梯队人才，打造一支具备突破创新和赋能能力的团队。

在企业的不同发展阶段，人力资源的工作重心和使用的方法工具不同，能够达到的效果也不同。因材施教，既要知道做好人力资源工作的全景是什么，又要扎实做好每一个阶段的工作。地基打牢了，才有盖成摩天大楼的可能。

因此，中小企业的人力资源要逐渐摆脱过去"人事部"忙于招聘、入职、记考勤、发工资等事务性工作的定位，真正站在帮助企业成长的角度，搭建优秀团队。

激励	人才	赋能能力
员工持股计划（ESOP）	高潜人才图谱 & 发展计划	赋能团队输出计划
	人才梯队 & 发展计划	
全面薪酬	新经理培养计划	赋能团队胜任力 & 发展计划
	领导力模型 & 发展计划	
薪酬体系 & 带宽	员工培训体系	经营体系黑带认证程序
岗位价值 & 职级体系	岗位胜任力模型 & 发展计划	
激励计划	招聘流程、策略和有效性	组建赋能办
	结构化面试	

中小制造企业典型组织架构案例

1. 通用工业品中小制造企业典型

以通用工业产品、零部件的销售、研发和生产为主业的中小企业，生产环节比较重要，重心在效率提升。典型的盈利和人员结构是：年销售额 2.3 亿元，毛利率 40%，营业利润率 20%，员工 160 人，人效 140 万元。

销售收入	2.3 亿元	
原材料	50%	
直接人工	3.5%	70 人
制造费用	6.5%	30 人
毛利率	40%	
管理费用	8%	20 人
营销费用	8%	27 人
研发费用	4%	13 人
营业利润率	20%	

* 市场、销售、售前、售后人员计入销售费用。生产、质量、供应链、生产计划、工艺、设备设施、ESH 人员计入制造费用；IT、财务、人力行政人员计入管理费用。

* 离散型和连续型制造企业的直接人工与制造费用间的比例会有较大差异。离散型通常直接人工 > 制造费用，连续型通常制造费用 > 直接人工

副总

- 市场部 编制:2
  - 市场推广 ×1
- 销售部 编制:15
  - 大客户销售 ×10
  - 渠道销售 ×2
  - 海外销售 ×1
  - 销售运营 ×1
- 售前技术部 编制:4
  - 技术支持 ×3
- 售后服务部 编制:6
  - 售后服务 ×5
- 研发技术部 编制:15
  - 新产品开发 ×6
  - 产品改 ×5
  - 测试 ×2
  - 专利三方认 ×1

2. 高科技中小制造企业典型

以高科技产品、零部件的销售、研发和生产为主业的中小企业，重心在产品创新研发、市场营销，生产以组装、测试为主。典型的盈利和人员结构是：年销售额 2.3 亿元，毛利率 60%，营业利润率 30%，员工 160 人，人效 140 万元。

销售收入	2.3 亿元	
原材料	30%	
直接人工	2.5%	45 人
制造费用	7.5%	35 人
毛利率	60%	
管理费用	10%	20 人
营销费用	12%	30 人
研发费用	8%	30 人
营业利润率	30%	

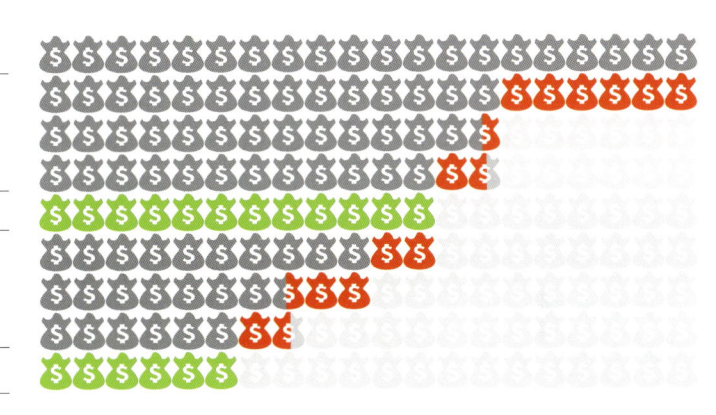

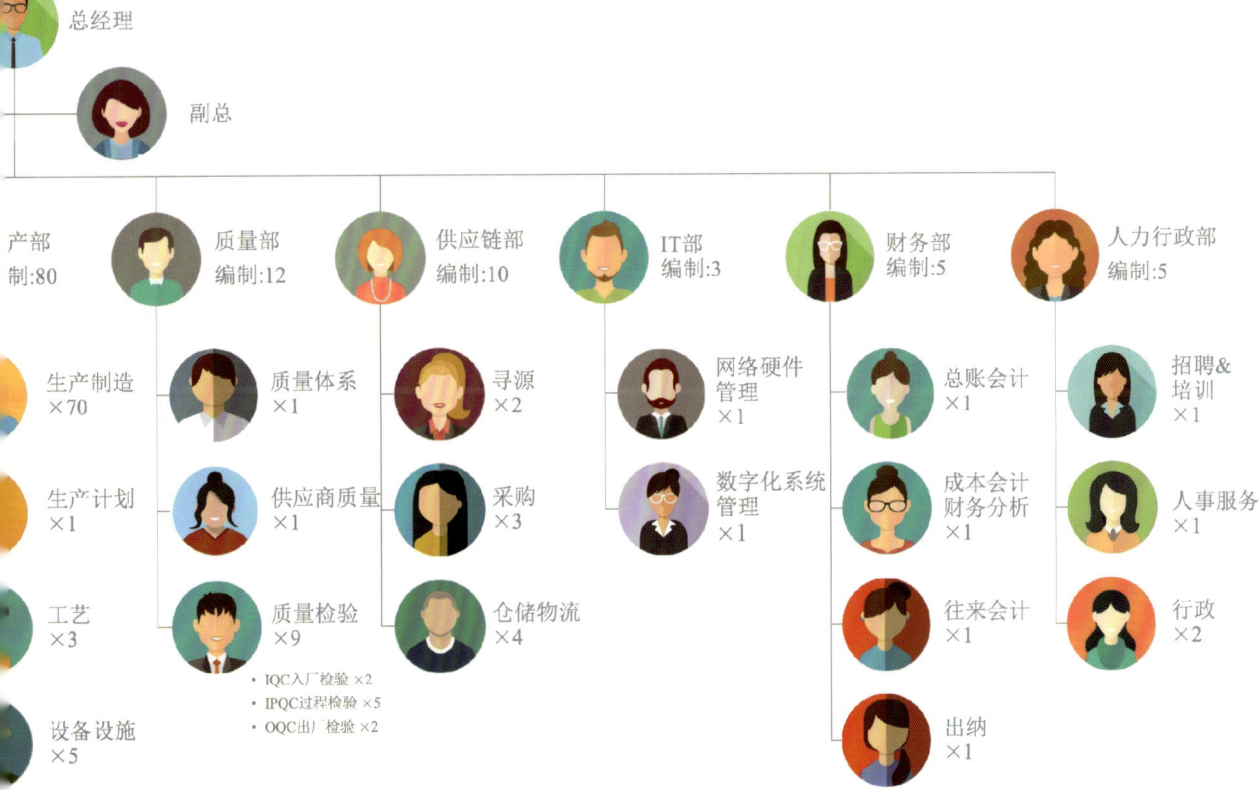

组织架构：

- 总经理
  - 副总
    - 生产部 编制:80
      - 生产制造 ×70
      - 生产计划 ×1
      - 工艺 ×3
      - 设备设施 ×5
      - ESH ×1
    - 质量部 编制:12
      - 质量体系 ×1
      - 供应商质量 ×1
      - 质量检验 ×9
        - IQC 入厂检验 ×2
        - IPQC 过程检验 ×5
        - OQC 出厂检验 ×2
    - 供应链部 编制:10
      - 寻源 ×2
      - 采购 ×3
      - 仓储物流 ×4
    - IT部 编制:3
      - 网络硬件管理 ×1
      - 数字化系统管理 ×1
    - 财务部 编制:5
      - 总账会计 ×1
      - 成本会计财务分析 ×1
      - 往来会计 ×1
      - 出纳 ×1
    - 人力行政部 编制:5
      - 招聘&培训 ×1
      - 人事服务 ×1
      - 行政 ×2

玩转 KPI

1.KPI 的是与不是

KPI 是利器。应用得当，可以增强团队目标感，提升内驱力，形成不断暴露问题、齐心协力解决问题的积极氛围；应用不当，则会造成互相推诿，忙于掩盖问题，内耗，业绩滑坡。

KPI 是什么
- ✓ 用于衡量企业和组织的成长，给团队更强目标感
- ✓ 部门的 KPI 是自上而下，从公司战略目标分解而来
- ✓ KPI 用于暴露问题，充分暴露问题才能解决问题
- ✓ KPI 指标需要一个负责人统筹协调
- ✓ 关注趋势，把时间用于分析、解决问题
- ✓ 任何 KPI 都要靠团队协作，与其划清责任不如跨部门合作

KPI 不是什么
- ✗ 考核员工工作是否认真尽责，用来奖罚员工
- ✗ 各个部门自己上报 KPI，自己报的自己可控
- ✗ 所有的 KPI 都必须达标，否则说明我们不够努力
- ✗ 一个 KPI 有几个负责人，分头各干各的
- ✗ 花大量时间在统计计算数据上，一定要精准
- ✗ 为了划清部门责任，KPI 拆得越细越好，各管一摊

制造业企业的工作，包括七大任务：安全、质量、交付、成本、创新、增长、组织人才。围绕这七大任务，分别列出了常用的 KPI 指标。

*红色字体的为 CVD 指标

交付
订单准交率
内部工序准交率
项目订单进度完成率
平均交货期（天）
供应商准交率
平均故障间隔时间MTBF
平均故障修理时间MTTR
售后服务响应时间

质量
外部不良率
供应商质量
开箱不良率
工序一次通过率
终检一次合格率
售后一次结单率
质量问题90天关闭率

安全
安全事故和事件数
抓工事故率
安全隐患整改率

日常管理

D Q S

2. KPI 的数量与权重

设置 KPI 时，每个部门、每个岗位的 KPI 数量不要大于 5 个。KPI 太多，工作就会失去方向和重心，眉毛胡子一把抓。

当把 KPI 应用于绩效考核时，要为每个 KPI 设置打分权重。每个 KPI 的权重不超过 50%，不低于 15%。如果超出这个权重范围，KPI 的绩效考核就会失效。

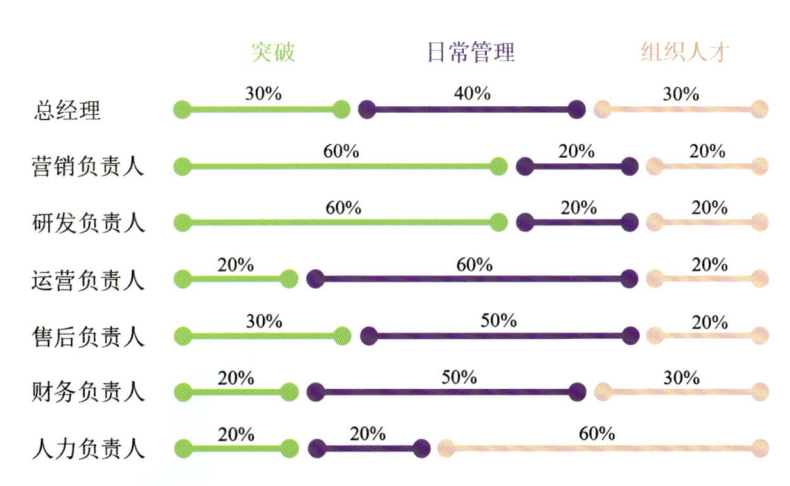

	突破	日常管理	组织人才
总经理	30%	40%	30%
营销负责人	60%	20%	20%
研发负责人	60%	20%	20%
运营负责人	20%	60%	20%
售后负责人	30%	50%	20%
财务负责人	20%	50%	30%
人力负责人	20%	20%	60%

我们把制造业企业七大任务常用的 KPI 指标，分为突破、日常管理和组织人才三类。不同职能部门负责人，在设置 KPI 权重时结构不同。权重反映了团队工作重心的不同。

成本
- 营运资金周转率
- 采购成本降低
- VAVE 成本降低
- 生产效率 UPPH
- 关键设备 OEE
- 库存周转率
- 收账款回款天数
- 付账款支付天数

创新
- 新产品销售增量贡献额
- 新产品活力指数
- 项目池增量销售额
- 新产品上市准时率
- 项目里程碑节点准时率
- 研发项目投资回报率
- 新产品毛利率

增长
- 主营业务销售收入
- 营业利润率
- 销售价格实现
- 新客户活力指数
- 销售漏斗大小
- 销售机会赢单率
- 大客户销售额占比
- 每客户平均销售额

组织人才
- 员工主动离职率
- 岗位内部充实率
- 人才梯队空白率
- 发展计划完成率
- 职位平均到岗时间
- 大天招聘到岗率
- 试用期留存率

培养战斗团队——胜任力与发展计划

1. 什么是胜任力

胜任力是指一个人在岗位上成功完成工作、达成目标所需要的技能和能力。包含以下两方面：

硬能力，包含完成本职工作所要具备的专业知识（如对行业和产品技术的了解）、专业技能（如谈判能力、价值销售能力）；也包含为了能达到高目标所需掌握的改善工具，也就是经营体系工具箱（如价值销售）。

软能力，是指不论是否拥有行政职权或地位，都能激发和引领他人，以达成共同目标的能力。

不论是硬能力还是软能力，都需要在工作的过程中不断培养和提升。作为中小企业，一定不能为了培养而培养，一切都要围绕着战略目标的实现，围绕着经营体系的工具方法来培养；同时，有重点地培养赋能办、梯队人才、高潜人才。

2. 如何培养胜任力

团队能力培养遵循 7-2-1 原则。10% 的部分在"教中学"，从书本、老师处学习与达成工作目标相关的知识；20% 的部分在"练中学"，在导师的指导下完成工作，在与同事和专家的交流、反馈中学习技能；70% 的部分在"干中学"，在实际工作中应用知识和工具方法，沿着目标不断点检差距、解决问题，在解决问题中提升能力。

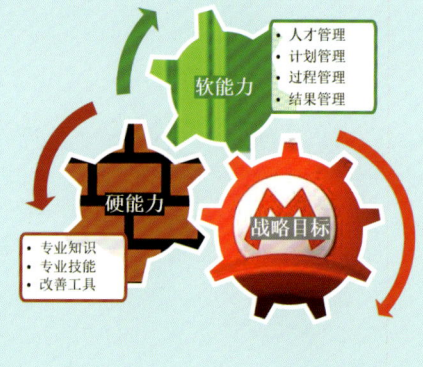

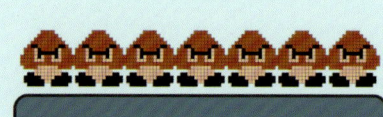

- 软能力
  - 人才管理
  - 计划管理
  - 过程管理
  - 结果管理
- 硬能力
  - 专业知识
  - 专业技能
  - 改善工具
- 战略目标

| 70% 干中学 | 20% 练中学 | 10% 教中学 |

自我引领
正向思维
行动致胜
专业敬业

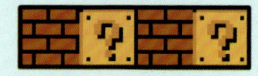

引众人行
团队致胜
勇于担当
积极沟通

3. 提升软能力

软能力的提升分为两个阶段、五个阶梯。

自我管理阶段
- 自我引领：作为一名员工，负责本岗位具体工作，对自己的业绩负责。
- 引众人行：作为一名员工或项目经理，对自己的业绩负责的同时，带动引领他人达成共同目标。

团队管理阶段
- 引领团队：晋升为一个职能部门的经理，负责部门的管理，对本部门的业绩负责。
- 引领协作：作为一名总监、厂长或副总，负责管理一个职能板块，对本职能板块的业绩负责。
- 引领全局：作为一名总经理，对业务整体管理，对业务的盈亏负责。

软能力提升分四个维度，分别是人才（people）、计划（plan）、过程（process）和结果（performance），也叫4P模型。在自我管理阶段和团队管理阶段，侧重点不同，胜任力的定义和培养路径也相应不同：

	自我管理	团队管理
人才	勇于担当，团队制胜，不断学习	搭建团队，为人师表，积极沟通，培养下属
计划	设定个人工作重心和计划，合理分配时间	设定团队目标，分配资源，推动优先改善事项
过程	质量第一，使用工具做改善	以经营体系方法论展开工作，做好团队变革管理，推动问题解决
结果	尽职尽责，按时按质完成本职工作	以结果为导向带领团队工作，不断提升标准

自我管理阶段和团队管理阶段，对于员工来说是一个分水岭。专业技术好，并不一定能做好管理者。因此，中小企业要特别重视并帮助员工，完成从个体工作者向团队管理者的角色转变和培养。

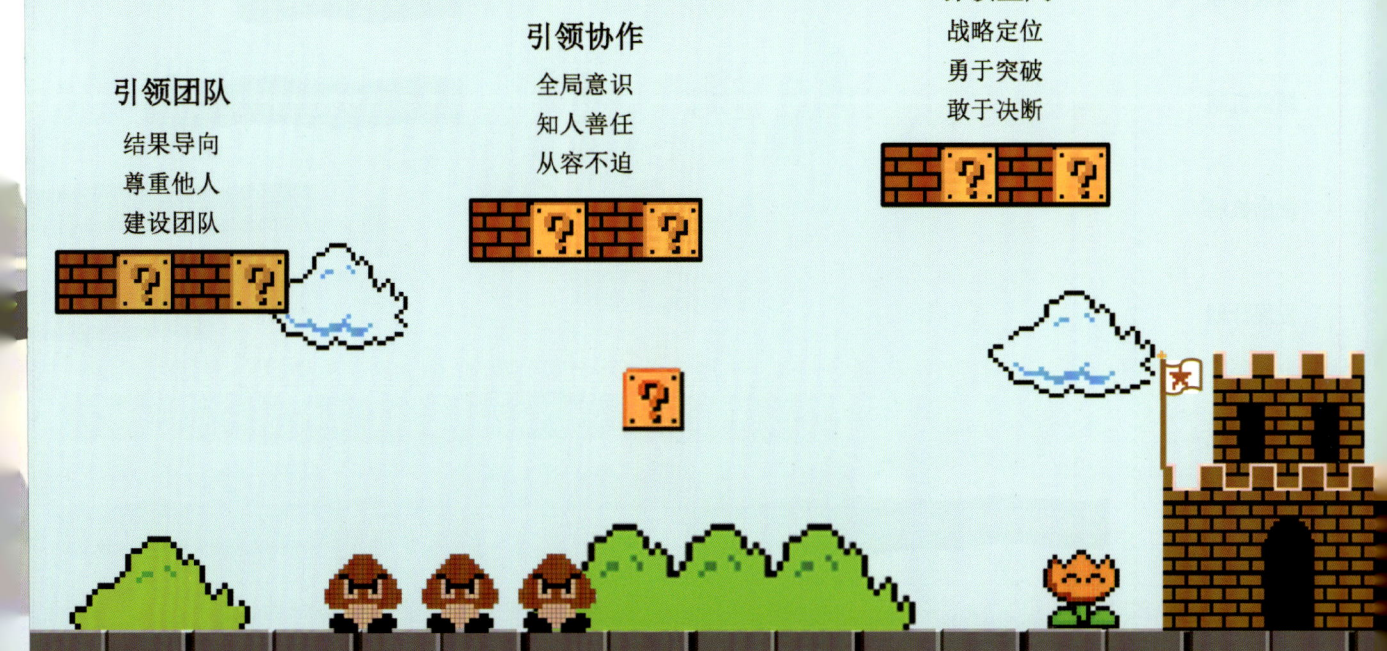

引领团队
结果导向
尊重他人
建设团队

引领协作
全局意识
知人善任
从容不迫

引领全局
战略定位
勇于突破
敢于决断

关于财务工作剧本

	财务核算	内部控制	业财融合
高级魔法	核算体系	业务循环风险识别 / 内部控制措施控制	战略规划模型 / 重大决策分析 / 管理指标体系设计 / 投融资管理
中级魔法	标准结账流程及时间表	账龄、库龄风险应对 / 资产负债表科目审核 / 建立公司审批权限	资本支出分析与决策 / 项目管理 / 全面成本管理 / 现金流预测
初级魔法	核算科目标准化 / 核算文件标准化 / 核算内容标准化	应收、应付管理 / 存货盘点及差异分析 / 不相容职责分离 / 固定资产盘点和差异分析 / 现金及银行存款控制	绩效激励预算管理 / 营运资金预算管理 / 财务利润预算管理 / 报价模型&管理
魔法入门	账实相符 / 凭证的编制和支撑 / 权责发生制	印章管理 / 银行账户及U盾管理 / 合同和文档管理	

第三章 中小制造企业赋能式经营工作剧本

目视化信息化

- 过程管理报表
- 建立管理报告
- 报表、总账、明细账、科目余额表

集团管理

- 集团内审体系
- 集团预算管理
- 资金管理中心
- 集团财务共享中心
- 集团核算制度
- 集团核算报告

团队成长

- 战略支撑能力建设
- 体系建立
- 财务团队绩效管理
- 业务伙伴能力建设
- 岗位工作标准化
- 岗位及职责

做好业务的伙伴

财务做好业务伙伴，就是帮助业务提供充足的数据支持、数据分析，通过数据发现问题，找到改善方向，为业务决策提供依据、提供建议。

结合公司实际，在资源有限的前提下，找到改善重点，让"钱"和"时间"花在刀刃上。

提升的领域			财务分析暴露问题、找到机会
开源	销售额	销售目标达成	·分析销售目标实现差距原因及促进销售达成的关键因素
	价格	提升销售价格（或项目毛利率）	·分析价格实现率（或项目毛利率），找到洼地
	组合	优化产品组合/客户结构	·分析每月产品组合、客户结构
节流	料	原材料降本	·根据降本漏斗分析降本目标达成可能性 ·制定原材料标准成本，分析实际成本和标准成本差异分析
		降低物料损耗	·分析物料领用数据及产成品成本，分析BOM准确性和损耗变动 ·分析各工序的质量返工/报废成本数据
	直接人工	提升生产效率	·通过追踪分析实际工时和标准工时差异，找到改善方向
	制造费用	降低单位产品水电气等消耗量	·追踪分析单位产品水电气消耗量 ·追踪分析各区域/车间/工序水电气成本趋势
		降低单位产品机物料消耗量	·追踪分析单位产品机物料消耗量 ·分析高采购额的机物料单品的单价变动
		提升坪效（减少占地面积）	·追踪分析坪效、库存（成品、原材料、在制品）、设备利用率
	三项费用	提升销售人效	·分析销售人效
		降低非必要业务费用	·费用实际和预算对比分析，业务费用和投资回报分析
		提升研发投资回报率	·分析研发项目的投资回报率分析
资金	应收	缩短应收周期	·应收账款账龄分析，业务/客户组合分析
		降低超期应收/呆坏账	·超期应收/呆坏账分析
	应付	拉长应付周期	·付款周期分析，找到各供应商付款周期的改进点
	库存	降低库存金额/提升周转次数	·分析影响库存周转次数的关键因素
		降低呆滞慢流库存	·呆滞慢流库存分析
	现金流	经营性现金流为正 固定资产采购决策	·通过现金流分析，找到主要经营流入流出项目以及影响因素 ·固定资产投入产出及净现值分析，支撑经营决策

对于中小企业的财务来说，要从传统的会计角色，转换为业务伙伴的角色，我们就要帮助促进销售增长、利润率提升、现金流健康。做好这个业务伙伴，我们应从3个方面入手：① 深入理解提升销售、利润率和资金周转率，要从哪些方面提升；② 财务通过数据分析，帮助业务部门暴露问题、找到机会；③ 从财务的角度推动业务部门改善。

财务推动后续改善

- 确保销售漏斗实时更新，漏斗池中项目足以支撑年度目标，营销部门持续追踪漏斗 4S 健康度
- 针对细分市场策略、客户分级，制定标准销售价格和相应的折扣政策
- 确保公司内部的报价和审批流程能够有效管控价格，通过价值销售工具不断提升价格实现率
- 通过分析找到产品或客户结构最优组合，并推动销售激励政策优化，以实现最优组合
- 确保降本漏斗定期更新（月度），漏斗池中项目足以支撑年度降本目标，并追踪漏斗项目的实现
- 定期关注大宗商品的价格趋势，与采购价格不符时，问为什么
- 推动 BOM 准确性不断提高，物料领用和管理流程优化，生产部门对物料损耗有追踪和改善计划
- 通过对质量成本的核算，推动质量改善和提升，找到最佳质量成本控制点
- 协助建立标准工时，推动生产部门建立效率提升目标，不断追踪工时差异，并制订改善计划
- 推动生产部门各层级的激励机制优化，让激励机制与生产效率提升挂钩
- 推动设备技改项目的立项和执行
- 确保生产部门建立设备稼动率提升、水电气消耗量降低的目标，并制订改善计划
- 确保机物料领用、寿命管理等的管理流程完善
- 机物料的采购纳入公司的采购管理流程，机物料的降本包含在年度降本漏斗中
- 推动库存周转率持续提升，确保呆滞慢流库存的及时处理
- 确保生产部门有设备利用率的追踪和提升改善计划
- 推动营销部门人员编制优化，绩效优胜劣汰制度落地
- 建立年度费用预算，建立内部控制流程，推动业务费用的合理化、合规化
- 参与项目立项评审，推动立项阶段的市场预期和投资回报分析
- 推动建立基于销售额、毛利、回款以及超期应收/呆坏账的客户分级和信用评价体系
- 目视化看板提前预警超期应收账款
- 推动客户对账、开票、催收流程的优化
- 推动供应商评级和风险评估体系的建立，确保供应商付款周期与供应商策略和重要性一致
- 平衡供应商交付的质量、准交率、价格和付款周期
- 推动建立成品、原材料的安全库存备库规则
- 确保销售、生产、采购部门都关注（或与绩效挂钩）库存降低目标，并有有效的改善计划
- 目视化看板提前预警呆滞、慢流库存，确保库存处理有负责人、行动计划
- 建立现金流预算、预测、应急处理流程，并推动审批、付款流程改善
- 制定固定资产投资采购的投资回报分析方法和流程，确保添置的必要性

做好销售业绩分析

销售额目标的达成，是所有目标中最重要的。销售目标达不成，利润目标就难达成。销售目标达不成，内部的各项成本、费用就要有相应的调整机制。因此，对于财务来说，找到影响销售收入的关键因素，进行销售收入预测，分析销售额达成的可能性，提前发出预警，让业务可以及时调整、补漏，推动业务实现增长，是很重要的。

	项目类	高复购产品	
业务特点	·单个项目金额大，谈成一个管几年 ·周期长：好不容易谈成了，交付不完，白白搭上了人力物力	·进去难（成为供应商难），进入周期长 ·老客户占比高，销售容易躺平，逐渐变成下单员、跟单员，不开发新客户 ·业务相对稳定	·一锤 ·业务
达成目标的关键点	·未完工合同：交付周期的长短，当年可以确认收入的比例 ·新签合同：当年新签总金额够不够；新合同的平均金额是否够大；当年可以确认收入的比例	·老客户：大客户的订单是否够多；我们在客户处采购份额的变化 ·新机会：是否把太多的宝押在新机会上了；是否有足够的新客户、新产品机会；新机会的转化时长、成功率	·老客 ·新机 会；
财务分析的重点	·新签合同的总金额、平均合同大小 ·当年新合同的当年转化率 ·合同的平均交付周期、按期交付率	·大客户订单完成情况 ·漏斗中有效新机会的金额、转化时间	·漏斗
推动改善方向	·推动销售漏斗中有效线索的金额 ·通过推动销售过程管理提升赢单率 ·通过项目管理缩短合同的交付周期	·通过核心客户管理，提高老客户的采购额占比 ·推动销售漏斗中有效新机会的金额 ·销售激励机制能有效激励新机会开发	·推动 ·通过 ·通过

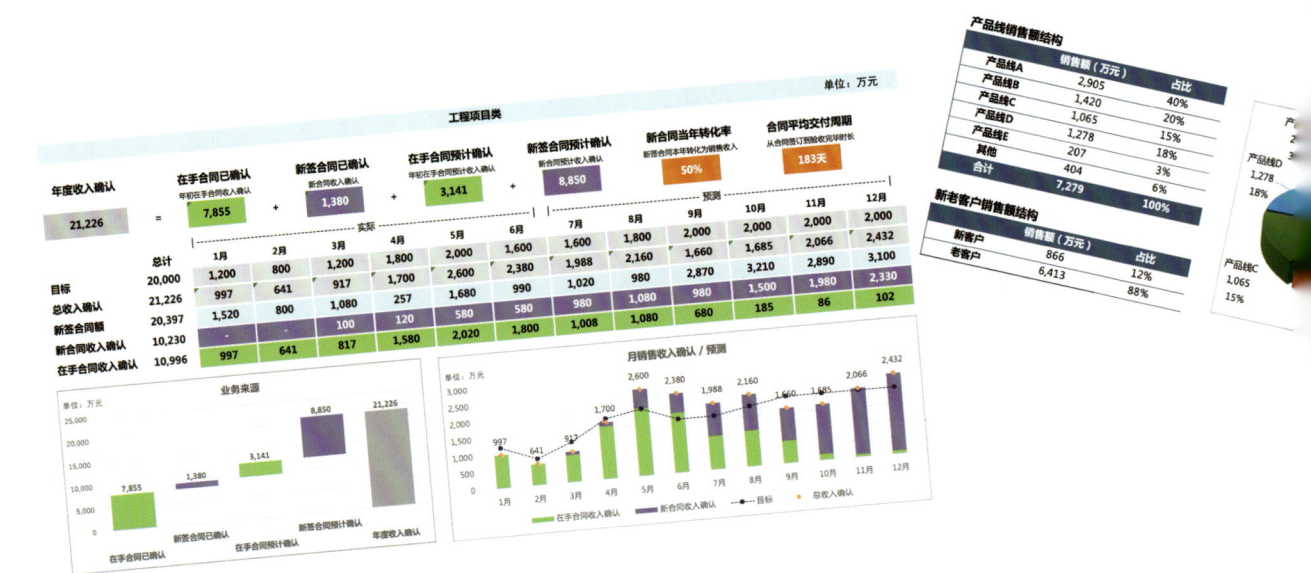

第三章 中小制造企业赋能式经营工作剧本

不同的业务类型，企业不同发展阶段、不同客户类型，影响销售额达成的关键因素就不一样。要分析目标达成的可能性的角度不同。我们拿三种典型的业务类型（项目类、低复购设备类、高复购材料零件类）来分别看看，财务通常要从哪些角度来分析业绩目标达成的可能性，要从哪些地方推动目标达成。（＊本页的分析表格可以在附录中找到）

低复购产品

，永远要开发新客户、新项目
稳定

否能通过售后服务产生销售额
否有足够的新客户、新产品机
的转化时长、成功率

新机会的金额、转化时间

斗中有效线索的金额
售过程管理提升赢单率
理缩短合同的交付周期

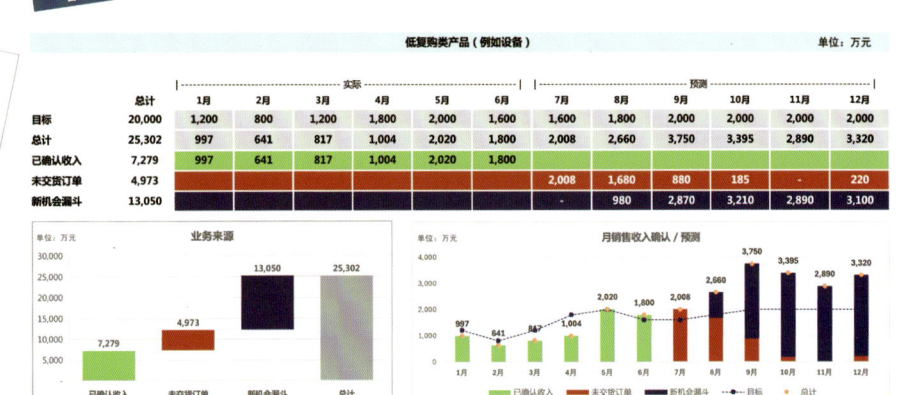

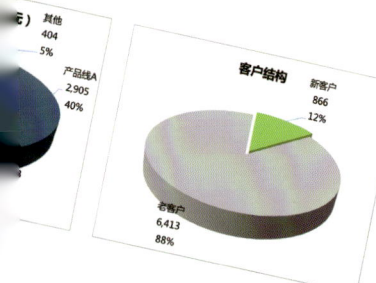

高复购类产品（例如，原材料或零件，已进入客户认证供应商，客户逐月按计划下单） 单位：万元

				实际						预测			
	总计	1月	2月	3月	4月	5月	6月	7月	8月	9月	10月	11月	12月
计划	20,000	1,200	800	1,200	1,800	2,000	1,600	1,600	1,800	2,000	2,000	2,000	2,000
总计	22,055	997	641	817	1,004	2,020	1,800	2,038	2,340	2,790	2,580	2,800	2,228
已确认收入	7,279	997	641	817	1,004	2,020	1,800						
未交货订单	738							1,600	1,800	2,000	2,000	2,000	2,000
老客户预测	11,000							388	220	80	50		
新机会漏斗	3,038							1,400	1,600	1,850	1,850	2,200	2,100
								250	520	860	680	600	128

客户&产品结构

TOP 10 客户销售额（万元）	实际销售额	占比	预计年销售额
客户		25%	3,000
客户1	1,840	11%	2,800
客户2	812	15%	2,000
客户3	1,108	8%	1,600
客户4	595	8%	1,000
客户5	575	6%	800
客户6	426	4%	800
客户7	298	3%	500
客户8	199	3%	500
客户9	195	2%	500
客户10	170	15%	3,500
其他	1,061	100%	20,000
合计	7,279		

低复购类产品（例如设备） 单位：万元

				实际						预测			
	总计	1月	2月	3月	4月	5月	6月	7月	8月	9月	10月	11月	12月
目标	20,000	1,200	800	1,200	1,800	2,000	1,600	1,600	1,800	2,000	2,000	2,000	2,000
总计	25,302	997	641	817	1,004	2,020	1,800	2,008	2,660	3,750	3,395	2,890	3,320
已确认收入	7,279	997	641	817	1,004	2,020	1,800						
未交货订单	4,973							2,008	1,680	880	185	-	220
新机会漏斗	13,050							-	980	2,870	3,210	2,890	3,100

促进销售业绩达成

前面已介绍了从财务作为业务的伙伴的角度,如何去分析销售额达成的确定性,以及推动改善的方向。但是当销售额没有达成时,财务通常束手无策。

在中小企业里,财务经常碰到两种常见问题:

1. 销售部主要关注的是这个月拿了多少订单、签了多少合同,但是真说起销售额(财务口径确认的销售收入),大家就有点糊涂了,跟财务之间的数永远对不上,弄不清财务报表上的销售额是怎么来的。很多公司给销售计算销售目标完成时,只要拿到了订单就算,或者只要中了标签订了合同就算。到底交没交付,财务能不能确认收入,跟销售无关。

2. 销售分析没达标的原因往往是老四样:一是某某销售能力差,行动措施就是提升销售能力;二是某某客户本月项目计划延迟了,措施就是等客户下个月招标;三是价格太高,某某客户不接受;四是产品质量不好,卖不出去。

遇到这些情况时,财务到底能做些什么呢?

	销售订单		生产制造产品		收入确认
计划	上月 2000万元	假设一个月的生产制造周期	当月 2000万元	假设发货后当月就能确认收入	当月 2000万元
情况1	上月 2200万元	500万元订单没生产出来,好不容易拿来的订单又被客户取消了,好伤心	当月 1700万元	有100万元产品出货了,被客户退回来了,又没确认为销售额	当月 1600万元
情况2	上月 1700万元	销售订单几乎都交付了,还没完成任务明显是订单不足	当月 1600万元	做出来的产品这个月全部发货了,也确认销售收入了	当月 1600万元

情况1:因为生产交付不了,影响了销售额,财务能怎么办呢?

① 看看运营部门用PSP问题解决法,用柏拉图找到交不上货的根本原因了吗?一般来说,最常见的原因有:
- 明明总产能是够的,就是计划排不明白,导致大量在制品堆积,成品入不了库。
- 出现了质量问题,发生返工返修报废。
- 缺料,有计划的原因、供应商的原因、物料质量的原因……总之,是供应链管理的问题。
- 设备故障,异常停机多,导致预期产出不足。
- ……

② 短期,看看运营部门有没有在工具箱里选择相应的工具,按柏拉图的分析结果,解决最主要的矛盾;是不是作了跨部门的改善活动,有针对性地解决问题了。

③ 长期,要想让交付不断提升,就需要用价值流分析、质量全景图的工具,定期俯瞰全局,找到改善点,制订提升计划,逐个击破。

首先，财务需要帮助销售部门搞清楚，财务口径的销售收入确认是如何计算的。因为财务口径的销售收入确认才是销售额的唯一口径。如果一个业务不能最终反映到财务报表上，销售部门自己算得再热闹，对公司也没有意义。公司销售额这项指标的统计必须是财务口径，目标完成情况的数据来源必须是财务。

其次，作为业务的伙伴，财务需要从数据的角度分析出来，销售额没达标，到底是哪里出了缺口：是有效的销售线索不够多，还是线索的转化成功率不够高；是订单足够多，但是交不上货（或项目交付不了），还是订单不够……知道缺口在哪里了，才有可能知道从哪里补，才有可能更好地预判未来目标达成的可能性有多高。对于财务来说，更好地预判销售目标达成的可能性，就有可能对各项成本、费用、库存、现金流等作预先的规划和控制。

最后，作为业务的伙伴，财务需要知道经验体系的工具箱里都有哪些工具，能针对性地解决哪些问题。譬如，作为财务，不需要精通"价值销售"这个工具本身，但是需要了解价值销售能够帮助避免价格战，提升价格实现率。只有这样，在和业务部门进行沟通的时候，才不会被"忽悠"，不会被怼得哑口无言。

做好上述三点，财务就能做好业务的伙伴，促进销售业绩的达成。

情况2：订单不够，财务怎么办呢？

① 看看企业属于哪种业务类型——"高复购""低复购""项目类"，根据上一页的内容初步分析目标未达成的问题在哪儿，未来达标的风险点在哪儿。
② 看看营销部门，有没有使用以下基础的管理和改善工具，有针对性地解决问题。
③ 看看并挑战营销部门的改善（如销售漏斗）输出结果，是否足以支撑销售额目标达成。

	找不到新客户	销售线索不足	机会转化率低	管理透明度低	大客户攻不下
市场分析	●	○			
创新营销	○	●			
线索管理	○	●			
核心客户管理	●				●
客户需求洞察			●	○	●
大客户开发				○	●
投标流程&应标技巧			●		●
销售漏斗管理			●	●	○
销售标准工作			○		○
销售日常管理					
销售胜任力模型			○		○

降本增效

一说到降本增效，很多人的理解就是"砍"——砍成本、砍费用、砍人头、多加班。因此财务部门就会开始卡报销、卡加班费……但是公司的效益也没有提升。这是因为我们误解了降本增效的真正含义。

1. 降本增效的真正含义是什么？

降本：降低的是浪费，减少不必要、不合理的支出。增效：通过流程、工作方法的优化，提高效率。

2. 作为财务，如何才能帮助公司降本增效？

首先要深刻地理解，对于企业来说，资源有限。如果天天搞精益，却不从公司全局和战略目标出发，找不到关键点，大量工作就会流于形式，真正能降本增效的地方又没有深入。财务要通过数据分析，找到改善机会和重点项目，推动业务部门把改善做深做透；然后，通过数据持续跟踪效果，确保所有的改善都能反映到公司的财务报表中来。

用一句话来说：所有反映不到财务报表中的降本增效改善，都是"伪改善"。

3. 如何从数据分析找改善机会、重点项目？

第一步，通过成本费用结构拆解，找到第一层重点项目。如下图例子，我们发现，所有成本费用项目中，最大的两项支出是原材料和固定制造费用。第二步，沿着原材料和固定制造费用继续深挖。

单位：万元	去年同期		本月		年初至今累计	
销售额	6,826		1,250		7,279	
原材料	3,180	46.6%	550	44.0%	3,107	42.7%
直接人工	537	7.9%	73	5.8%	431	5.9%
可变	679	9.9%	129	10.3%	582	8.0%
水电气	582	8.5%	100	8.0%	491	6.7%
低值易耗品	69	1.0%	18	1.4%	63	0.9%
设备维保	29	0.4%	11	0.9%	27	0.4%
其他可变制造费用	-	-	-	-	-	-
固定	705	10.3%	171	13.7%	933	12.8%
生产辅助人员	95	1.4%	28	2.2%	95	1.3%
折旧	605	8.9%	139	11.1%	834	11.5%
其他固定制造费用	4	0.1%	4	0.3%	4	0.1%
毛利	1,725	25.3%	328	26.2%	2,226	30.6%
销售	264	3.9%	51	4.1%	275	3.8%
管理	355	5.2%	45	3.6%	270	3.7%
研发	254	3.7%	34	2.7%	190	2.6%
财务	106	1.6%	16	1.3%	107	1.5%
营业	747	10.9%	182	14.5%	1,384	19.0%

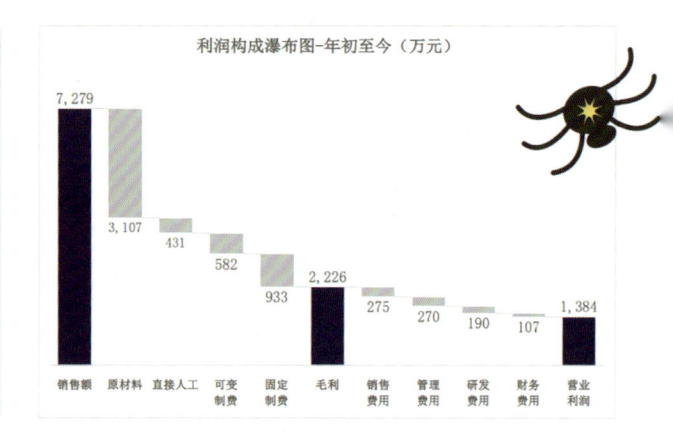

利润构成瀑布图-年初至今（万元）

销售额 7,279 → 原材料 3,107 → 直接人工 431 → 可变制费 582 → 固定制费 933 → 毛利 2,226 → 销售费用 275 → 管理费用 270 → 研发费用 190 → 财务费用 107 → 营业利润 1,384

原材料分析

数据分析发现，原材料占销售额的比例，2024年比2023年同期有接近4%的降幅，这是一个好现象。但是我们要想一想，到底是谁作了贡献呢？

分析发现，供应商降价了。那这个降价是供应商自己降本提效了，还是因为大宗降价后，什么都没做就躺着把价格降了。这个降价，跑赢大宗的价格降低了吗？这是财务要进一步分析的。

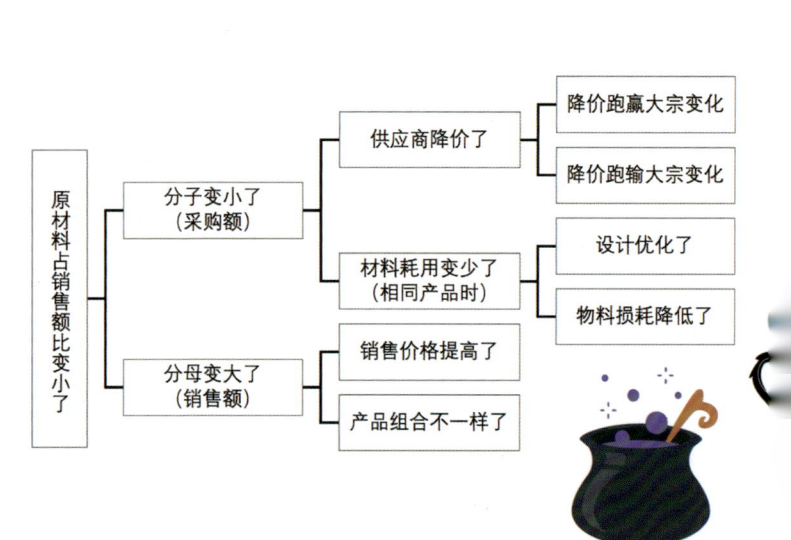

原材料占销售额比变小了：
- 分子变小了（采购额）
  - 供应商降价了
    - 降价跑赢大宗变化
    - 降价跑输大宗变化
  - 材料耗用变少了（相同产品时）
    - 设计优化了
    - 物料损耗降低了
- 分母变大了（销售额）
  - 销售价格提高了
  - 产品组合不一样了

于是，财务就可以让供应链部门把采购价格和大宗趋势拿来比比。将过去 18 个月的月平均采购单价和大宗的指数叠放在一起后，我们看到，虽然采购价格的整体变化趋势和大宗一致（大趋势在持续降低），但是，如果我们能够采取更积极的价格调整和谈判策略，可以获得更多的降本。

M00819采购入库价格 vs 大宗指数趋势 —●— 采购价格 —— 大宗指数

月份	1月	2月	3月	4月	5月	6月	7月	8月	9月	10月	11月	12月	1月	2月	3月	4月	5月	6月
采购价格	¥10.65	¥10.67	¥10.58	¥10.58	¥10.39	¥10.24	¥10.24	¥9.91	¥9.96	¥9.86	¥9.86	¥9.86	¥9.76	¥9.61	¥9.49	¥9.45	¥9.45	¥9.47

2023年 / 2024年

在原材料成本方面，我们从用量下手，看看有没有空间。

分析发现，原材料成本中，不合格品的占比高达 13%！如果不合格品的数量减少一半，那么原材料成本就可以再下降大约 5%，毛利率可以提升将近 3%。

接下来，财务就要推动质量、生产、供应链部门，对材料不合格进行柏拉图分析，找到占不良数量 80% 的那 20% 的原因，然后再根据原因选择工具方法解决问题。

固定制造费用分析

企业为了减少人力成本，近一年一直在持续增加设备来替代手工作业。所以成本费用结构表中，折旧费用增加，同时人工减少了。这些设备的投入真的值得吗？如何评价设备是否帮助我们提升了效率？

假设认为销售价格没有变化，销售额的增长就是量的增加。

如果我们仅从人工成本和折旧费用的合计占销售的比例来看，2024 年初累计和 2023 年相比并没有减少，反而增加了。本月基本与 2023 年同期持平。这到底是什么原因呢？

折旧费用属于绝对固定成本，不随产量而变化，而直接人工是可以随着产量的变化而变化的。所以，设备的产能相比人工的确大幅提升了，但是如果销售额没有相应增长的话，就无法"消化"这部分高额的折旧费用。因此，在购买大额固定资产之前，财务要结合未来的销售预测、效率的提升带来的成本降低、现金流等进行分析，以支持固定资产投资决策。

另外，如果进一步分析，从水电气的占比也能看出，假设 2024 年初至今累计水电气占比 6.7%，比 2023 年同期和本月占比都要低，说明设备没有正常运转。设备没有正常运转，也就是设备稼动率低。有可能是没有足够的订单或者缺料，导致设备长时间待机；也有可能是设备在运行过程中出现故障，造成了停机；还有可能是质量不稳定，导致停机解决质量问题。总而言之，从财务的角度，花了大价钱买了新设备，背了高折旧，最后却没有产生应有的效益，这就是问题。看到了问题，就可以用数据说话，从而推动职能部门进行改善。

现金流管理

过去几十年，因为经济环境的原因，很多企业老板只关注企业的总资产和销售收入，只要这两个数字上去了，企业就有"规模"了。有没有利润，是不是有稳定的现金净流入，几乎不会关注。靠规模大干快上取胜的时代过去了，未来，对于中小企业来说，追求"经营现金流为正"是生死线，追求"营业利润率增长大于销售额增长"是高质量发展的标志。如果资产都压在了呆滞慢流的库存里、日益减值的设备厂房里、总也收不回来的应收账款里，这样的资产越大，雷就越大。

对于中小企业的财务来说，头等大事是帮助企业守住生命线——实现经营现金流为正。

然后要想办法提升资金的使用效率。这时就要关注一个很重要的业务指标——营运资金周转率。

营运资金包含应收账款、应付账款、存货、预收账款、预付账款（如果预收预付账款很少也可以不用分析），代表为了维持企业正常运转需投入的除工资和税费以外的资金量。比如同样是1亿元的销售收入，如果营运资金周转率是10转，那么仅需要投入1000万元资金就能支撑公司运转；如果营运资金周转率是2转，那么就得投进去5000万元，才能让业务转起来。只有营运资金周转的速度起来了，在销售额不断增长的过程中，才能实现经营现金流为正。否则就是，生意做得越大，投进去的钱越多。

有了对经营现金流和营运资金周转率的理解和追踪后，下一步就是要通过分析，找到问题和改善机会，帮助企业提升营运资金周转率。

先来看应收账款和应付账款。应收账款就是客户欠我们的钱，这个数字肯定越小越好；而应付账款就

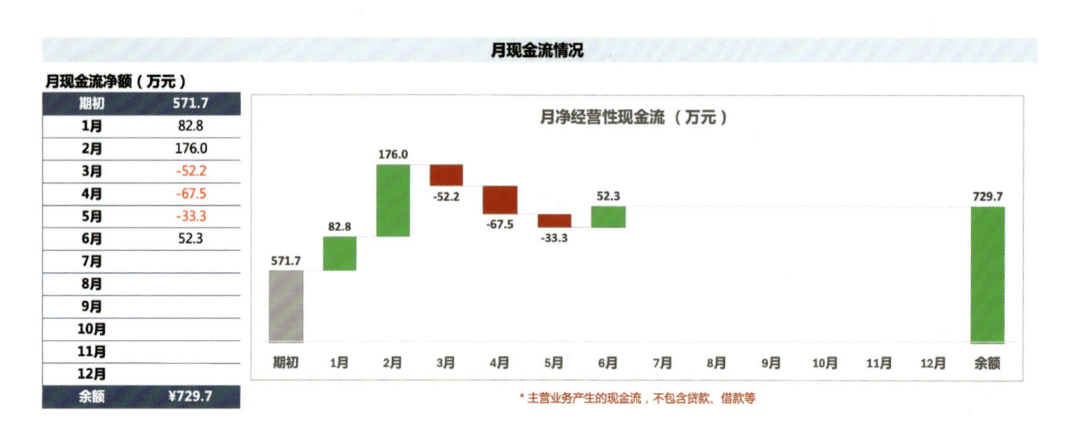

月现金流情况

月现金流净额（万元）

期初	571.7
1月	82.8
2月	176.0
3月	-52.2
4月	-67.5
5月	-33.3
6月	52.3
7月	
8月	
9月	
10月	
11月	
12月	
余额	¥729.7

月净经营性现金流（万元）：期初 571.7、1月 82.8、2月 176.0、3月 -52.2、4月 -67.5、5月 -33.3、6月 52.3、余额 729.7

*主业务产生的现金流，不包含贷款、借款等

营运资金周转率

营运资金周转率（转）

	计划	实际
起跳点	2.5	
1月	2.5	2.2
2月	2.5	1.9
3月	2.6	2.7
4月	2.6	2.7
5月	2.7	2.5
6月	2.7	2.3
7月	2.7	
8月	2.8	
9月	2.8	
10月	2.9	
11月	2.9	
12月	2.9	

*营运资金周转率 =（年化销售额）/（期末应收余额-期末应付余额+期末库存余额）

是我们欠供应商的钱，那当然越大越好。最极致的情况，就是客户还能给点预付款，而预付款足以支付我们买料的钱，这样我们就能拿着客户的钱做生意了。但是目前中小企业中常见的情况是，客户的钱总收不回来（经常一年见），因为客户很强势；供应商还总得给预付款或者现款提货，因为供应商也很强势。

这些是目前大环境下的常见情况，但是这种状况是可以改善的。一般来说，应收账款的平均余额都会大于应付账款的平均余额。但是，到底大多少，两者之间的差距是越来越大，还是越来越小，是可以管理的。因此，我们对应收应付的管理就是要"平衡"。

这个平衡就是应收天数和应付天数之间的平衡。如果应收的天数越拉越长，我们就要把应付的天数拉长。当然，从我们和客户以及供应商合作的角度，不仅要看应收应付周转天数，还要综合考虑质量、交期、定价、利润等，综合性地给我们的客户或供应商分级分类，制定策略。商业环境是复杂的，把客户和供应商真正"管起来"，才能做到客户和供应商账期的平衡。

应收/应付账款情况

应收应付月末余额（万元）

	应收余额	应收天数	应付余额	应付天数
去年末	6,975	213	2,180	102
1月	5,762	176	1,522	71
2月	6,223	190	1,780	84
3月	4,567	139	2,291	108
4月	4,933	150	2,406	113
5月	5,327	162	2,526	119
6月	5,753	175	2,652	124
7月				
8月				
9月				
10月				
11月				
12月				

应收/应付账款天数趋势

应收天数：213、176、190、139、150、162、175
应付天数：102、71、84、108、113、119、124

根据我们的实践经验，要把应收管起来，首先要从以下两方面入手：

1. 改变对销售收款的衡量方法。在大部分中小企业中，销售回款的指标通常用"回款率"。例如，1亿元销售额，70%的回款率目标，意思就是年底之前回来7000万元就是胜利。这个衡量方法最大的问题是，本来6月就能收回来的钱，结果12月才收回来，回款也达标了。这就是为什么我们更希望衡量应收天数的原因。可以理解为，对应收天数的管理是对销售要求更高、更细的过程管理。

2. 改变过去对客户不分级分类，没有标准账期、没有信用管理的习惯。我们经常看到一个现象，就是当问起某某客户的标准账期是多少天时，含含糊糊说不清楚。虽然大部分客户都不会按标准账期按时付款，但是有与没有，更多的是给销售更强的目标感、对销售的约束机制。有了明确的目标才有被衡量的可能。最后，和客户谈好账期以后，并不是万事大吉了。客户总有这样那样的理由拖欠款项。那么就需要进行客户信用评级，并针对不同类别客户制定回款流程、发货管理流程。财务抓住回款关键节点，在过程中推进回款动作，而不是每次都在"念数字"和"讨价还价"。

对供应商的应付管理和对客户进行应收管理的方法类似，只不过是一枚硬币的两面而已。

财务通过数据分析和收付款信用管理，从应收—应付之间的差距天数抓起，站在公司的层面做总体平衡，过程中抓关键节点，就能在营运资金周转提升上作出巨大的贡献。

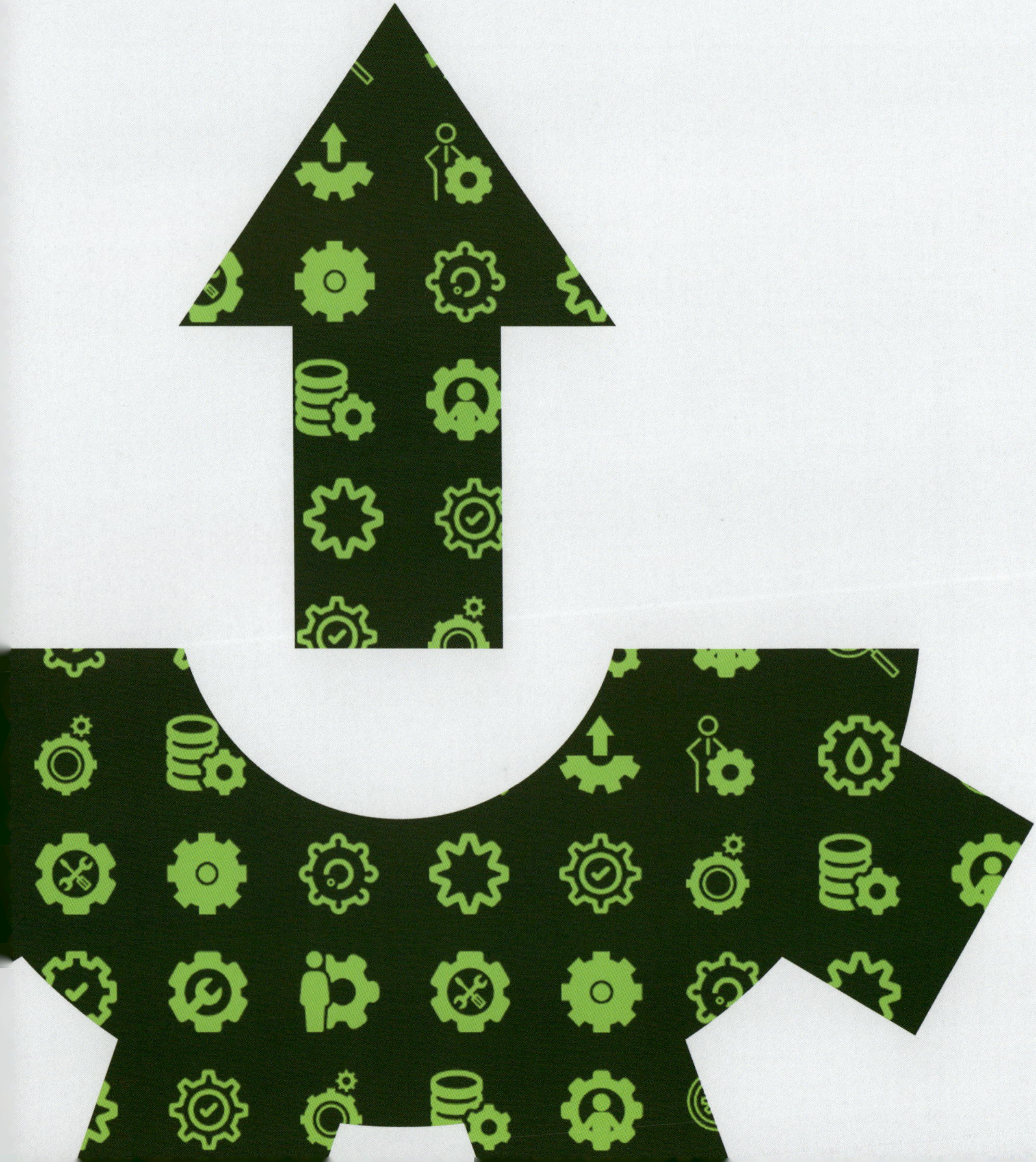

第十节
投并购与整合工作剧本

中小企业的投并购与整合工作剧本

- 产业研究
- 投后整合
- 投并购流程管理
- 投并购白皮书
  （标的评估与选择）

很多中小企业觉得投并购是大企业的事，我们还小，投并购跟我们无关。其实这是一个理解的误区。换一个角度来思考，企业要成长，就一定要内生和外延相结合。投并购听起来高大上，无非是外延增长的一个方式而已。只要量力而行，不踩坑，平常心态应对，它也一样为我们所用。

投并购与整合跟其他的企业管理工作不同，成功与否很大程度上取决于判断力、洞察力，更取决于决断力，但并不代表要回到"武林高手"独孤求败的状态。投并购和整合一样有结构、方法、流程，有工作剧本。有了工作剧本，才能复制成功。

对于中小企业来说，绝大部分的投并购是"机会型"的。也就是说，并不是像巨无霸企业那样高举高打，从产业研究入手，主动寻找、常年跟踪投并购机会，而是尽可能地抓住各种渠道得到的线索，让这些线索的利用效益最大化。因此，如何做好机会的判断，如何更准确地对标的估值（而不是简单粗暴直接按市面上工业企业8~10倍市盈率的方式拍脑袋），是第一位的能力。

有了对机会的判断，在整个投并购过程中，通过流程管理做好风险把控，该出手时就出手，该止损时就止损，是第二个需要建立的能力。

做产业投资与做财务投资不同。投并交易完成后，如果就撒手不管，业绩的好坏就不可控了。如何让被投企业与本体业务有机结合、文化融合、互相成就，如何有效地管理并提升被投企业的业绩，是第三步需要建立的投后整合能力。有了投后整合能力，才能更高地提升投并购的成功率，才有连续投并购的可能性。

当企业的能力成长到一定阶段后，我们就要从守株待兔的机会型投并购，转变为主动出击。如何研究产业机会，通过研究细分赛道的格局和潜在投并购对象，建立项目池，做好项目池的持续跟踪，抓住最好的机会及时出手，就是最后要形成的产业研究能力。

关于投并购白皮书

很多企业认为,做投并购标的判断就等于请会所、律所做尽调,因为专业机构最专业。但在实践中发现,虽然花了大价钱,报告洋洋洒洒几百页,但是作判断的时候又感觉没什么大用。这是因为过程中缺失了重要一环——业务尽调。

业务尽调是从企业"业务"发展的角度,判断标的的适配性。一个财务法务再合规的企业,如果业务不行,我们也不愿意投;一个财务法务上有瑕疵的企业,但是在业务上很好,我们也愿意想办法投。

投并购白皮书,即业务尽调,是帮我们从企业发展的角度对标的进行判断,通常在做财务和法务尽调之前进行。

白皮书帮助我们回答3个问题:① 我们到底在买什么?② 标的自身的增长潜力、造血能力及与我们的协同性怎样?③ 如果投了,我们到底能挣多少钱?

1. 我们到底在买什么?

中小企业一定要清醒地认识到,买的不是"资产",而是"增长"。买资产的典型情况是,看中对方的土地和设备,想用划算的价格购入资产,提升产能。在产能过剩的时代,买资产的理念很危险,抱着贪便宜的想法购入资产,却没有订单支撑。买增长的意思是,标的企业有哪些东西是我们没有的,能帮助我方实现战略目标。一切围绕我们自己的战略目标,补己之短。

买增长,通常买什么?

第一,买业绩增长。一是销售额、利润额的增长。二是利润率(尤指毛利率)增长,标的公司的产品和市场利润更好,是拉高自身毛利水平的快捷方式。三是加强渠道、地域扩展,比自己建渠道更快捷。四是触达关键大客户。五是进入新细分市场,或提升现有市占率。

第二,买技术和产品。一是获取关键技术,无论是为了开发新技术,还是为了将现有核心技术掌握在自己手里。有些企业为了更好掌控供应链,投并上游的一般性制造的供应商,这是要避开的误区。二是填补产品线空白。迅速将产品线拓宽,更好地服务于现有客户群体,提升销售额。

第三,买降本。一是制造降本。典型情况是,投并购之后将两处制造基地合并为一处。二是供应链降本。投并购之后,有更多机会"带量采购",或者触达一些我方没有的优质供应链资源。同样,为了更好地掌控供应链,买一般性制造的供应商不在此列。三是研发、销售和管理费用降本。团队合并、借力,降低费用率。

第四,买团队。可以是研发、销售或管理团队,新的团队能够帮助我方实现战略目标,或者进入未知领域实现突破。

我们将买什么,汇总为8个大的方面。8个方面绝非面面俱到就是好。通常,在1~2个方面非常突出,2~3个方面有所助力,就非常好。

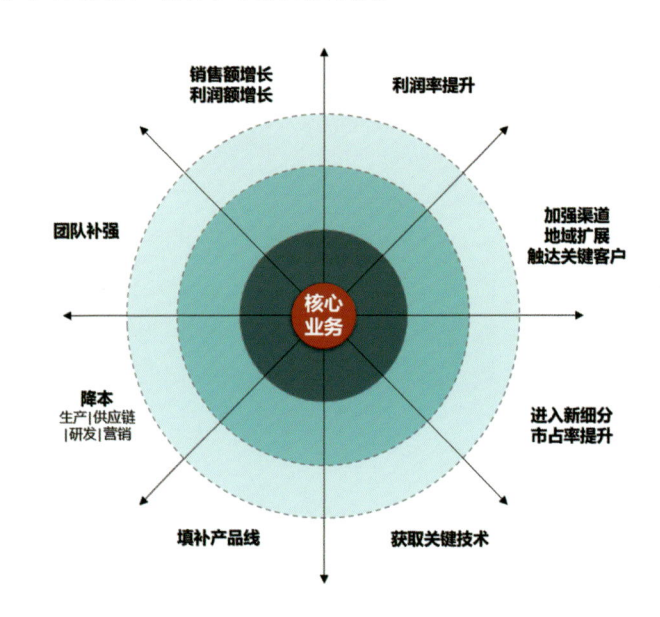

2. 标的自身的增长潜力、造血能力及与我们的协同性怎样？

中小企业财力、资源有限，在投并购的时候，尽可能少做"天使"，少做"孵化"。很多项目看起来很美好，前景很广阔，但是未来还远，不确定性太多，很容易砸了钱进去，水花都没看见。因此，我们要找的是那些增长有一定确定性，能够有自身造血能力（不是靠我们输血才能活下去）的标的。最后，投并购是为了实现我们自己的增长，因此，要看标的的业务和我们的业务到底有没有协同性，能够实现"1=1>2"，还是和我们现有业务毫不相干。我们不鼓励中小企业去投和自身业务毫不相干的新业务，原因还是能力：当能力有限的时候，对和我们毫不相干的业务就会失去影响力和把控力。

如何判断标的企业的增长潜力、造血能力和协同性？

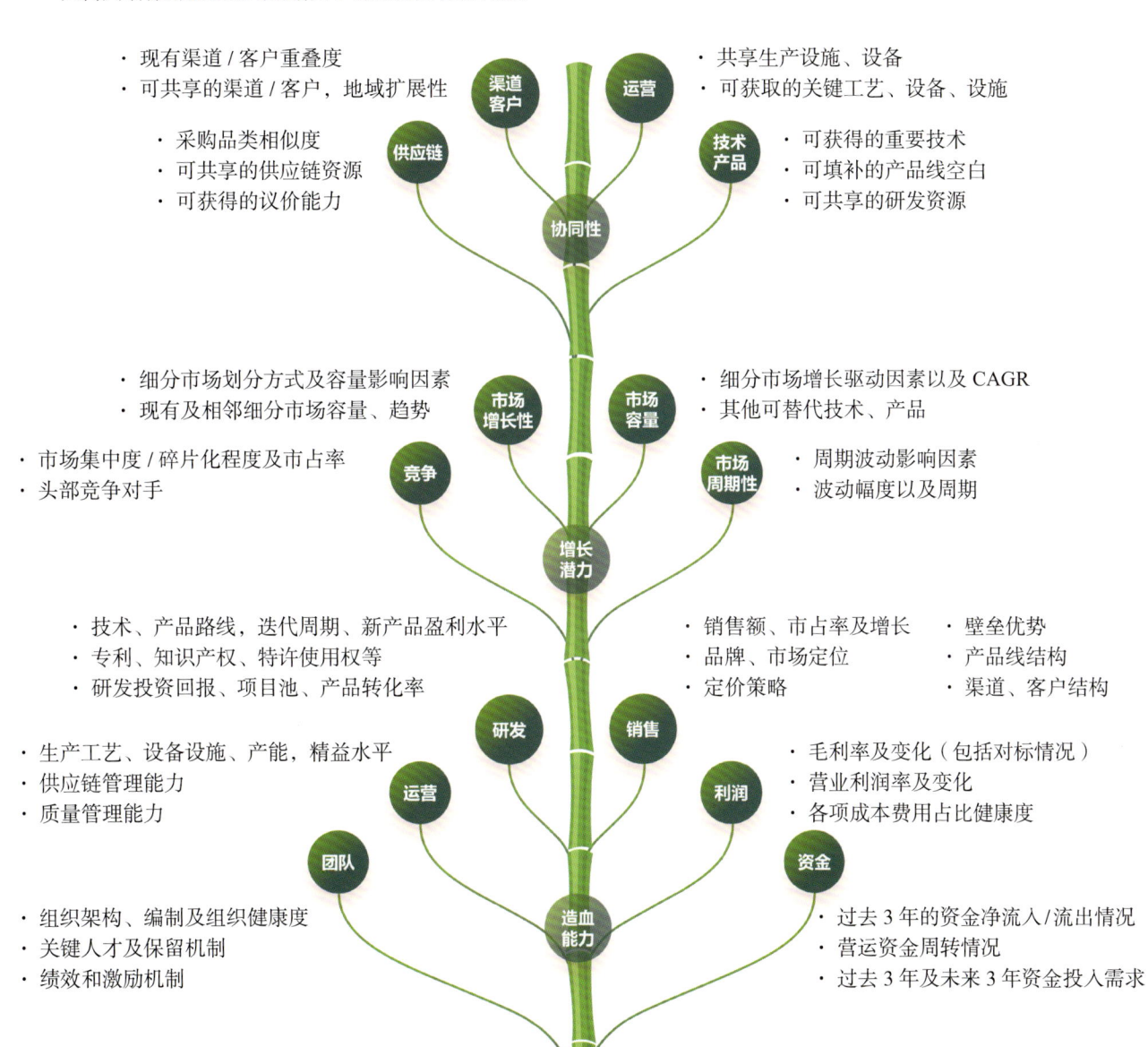

协同性

- 渠道客户
  - 现有渠道 / 客户重叠度
  - 可共享的渠道 / 客户，地域扩展性
- 运营
  - 共享生产设施、设备
  - 可获取的关键工艺、设备、设施
- 供应链
  - 采购品类相似度
  - 可共享的供应链资源
  - 可获得的议价能力
- 技术产品
  - 可获得的重要技术
  - 可填补的产品线空白
  - 可共享的研发资源

增长潜力

- 市场增长性
  - 细分市场划分方式及容量影响因素
  - 现有及相邻细分市场容量、趋势
- 市场容量
  - 细分市场增长驱动因素以及 CAGR
  - 其他可替代技术、产品
- 竞争
  - 市场集中度 / 碎片化程度及市占率
  - 头部竞争对手
- 市场周期性
  - 周期波动影响因素
  - 波动幅度以及周期

造血能力

- 研发
  - 技术、产品路线，迭代周期、新产品盈利水平
  - 专利、知识产权、特许使用权等
  - 研发投资回报、项目池、产品转化率
- 销售
  - 销售额、市占率及增长
  - 品牌、市场定位
  - 定价策略
  - 壁垒优势
  - 产品线结构
  - 渠道、客户结构
- 运营
  - 生产工艺、设备设施、产能，精益水平
  - 供应链管理能力
  - 质量管理能力
- 利润
  - 毛利率及变化（包括对标情况）
  - 营业利润率及变化
  - 各项成本费用占比健康度
- 团队
  - 组织架构、编制及组织健康度
  - 关键人才及保留机制
  - 绩效和激励机制
- 资金
  - 过去 3 年的资金净流入 / 流出情况
  - 营运资金周转情况
  - 过去 3 年及未来 3 年资金投入需求

投并购白皮书

3. 如果投了,我们到底能挣多少钱?

在计算投资项目回报的时候,经常用到的两个专业性指标是投资回报率(ROI)和内部收益率(IRR)。但这不是我们要讲的重点。对于产业投资来说,最重要的是要能看到标的企业的提效潜力。也就是说,我们投的不是企业今天的价值,而是未来(一般3~5年)的价值。而未来的价值,要通过我们的整合和提效被放大。有了整合提效能力,就有了化腐朽为神奇的力量,就能够取得超越他人的投资回报。看标的企业的提效空间,一般从5个方面入手。

现金流提升

现金流是中小企业的命脉。现金流的提效空间主要看3个方面。

一是库存水平,能做库存周转率15转是制造业较高的水平。如果库存周转慢,尤其是呆滞慢流多,都可以通过精益的方法提效。

二是应收应付的管理,主要看应收回款(DSO)和应付回款(DPO)的天数和趋势,以及这两个天数之间的差值。做国内客户通常应收账款管理挑战比较大,但是只要管理得当,一样可以实现一年几转。很多企业引入投资人的目的是为了现金流需求,而现金流需求是因为在应收管理上有问题,貌似销售额不断增长,但是实际是垫资的结果。

三是固定资产投资,可以通过坪效、现场观察设备稼动率、质量一次合格率等方面,判断过去及未来的固定资产投资的必要性。

营销和研发费用

营销费用率6%~8%是中小企业比较合理的范围。营销费用率过低,尤其是市场费用过低,不能支撑销售增长,也不利于支撑毛利率。营销费用过高,说明在销售管理、团队管理方面出了问题。曾经有过销售费用率高达35%的2B企业,这是一个非常不正常的情况。另外,营销是所有板块中最容易也是最应该共享资源的地方。一方面降低销售费用,另一方面能更好地提升品牌影响力和市占率。

研发费用率4%~6%是希望提升产品毛利率、做有技术含量的产品的中小企业比较合理的范围。研发费用不够,说明创新不足,要多投资源。费用过高,说明研发管理本身有待提高。当然,除了费用率,还需要看和研发相关的各项其他指标(具体参见本章第四节研发工作剧本),尤其是新产品的增量销售额。研发费用偏高的企业,是因为投了大量资源最后研发不出产品,白白浪费了。

- 坪效 4000 米^2/1 亿元销售额
- 关键设备 OEE85%
- 库存周转率 15 转
- DSO 与 DPO 差距逐年缩小
- DSO 天数逐年减少
- 营销费用率 6%~8%
- 研发费用率 4%~6%
- 新产品活力指数 20%
- 研发项目投资回报率 >25%

现金流 / 固定资产投资 / 精益降库存 / 应收应付管理 / 营销研发费用 / 营销资源共享 / 开发效率提升

毛利率提升

毛利率提升，不仅代表企业的盈利能力，更代表企业的自身定位：是定位在不断创新，做高附加值产品；还是定位在不断内卷，通过价格战赢得订单。

看标的企业的价格管理是成本加成法、还是市场定价法。成本加成法定价的企业，即使在研发上有不错的投入，最后通常都会陷入价格战，售价持续走低。另外，看企业是否进行价格实现率的管理。不做价格实现率目标管理，只是单纯地通过审批来控制价格，往往也守不住价格。这样的情况，赋能后的提效空间就会比较明显。

看新产品的毛利水平。企业有没有通过研发创新不断提升产品附加值。我们的目标是，研发项目的新产品，要比老产品的毛利水平更高，理想状况是通过新产品每年拉高整体毛利水平 0.5%~1%。

销售额提升

对于中小企业来说，销售额的提升永远是最重要的。在做提效空间评估的时候，我们要看的不仅是销售额和增长趋势，更多的是要看增长从哪里来，以及增长的内部结构。我们最关心的提效空间，是由细分市场聚焦而不断提升的市占率，以及细分市场内大客户的占有率的提升而带来的。细分市场不聚焦、大客户占有率不高的企业，在赋能后，通常销售额的增长率都会高出过去增长率的 30%。

主营业务成本降低

对于制造业企业来说，主营业务成本主要关注料工费。用原材料成本举例，如果一个企业里有以下 3 个现象，通常来说会有比较好的降本空间：① 没有清晰的供应商策略，经常各处询价；② 供应链团队时时强调大宗商品涨价导致没有降本空间，或者供应商强势没有议价力；③ 没有年度降本目标，过去几年都没有明显降本。这 3 点是供应链管理缺失的表现，当投后加强管理和赋能，通常可以做到每年 3%~6% 的连续降本。

再比如工（指直接人工）的部分。离散型制造企业，一般工的占比在 3%~5% 是合理区间，高效率的企业会更低。我们走进工厂，从最基本的 5S 和目视化管理，现场库存的多少，车间是否有人四处走动，是否有很多操作员"看着设备工作"等等，可以很快判断出工厂的精益水平。没有做过精益改善或精益程度很低的企业，投后赋能后，可以在一年内将生产效率提升 30%~50%。

- 新产品毛利率 60%

新技术新产品 / 毛利率 / 价格管理

- 报价使用市场定价法，不是成本加成法
- 价格实现率持平/逐年提升

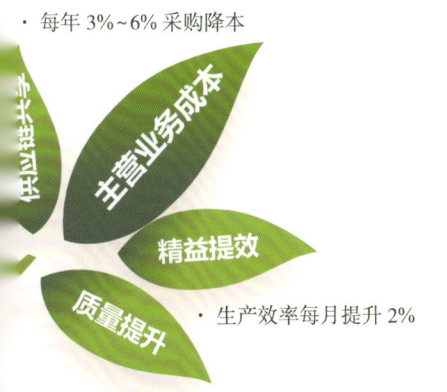

- 大客户销售额占比 >60%

大客户份额提升 / 销售额 / 市占率提升

- 主攻细分市场市占率 >10%

- 每年 3%~6% 采购降本

供应链大专 / 主营业务成本 / 精益提效 / 质量提升

- 生产效率每月提升 2%
- 不良每年降一半

投后整合的 12 个要素

投后整合的核心：一方面让企业持续[⋯]
我们借鉴丹纳赫[⋯]
面、12 个元素上，[⋯]

1. 建立游戏规则

投后整合的首要目标，是实现增长。但是并不是黑猫白猫抓着耗子就是好猫。而是要建立起统一的"游戏规则"。游戏规则包含 3 个方面：

① 通过战略流程找到增长引擎和聚焦方向。

② 实现增长的闭环。

③ 通过共享资源的利用实现协同效应，不各自为政。

找到增长引擎，聚焦关键少数

通过战略规划和部署，识别出增长引擎。每一年不断改善、突破，将改善和突破转化为日常管理。

同时在细分市场上聚焦，在优先改善事项上聚焦……慢计划、快行动，将有限资源聚焦在关键少数（数量少）事项上，不断突破。

用业务飞轮实现增长

不论什么企业投并进来，都要纳入我们自身的业务飞轮中，一起旋转，才能让飞轮越转越快。

譬如，丹纳赫就要求旗下的企业，都要通过利润增长—释放现金流—并购—导入 DBS 这一飞轮实现持续增长。

使用共享资源

为了最大化实现协同性，每个企业不能各自为政，不论是营销、研发、供应链、生产、人力资源……要建立起一套工作机制，保证共享资源的最大化使用。

2. 统一管理语言

建立一套统一的管理语言，最大限度降低沟通成本，提升管理效率。

CVD | 保龄球图 | PSP

行业不同，产品不同……如果每一个企业都用自己熟悉的指标衡量成功，用自己的语言解释问题，就很难看出谁做得好、谁做得不好。

因此，我们用 8 个 CVD 指标作为统一的衡量标准，用保龄球图的统一格式追踪指标，用 PSP 的统一语言分析和解决问题。

统一财务核算汇报口径

业绩最终要反映在财务报表上，统一财务核算和汇报口径，最大限度降低沟通成本。

统一职级体系

统一职级体系，是为了让企业间的人才能更好地横向流动。

另一方面在文化上充分融合。成功并购整合的经验,从4个方面的方法,实现无形的文化融合。

3. 导入经营体系

经营体系工具箱是投后提效得以快速实现的基石,也是统一经营语言的路径。

基石｜成长｜精益｜领导力

基石｜成长｜精益｜领导力板块的100个工具,快速安装到被投企业中。一方面让经营语言更统一,另一方面让挑战性目标实现成为可能。

改善的文化

工具,只有实践才能发挥作用。实践工具的高效方法是改善。全员建立起改善文化,不断提高。改善也成为团队成长的路径。

赋能组织、黑带认证

为了给被投企业赋能,需要一支掌握经营体系方法论的赋能团队。建立起经营体系的黑带认证流程,不断培养梯队,提升团队能力。

4. 优化管理团队

经营体系是企业持续突破的基础,团队的能力是经营体系的载体。没有一支有能力、对企业价值观认同的团队,经营体系无法落地。

绩效评价体系

统一、客观的绩效评价体系,是人才育留的基础。一方面评价对战略目标的实现,另一方面评价是否按公司期望的行为实现目标。不按公司提倡的行为价值观工作,即使业绩再好,也会被淘汰。

领导力发展计划

人才不是从天而降,是不断培养出来的。围绕战略目标实现,做好发展计划。达成目标的同时,提升能力,提升组织凝聚力。

高潜人才池,梯队发展计划

建立统一的人才池、人才筛选标准,让关键岗位的梯队建设成为每一个领导者的核心工作之一。逐步建立起一支能打硬仗、可复制的优先团队。

04

附录

赋能式经营工具索引

改善活动

目视化改善项目漏斗示例

改善活动漏斗&追踪

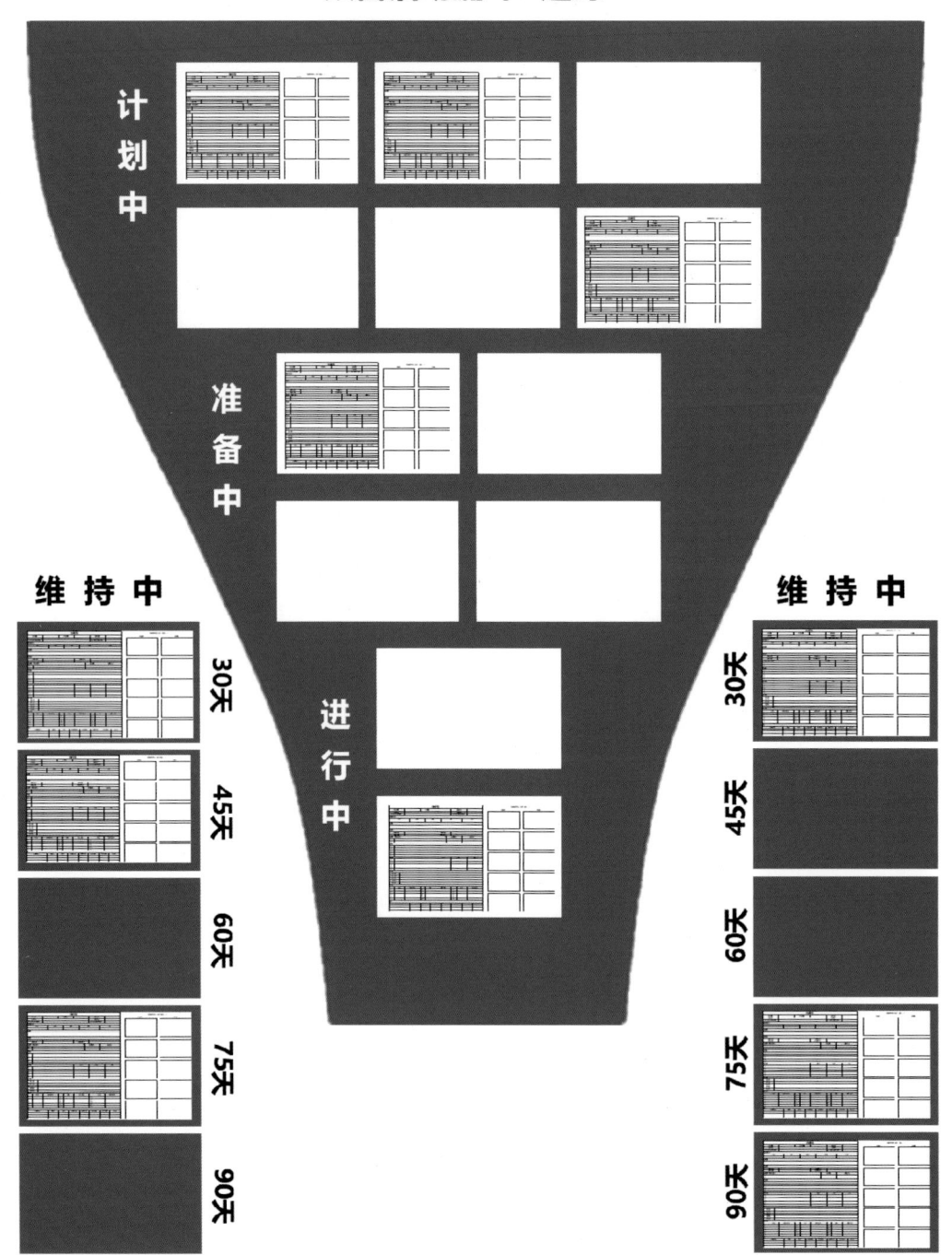

计划中

准备中

进行中

维持中 — 30天 / 45天 / 60天 / 75天 / 90天

维持中 — 30天 / 45天 / 60天 / 75天 / 90天

改善活动章程模板

<table>
<tr><td colspan="8" align="center">改善章程</td></tr>
<tr><td>开始日期</td><td></td><td>汇报日期</td><td></td><td colspan="2">辅导老师</td><td colspan="2"></td></tr>
<tr><td>改善主题</td><td colspan="4"></td><td colspan="2">改善组长</td><td colspan="2"></td></tr>
<tr><td>相关KPI/优先改善事项</td><td colspan="4"></td><td colspan="2">KPI/优先改善事项负责人</td><td colspan="2"></td></tr>
<tr><td colspan="8">要解决的问题</td></tr>
<tr><td colspan="2">问题</td><td>目标</td><td>实际</td><td colspan="2">差距</td><td colspan="2">趋势</td></tr>
<tr><td colspan="2"></td><td></td><td></td><td colspan="2"></td><td colspan="2"></td></tr>
<tr><td colspan="8">改善目的</td></tr>
<tr><td colspan="8"></td></tr>
<tr><td colspan="8">改善范围</td></tr>
<tr><td colspan="2">流程起始点</td><td colspan="2"></td><td colspan="2">包含的范围</td><td colspan="2"></td></tr>
<tr><td colspan="2">流程结束点</td><td colspan="2"></td><td colspan="2">不包含的范围</td><td colspan="2"></td></tr>
<tr><td colspan="5">改善目标（可提升的KPI）</td><td colspan="2">提升目标</td><td>提升%</td></tr>
<tr><td>1</td><td colspan="5"></td><td colspan="2"></td></tr>
<tr><td>2</td><td colspan="5"></td><td colspan="2"></td></tr>
<tr><td colspan="8">主要输出</td></tr>
<tr><td>1</td><td colspan="7"></td></tr>
<tr><td>2</td><td colspan="7"></td></tr>
<tr><td>3</td><td colspan="7"></td></tr>
<tr><td>4</td><td colspan="7"></td></tr>
<tr><td>5</td><td colspan="7"></td></tr>
<tr><td colspan="8">事前准备</td></tr>
<tr><td colspan="3"></td><td colspan="2">负责人</td><td>日期</td><td colspan="2">状态</td></tr>
<tr><td>1</td><td colspan="2"></td><td colspan="2"></td><td></td><td colspan="2"></td></tr>
<tr><td>2</td><td colspan="2"></td><td colspan="2"></td><td></td><td colspan="2"></td></tr>
<tr><td>3</td><td colspan="2"></td><td colspan="2"></td><td></td><td colspan="2"></td></tr>
<tr><td>4</td><td colspan="2"></td><td colspan="2"></td><td></td><td colspan="2"></td></tr>
<tr><td>5</td><td colspan="2"></td><td colspan="2"></td><td></td><td colspan="2"></td></tr>
<tr><td colspan="8">每日日程</td></tr>
<tr><td>第一天</td><td colspan="7"></td></tr>
<tr><td>第二天</td><td colspan="7"></td></tr>
<tr><td>第三天</td><td colspan="7"></td></tr>
<tr><td>第四天</td><td colspan="7"></td></tr>
<tr><td>第五天</td><td colspan="7"></td></tr>
</table>

<table>
<tr><td colspan="10">参加人员</td></tr>
<tr><td></td><td>姓名</td><td>角色/职位</td><td></td><td>姓名</td><td>角色/职位</td><td></td><td>姓名</td><td>角色/职位</td></tr>
<tr><td>1</td><td></td><td></td><td>6</td><td></td><td></td><td>11</td><td></td><td></td></tr>
<tr><td>2</td><td></td><td></td><td>7</td><td></td><td></td><td>12</td><td></td><td></td></tr>
<tr><td>3</td><td></td><td></td><td>8</td><td></td><td></td><td>13</td><td></td><td></td></tr>
<tr><td>4</td><td></td><td></td><td>9</td><td></td><td></td><td>14</td><td></td><td></td></tr>
<tr><td>5</td><td></td><td></td><td>10</td><td></td><td></td><td>15</td><td></td><td></td></tr>
</table>

<table>
<tr><td colspan="8">维持</td></tr>
<tr><td>可衡量的KPI</td><td>起跳点</td><td>目标</td><td>改善后结果</td><td>4周后结果</td><td>8周后结果</td><td>12周后结果</td><td>提升%</td></tr>
<tr><td></td><td></td><td></td><td></td><td></td><td></td><td></td><td></td></tr>
<tr><td></td><td></td><td></td><td></td><td></td><td></td><td></td><td></td></tr>
<tr><td></td><td></td><td></td><td></td><td></td><td></td><td></td><td></td></tr>
</table>

战略部署

战略部署 X 矩阵示例

						建立VAVE(价值工程)流程，降低产品成本						●	●			●	
○	●	●				通过销售漏斗管理流程和价值销售，提升机会赢单率和毛利			●		●				●		
			●			建立外部不良数据收集系统，使用PSP工具进行分析和对策追踪				●			●				
	●			●		生产布局'流动'改造，提升生产效率和准交率		●									●
			●			建立快速新产品开发流程，加快开发速度，提高新产品质量稳定性	●	●									
营运资金周转率达到8转	EBITDA利润率从22%提升至24%	销售额提升至1.8亿元	准交率提升至90%	外部不良率降低至1000ppm	**Annual Objectives 年度目标** / **Annual Improvement Priorities 优先改善事项** / **Target to Improve 改善量化指标** / **3 Year Objectives 3年目标**		年底前新能源市场实现销售额6000万元	新产品开发延迟天数短于30天	生产效率提升25%	质量问题90天关闭率提升至80%	新客户活力指数达到20%	销售价格实现率达到98%	VAVE成本降低300万元	研发总监xxx	质量经理xxx	销售副总xxx	运营副总xxx
				●		外部不良率降低至250ppm											
			●			准交率提升至95%											
		●				销售额从1.2亿元提升至3亿元											
	●					EBITDA利润率从22%提升至26%											
●						营运资金周转率提升至12转											

战略分解 CVD 指标分解示例

1 核心价值驱动CVD目标分解

① 公司级的CVD目标	CVD：主营业务收入	起跳点：8000万元	目标：1亿元

② 支撑CVD的关键驱动因素 我们需要从哪些方面去驱动，以促成目标的完成	③ 支撑CVD的结果 & 过程 KPI 我们在正确的方向上吗 → 过程KPI 我们得到预期的结果了吗 → 结果KPI			④ 对指标最直接影响者 从哪里发力，最能促成指标完成	⑤ 负责人 谁需要参与进来	⑦ 点检周期 团队多久需要一起点检指标达成情况					
		结果	过程			每小时	每天	每周	每月	每季	每年
销售收入	西南区销售额2500万元	○	○	销售部		○	○	●	○	○	○
	华东区销售额3200万元	●	○	销售部		○	○	●	○	○	○
	华北区销售额4300万元	●	○	销售部		○	○	●	○	○	○
客户结构	平均销售额/客户150万元	●	○	销售部		○	○	●	○	○	○
	核心客户占比65%	●	○	销售部		○	○	●	○	○	○
	新客户活力指数15%	●	○	销售部		○	○	●	○	○	○
产品线结构	A产品线占比35%	○	○	销售部		○	○	●	○	○	○
	xxx新产品6月底上市	○	○	产品开发xx组		○	○	●	○	○	○
市场机会	xx市场占有率40%	○	○	市场部		○	○	●	○	○	○
	有效销售线索数量###	○	○	市场部		○	●	○	○	○	○
销售漏斗管理	赢单率8%	○	●	销售部		○	○	●	○	○	○
	赢单周期60天	○	●	销售部		○	○	●	○	○	○

战略部署主营业务收入指标支撑点示例

整体业务增长分解

订单结构 - 业务增长等式 & 月销售预测

全年目标	=	起跳点 去年支撑值	-	流失 流失/主动放弃的客户/产品	+	原有订单 老客户老产品自然增长	+	价格调整 整体价提升	+	新开 新客户新产品、新客户新产品	+	份额提升 老客户老产品达到产品参到更多份额
¥23,702		¥17,889		¥-13		¥1,045		¥25		¥1,188		¥3,568

全年目标	=	1月	2月	3月	4月	5月	6月	7月	8月	9月	10月	11月	12月
¥19,175		¥1,283	¥1,111	¥1,637	¥1,442	¥1,887	¥1,863	¥1,766	¥1,853	¥1,769	¥1,554	¥1,564	¥1,447

业务增长等式关键点
各增长来源"均衡发展",不把鸡蛋放在一个篮子里
将"被动式"(依赖客户增长)变为"主动式"(做价格调整、新开、份额提升)例等

月度预测关键点
充分考虑季节性波动的同时,"任务前置",不要把增长都压在第四季度

订单结构 - 客户

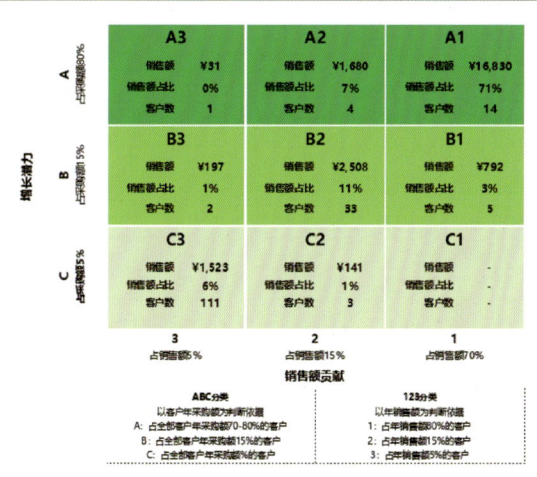

	A3	A2	A1
A 占采购额80%	销售额 ¥31 销售额占比 0% 客户数 1	销售额 ¥1,680 销售额占比 7% 客户数 4	销售额 ¥16,830 销售额占比 71% 客户数 14
B 占采购额15%	B3 销售额 ¥197 销售额占比 1% 客户数 2	B2 销售额 ¥2,508 销售额占比 11% 客户数 33	B1 销售额 ¥792 销售额占比 3% 客户数 5
C 占采购额5%	C3 销售额 ¥1,523 销售额占比 6% 客户数 111	C2 销售额 ¥141 销售额占比 1% 客户数 3	C1 销售额 - 销售额占比 - 客户数 -
	3 占销售额5%	2 占销售额15%	1 占销售额70%

ABC分类（以客户年采购额为判断依据）
A:占全部客户年采购额70-80%的客户
B:占全部客户年采购额15%的客户
C:占全部客户年采购额5%的客户

123分类（以年销售额为判断依据）
1:占年销售额80%的客户
2:占年销售额15%的客户
3:占年销售额5%的客户

	销售额	销售额占比	客户数	平均销售额
A	¥18,541	78%	19	¥976
B	¥3,497	15%	40	¥87
C	¥1,664	7%	114	¥15
总计	¥23,702	100%	173	¥137

客户结构
识别出对销售额贡献最大、增长潜力最大的客户做为核心客户

订单结构 - 渠道

	A			B			C			总计			
	销售额	销售额占比	客户数量	销售额	销售额占比	客户数量	销售额	销售额占比	客户数量	销售额	销售额占比	客户数量	平均销售额
总计	¥18,541		19	¥3,497		40	¥1,664		114	¥23,702		173	¥137
医疗	¥16,609	88%	11	¥1,790	9%	23	¥528	3%	45	¥18,927	80%	79	¥240
食品	¥1,812	55%	6	¥932	28%	10	¥565	17%	38	¥3,306	14%	55	¥60
航空	¥120	12%	1	¥394	39%	3	¥491	49%	22	¥1,005	4%	26	¥39
工业	-	0%	0	¥381	82%	4	¥83	18%	9	¥464	2%	13	¥36

渠道关键点
渠道销售额占比是否符合战略规划?
- 如果不符合,哪个渠道缺A/B类客户?

渠道客户平均销售额关键点
如果某些渠道平均销售额明显低于其他渠道,需要如何提升

战略优先改善事项行动计划

战略部署优先改善事项行动计划示例

优先改善事项	统一与客户的质量标准，完善过程质量管理，建立优于客户要求的质量要求		
项目背景	2024年XXX市场竞争激烈、内卷严重，市场竞争环境愈加恶劣，需要通过提升整体的质量表现提升产品竞争力		
核心目标	外部不良率低于200ppm；直通率提升5个百分点，达到81%		
行动步骤			**阶段目标/**
序号	行动	负责人	输出成果
1	评估并更新终检质量标准，对客户关心的所有质量问题建立起有效检出的方法和能力		
1.1	终检拦截能力的建立	XXX	
1.1.1	明确客户和行业法规要求，更新CTQ清单。制定质量标准、检验方法，系统性对标客户标准	XXX	CTQ清单
1.1.2	审核历史检验记录，对问题进行分类。识别常见质量问题和失效模式，及目前拦截失效的根本原因	XXX	问题解决报告，如A3、K
1.1.3	评估当前的检验流程是否有效。通过逃逸分析寻找检验流程失效点	XXX	失效点清单
1.1.4	针对流程失效点进行流程优化和重新设计，以提高效率和质量问题拦截能力	XXX	涵盖所有潜在失效点的检
1.1.5	进行先进检验技术的研讨，评估是否有更先进的技术可以提高检验的准确性和速度	XXX	研讨会和行动计划
1.2	完善客户反馈机制，形成快速响应的质量服务	XXX	
1.2.1	创建一个系统化的数据收集方式，记录所有客户的质量反馈、投诉和建议	XXX	分类统计的客户反馈信息
1.2.2	建立质量应急团队，对关键的质量问题紧急响应，以快速解决客户的紧急问题	XXX	组建应急响应团队
1.2.3	启动质量/生产/工艺团队与客户的定期直接交流机制，为客户提供长期和有效的质量支持	XXX	客户参与的定期月会或季
2	建立FMEA-控制计划-过程控制的过程质量管理链条，实现过程质量稳定	XXX	
2.1	完善过程质量管理	XXX	
2.1.1	建立跨部门战队，启动对过程质量管理的优化工作	XXX	跨部门团队和工作机制
2.1.2	参考所有的质量问题，回顾和分析所有的P-FMEA和控制计划，保证历史问题均已涵盖	XXX	更新的FMEA和控制计划
2.1.3	根据控制计划更新所有作业指导书，每台设备实现设备四定	XXX	更新的作业指导书
2.1.4	收集过程数据，如尺寸、温度、时间等，并使用SPC等工具进行监控，将质量问题追溯和人员挂钩	XXX	SPC统计分析
2.1.5	建立问题响应流程，对关键问题响应和问题解决	XXX	问题解决流程
	……		

动计划

		部门	质量部		项目负责人	XXX	更新日期	2024-4-1
		项目团队	质量提升特战队				下次复盘日期	2024-4-15
		评审团队	XXX，XXX，XXX，XXX					

阶段目标 / 影响	计划完成日期	时间线												进度 / 状态		备注
		P 计划时间				C 已按计划完成				X 超计划时间完成				● 正常 ● 有风险 ● 已完成		
		1月	2月	3月	4月	5月	6月	7月	8月	9月	10月	11月	12月	进度	状态	
前<PPM200																
00%CTQ	2024-3-15			C										100%	●	
均分70	2024-4-10				p									80%	●	
去两年100%客诉问题	2024-5-20				p	p								30%	●	
失效覆盖率90%	2024-5-30					p										
年引入的先进检验技术	2024-6-30						p									
信息100%及时录入	每月		p	p	p	p	p	p	p	p	p	p	p	70%	●	
制措施，72h永久措施	2024-2-29			X										100%	●	
期召开并形成会议纪要	每月			p	p	p	p	p	p	p	p	p	p	90%	●	
直通率>81%																
知	2024-2-29		C											100%	●	
品更新完成	2024-4-30		C	C	p									50%	●	
导书更新完成	2024-5-25			p	p	p								30%	●	
划中关键过程100%覆盖	2024-5-30		p	p	p	p								60%	●	
问题关闭率85%	日常			p	p	p	p	p	p	p	p	p	p	50%	●	

PSP

Rootcause & Countermeaure

KPI 绩效指标	外部质量不良率	Goal 目标	10,000	Actual 实际	187,407	Gap 差距
问题描述	4月份外部不良率187,407ppm，比计划的10,000ppm高出177,407 ppm，1—4月连续4个月没有达到目标，且不良率呈上升趋势。					

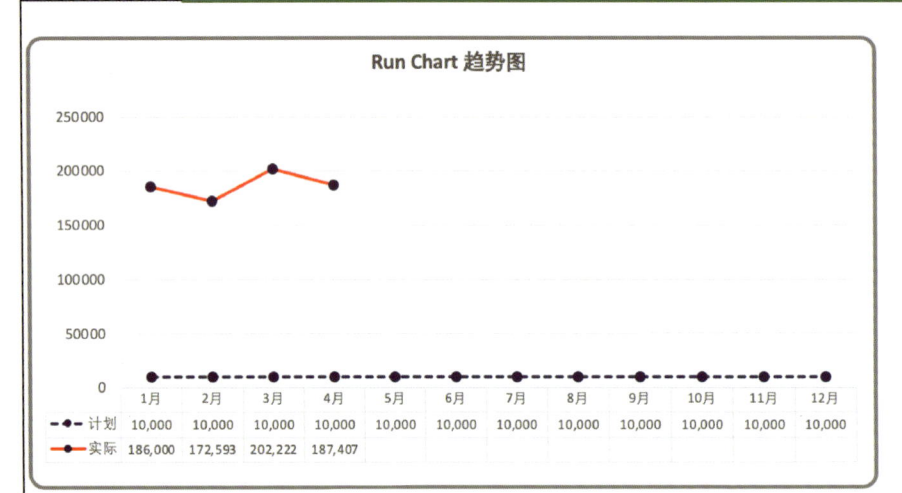

Run Chart 趋势图

	1月	2月	3月	4月	5月	6月	7月	8月	9月	10月	11月	12月
计划	10,000	10,000	10,000	10,000	10,000	10,000	10,000	10,000	10,000	10,000	10,000	10,000
实际	186,000	172,593	202,222	187,407								

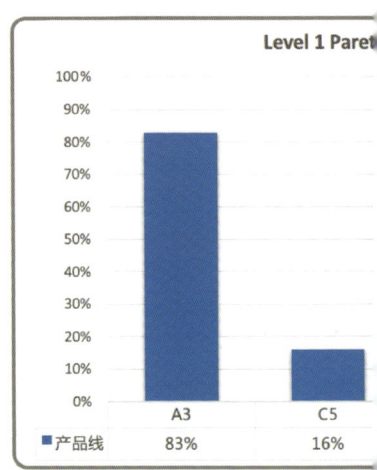

Level 1 Pareto
- A3 产品线 83%
- C5 16%

Level 2 Pareto Issues 二级柏拉图问题	1st Why	2nd Why	3rd Why	4th Why	5th Why	Root Cause 根本原因	Countermeasure
零件圆度超差	为什么零件圆度超差？ 车床振动过大	为什么车床震动过大？ 车床有一个磨损的轴承	为什么有一个磨损的轴承？ 主轴定位不准	为什么主轴定位不准？ 操作员不知道进行主轴定位	为什么操作员不知道如何做主轴定位？ 他没有接受过主轴定位的培训，也不知道多久需要做一次定位	没有主轴定位的标准流程，操作员也没有经过培训	Temporary 临时措施 / Permanent 长期措施
轴直线度超差	为什么轴的直线度超差？ 轴在中间弯曲	为什么轴在中间弯曲？ 机加工过程中夹具没有起到良好的固定作用	为什么机加工夹具没有起到良好的固定作用？ 夹具的设计没有起到支撑零件的作用			夹具的设计没有起到支撑零件的作用	Temporary 临时措施 / Permanent 长期措施
表面缺陷	为什么会出现表面缺陷？ 部件送达客户时会出现表面缺陷	为什么零件送达客户会出现表面缺陷？ 部件在运输过程中损坏	为什么部件在运输过程中损坏？ 小金属配件散落在箱子里刮擦了部件表面	为什么散落的配件刮伤部件？ 小金属配件的包装不牢固		小金属配件的包装不结实。包装在运输中松开并刮伤部件	Temporary 临时措施 / Permanent 长期措施

根本原因及对策分析

77,407	**Trend** 趋势	1—4月均为达标，且有上升趋势	**Owner** 负责人	xxx	**Date** 日期	6月5日
	团队	生产经理，制造工程师，质检，线长，设备经理				

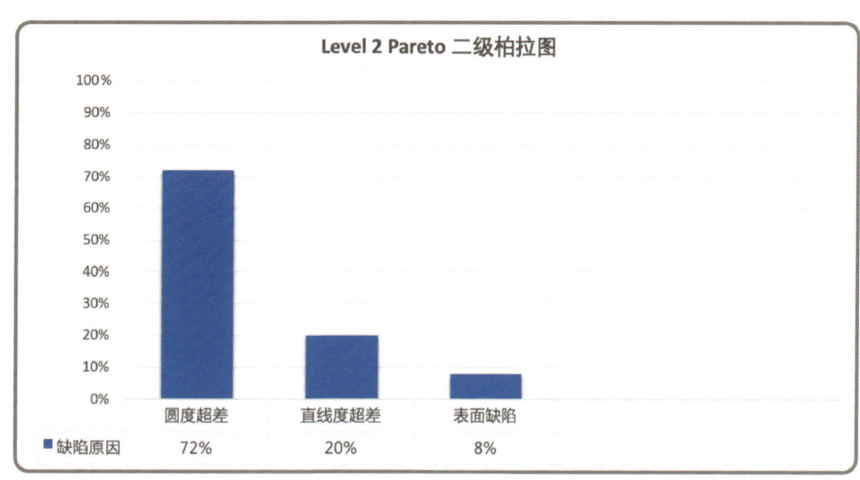

Level 2 Pareto 二级柏拉图

缺陷原因	圆度超差	直线度超差	表面缺陷
	72%	20%	8%

	Responsibility (who?) 责任人	**Timing (when?)** 时间	**Status** 进度	**Ensure sustainment** 保持方法	**Responsibility (who?)** 责任人	**Timing (when?)** 时间	**Status** 进度
换轴承	设备维修员	5月6日	100%	培训所有操作员关于主轴定位的方法	生产经理	5月25日	50%
主轴定位的标准流程	设备经理	5月10日	75%	建立TPM计划，每周进行设备的震动测试	设备经理	5月30日	20%
无	无	无	无	将每周夹具巡检加入到TPM计划中	工艺工程师	5月20日	0%
夹具设计	工艺工程师	5月15日	50%				
工对现有进行加固	线长	5月5日	100%	建立流程，确保包装设计时进行运输模拟试验，验证包装有效性	工程经理	6月10日	25%
金属配件和计新的包装	包装工程师	5月8日	100%				

营销日常管理

营销日常管理最佳实践案例示例

核心客户日常管理

年度	季度	月度	每周
销售计划复盘 （~1天/板块）	核心客户计划复盘 （~2小时/板块）	客户情况点检 （~1小时/客户）	关键销售机会点检 （~1小时/机会）
牵头人：营销副总 参与人：核心客户经理	牵头人：营销副总 参与人：核心客户经理	牵头人：营销副总 参与人：核心客户经理	牵头人：营销副总 参与人：核心客户经理
• 评估团队实际业绩与战略/核心客户计划间的差异 • 讨论核心客户经理如何应对新一年的新战略目标 • 确保有恰当的团队管理机制（客户分级分类，计划管理，拜访计划等与绩效挂钩、严肃执行）	• 复盘核心客户计划 • 复盘实际与计划差异 • 目标复盘 • 讨论关键销售机会 • 识别阻碍目标达成的障碍点 • 总结赢单/丢单的经验教训 • 复盘"客户关系地图"的变化 • 核心客户1~3年长期规划	1. 核心客户目标达成点检 • 保龄球图现状 • 风险控制计划（按需） • 讨论关键任务 • 制订12个月的行动计划 2. 任务承诺会 • 每个核心客户经理目标承诺 • 讨论达成目标的主要障碍 • 对未来目标的承诺 • 需要的资源支持	• 关键销售机会细节讨论 • 点检关键机会的问题和赢单计划 • 销售流程对齐 • 漏斗阶段复盘 • 销售和客户关系策略 • 销售预测 • 下一步工作 • 需要的资源支持
输出			
• 年度销售/核心客户 • 计划更新 • 营销战略更新 • 更新系统（如CRM） • 行动计划	• 核心客户计划更新 • 营销战略更新 • 更新CRM系统 • 行动计划	• 核心客户保龄球图 • 更新CRM系统（客户清单，机会等） • 关键销售机会清单 • 行动计划	• 周计划更新 • CRM系统更新 • 行动计划

按需点检的内容

拜访计划 — 准备关键机会拜访计划

机会池点检 — 点检机会池大小，增速，趋势和面临的挑战

赢单/丢单复盘 — 整理已关闭的机会 分析讨论经验教训

周复盘时间表

星期一	星期二	星期三或四	星期五
销售副总 内部会议	核心客户团队 行动计划	核心客户团队 机会&项目池点检	关键机会讨论
目标	核心客户经理引导团队 • 机会点检后要做的具体动作 • 加速成交、加大机会池都有哪些要做的工作	核心客户经理点检机会池和进行中机会 • 确保CRM中的信息准确完整 • 为关键机会细节讨论作准备	销售副总&核心客户经理 • 讨论赢单的关键点 • 漏斗阶段推进 • 行动计划点检

营销日常管理标准作业文件示例

	月度漏斗点检会
目的	月度销售业绩点检，完成季度目标是否有把握，是否方向正确 寻找培养团队的机会，不同产品线、细分市场的最佳案例分享 确定具体销售机会跟进、拜访（如需）的时间
销售负责人的目标	了解销售员的目标、机会进展情况——哪些情况可控，哪些不可控 确保销售员使用正确的工具来提高业绩 测试销售员本季度和下季度的销售步骤推动情况 确保其他职能、区域相关人，了解目前的问题与机会
参与人	主持人：销售负责人 参会：销售团队、产品/市场团队、事业部负责人
形式	见面会最佳，必要时线上 时间：60分钟 最佳时间：每月第一周
准备资料 & 工具	漏斗健康度（30，60，90，90+的漏斗大小与目标） 本月的订单，下单日期，下一步动作 每季度的前10大订单，复盘机会档案和最新的动作 未跟进的销售机会 自上次会议后的新变化
主要议题	**本次会议的主要目的（5分钟）** 　上次月会的情况回顾——差距，成果，挑战 　本月/未来几个月的计划，和必要的挑战（90+后的） **本季度截至今天的业绩（25分钟）** 　业绩达标情况——销售额，任务达成情况，漏斗健康度 　未达标、超额达标的动因是什么，有什么需要调整的 　你认为完成本季度目标的可能性如何，为什么 　核心客户复盘——季度/年度订单&目标，滚动12个月的订单&目标 　哪里需要额外的资源和支持 **销售机会（15分钟）** 　上个月重点订单的近况如何，有何经验教训 　整体漏斗健康度如何，大小、形状、速度、赢单率；特定销售、产品的漏斗健康度问题 　战略性订单的近况如何——情况、阶段、障碍；哪些新机会属于战略订单 　上个月的销售预测的准确性如何？哪些超预测，哪些低于预测，为什么 　本月订单的预测如何，是否和目标有差距，为什么，怎么办 **质量 / 平衡（5分钟）** 　本季度、下季度的漏斗健康度如何，漏斗的质量如何 　最大的5个机会（聚焦） 　早期阶段与晚期阶段的机会数量是否平衡 　投入资源关注的销售机会是否和公司的战略目标相吻合，为什么 **行动 / 追踪（10分钟）** 　上一次会议中的行动计划执行情况 　本次会议有哪些新行动计划需要加进来 　行动计划哪些需要做调整和更改的 　保证漏斗健康度，有哪些额外的行动计划 　每月点检会时间和日程同频

营销日常管理

日常管理安装指南

更新日期		日常管理负责人

日常管理目标

目的：定义日常管理项目的目标，明确项目与整体经营目标和战略举措的关系

工作步骤		输入				
1.定义原点	需要改善的区域或目标					
2.定义成功	日常管理项目的来源：（选择最接近的一个）	战略部署目标	突破目标	战略聚焦项目	KPI	其
	日常管理负责人：（选择最接近的一个）	核心高管	其他职能部门负责人	销售/市场负责人	其他相关部门负责人	其
	战略聚焦的项目：					
	需要日程管理的原因					
	知道成功，或者情况"可控"，当：					
	知道失败，或者情况"不可控"，当：					
3.定义干系人	其他可能会受影响的部门（选择最接近的一个）	销售	市场	财务	IT	其
4.定义目标	需衡量的过程指标：					
	需衡量的结果指标：					
	其他需追踪&衡量的指标：					
5.定义目视化	我们计划使用____作为目视化的载体（选择最接近的一个）	公司"成长"作战室	部门内的目视化管理板	多个地点的目视化管理板	电子化仪表盘	不 求帮

➡ 营销日常管理 目视化自检模板

附录　赋能式经营工具索引

其他说明

← 营销日常管理安装指南模板

目视化日常管理自检

日常管理

1.我们有完整的日常管理系统

2.我们成功地遵守既定的会议日期、地点、时间和会议日程

3.高管层至少每月参加一次，并且有内部教练给我们进行指导

4.每一项指标都有明确的负责人，负责人会定期参加会议

5.在目视化管理板上，我们可以非常容易地（3秒原则）看出来哪里没达标，哪里做得很成功

6.在目视化管理板上，我们可以非常容易地（3秒原则）看出来哪里趋势向好，哪里趋势向差

7.每一个没有达标项，都有原因对策分析（PSP）

8.所有的对策和根因都是：
　A. 基于最新情况的　　　B. 符合逻辑和常识的
　C. 可操作可执行的　　　D. 对事不对人的

9.所有的对策都有明确的负责人，并且在目标日期内的

A.你觉得我们现在的日常管理最大的提升机会在哪里？

B.两个你最希望从日常管理中得到的获益是什么？

C.你认为做好日常管理的最大挑战是什么？

	熟练度					重要性		
	不适用	不好	一般	好	优秀	无	低	中	高

营销作战室

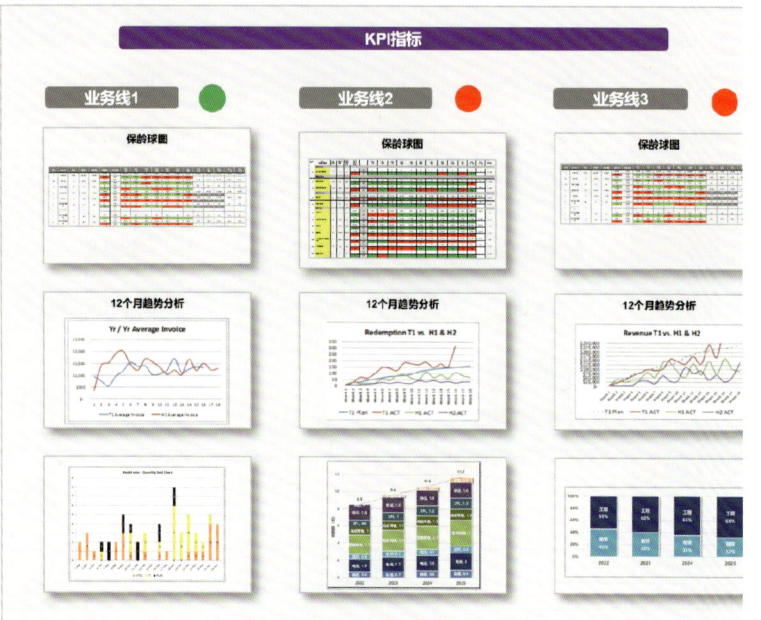

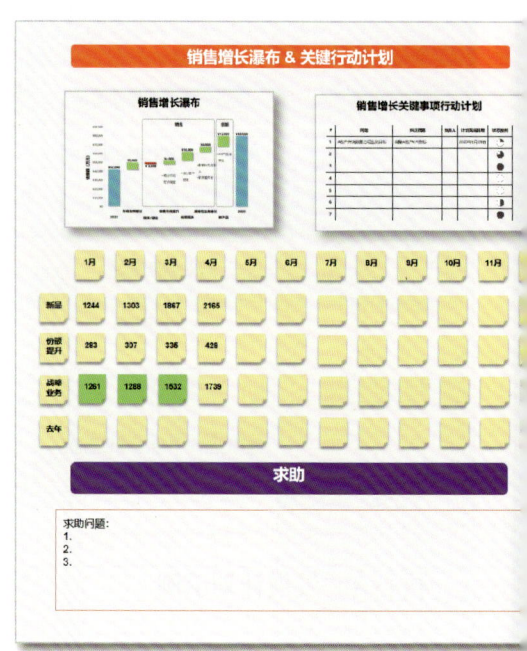

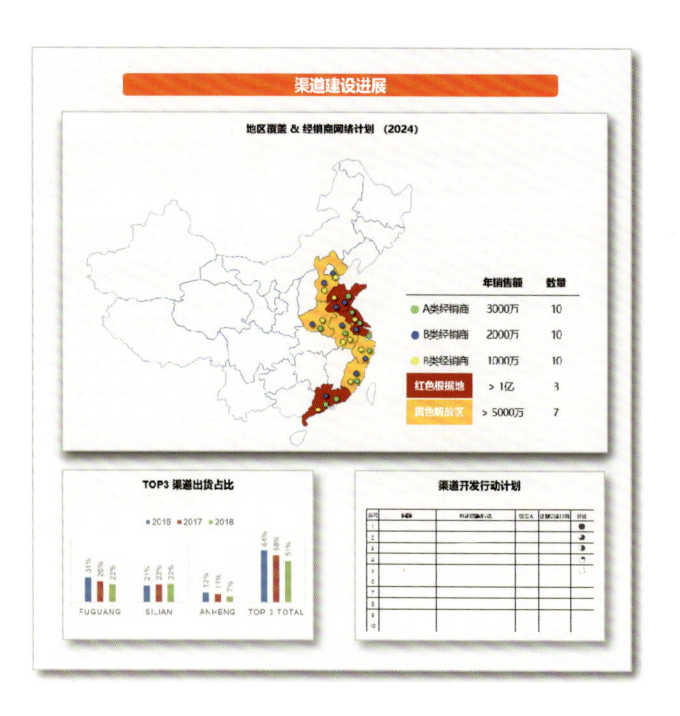

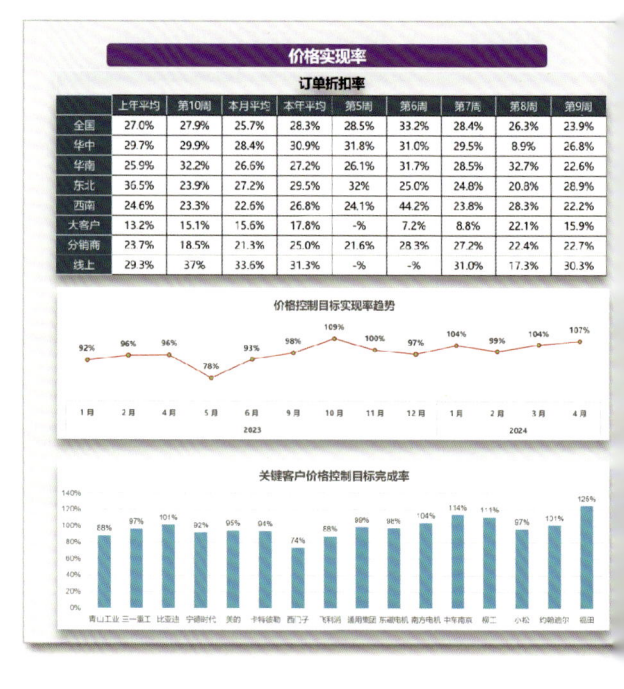

附录　赋能式经营工具索引

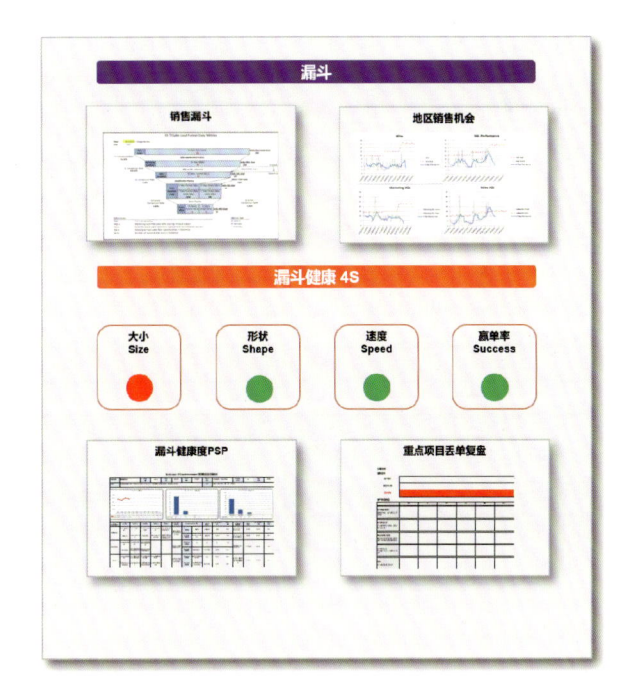

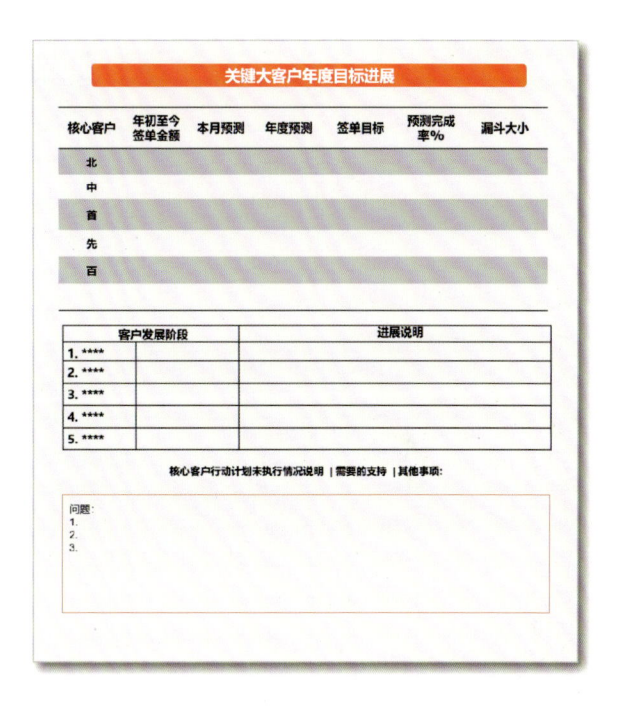

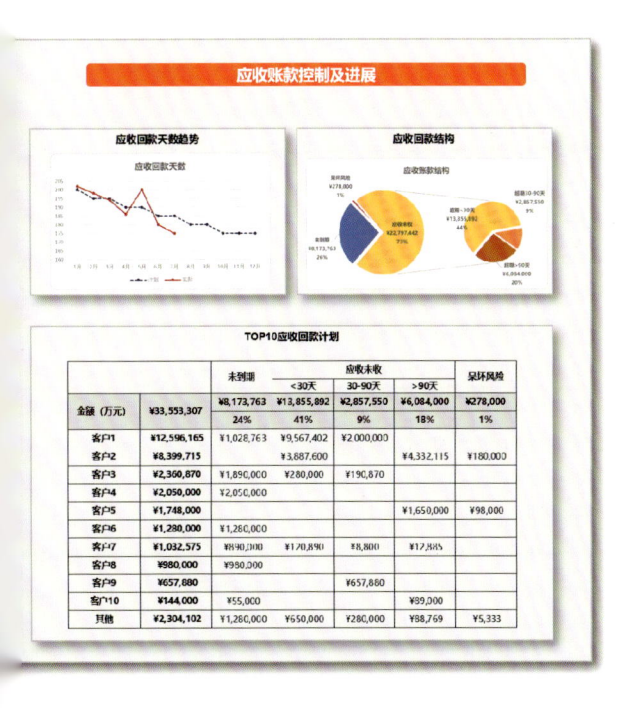

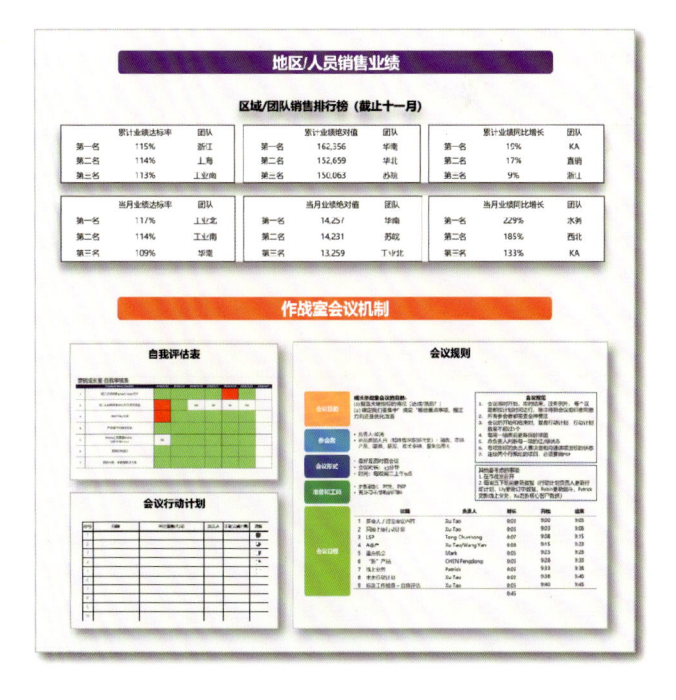

供应链采购降本漏斗 & 项目计划

采购降本漏斗、采购降本项目行动计划示例

采购降本漏斗

漏斗总计　　¥26,759,760　　5.6%

项目号	降本类型	物料品类	项目描述	供应商	料号	年采购额	降价比例	负责人	计划日期
P-15	年度降价	钣金	年度降价	石家庄弘毅		¥6,539,087	1.8%	XXX	2024-2-2
P-10	供应商转移	橡胶件	密封圈供应商转移（西北化工 -> 凯明）	西北化工	N23196	¥45,000	48%	XXX	2024-3-1
P-11A	供应商转移	粉末冶金	轴套供应商转移（EASTERN -> 盈峰）	EASTERN SINTERED	K93127	¥74,781	40%	XXX	2024-1-1
P-12	供应商转移	标准附件	油气系统附件更换代理商（今日宜华 -> 品威）	今日宜华		¥997,080	5%	XXX	2024-2-1
P-25	供应商整合	包材	泡棉包材供应商整合	待定		¥329,000	1%	XXX	2024-8-1
P-26	价格谈判	电子器件	价格谈判	景驰电气		¥24,927	5%	XXX	2024-6-1
P-1	年度降价	电路板	年度降价	百利特电子		¥14,985,400	5%	XXX	2024-1-1
P-31	供应商整合	电机	电机供应商整合（5家 -> 2家）	大明电机等		¥14,956	12%	XXX	2024-12-1
P-34	加工外包	机加工	机加工外包	广东宏泰	N22630-02	¥49,854	10%	XXX	2024-5-1
P-4	份额调整	电子器件	采购份额提升	KTK		¥39,883	6%	XXX	2024-1-1
PG-10	供应商转移	包材	寻找替代供应商，木拍尺寸整合	东山包装		¥450,982	3%	XXX	2024-7-13
PV-1	物料整合	电缆	电缆料号整合（整合到200种）	新邦等	320种	¥3,208,810	2%	XXX	2024-6-1

采购项目行动计划

项目编号	项目类型	项目描述	年采购金额	年内采购降本金额	年内采购降本比例	预需工程师时间(小时)	计划降价开始执行日期	计划降…
P-10	供应商转移	密封圈N23619供应商转移	¥45,000	¥18,000	48%		2024-2-1	202…

1月	2月	3月	4月	5月	6月	7月	8月	9月	10月	11月	12月	总计
¥65,128	¥69,282	¥80,891	¥80,891	¥85,876	¥151,174	¥151,174	¥164,978	¥164,978	¥164,978	¥164,978	¥166,772	¥1,511,099
-	-	¥9,809	¥9,809	¥9,809	¥9,809	¥9,809	¥9,809	¥9,809	¥9,809	¥9,809	¥9,809	¥98,086
-	-	¥1,800	¥1,800	¥1,800	¥1,800	¥1,800	¥1,800	¥1,800	¥1,800	¥1,800	¥1,800	¥18,000
¥2,493	¥2,493	¥2,493	¥2,493	¥2,493	¥2,493	¥2,493	¥2,493	¥2,493	¥2,493	¥2,493	¥2,493	¥29,912
-	¥4,155	¥4,155	¥4,155	¥4,155	¥4,155	¥4,155	¥4,155	¥4,155	¥4,155	¥4,155	¥4,155	¥45,700
-	-	-	-	-	-	-	¥274	¥274	¥274	¥274	¥274	¥1,371
-	-	-	-	¥1,122	¥1,122	¥1,122	¥1,122	¥1,122	¥1,122	¥1,122	¥1,122	¥7,852
¥62,439	¥62,439	¥62,439	¥62,439	¥62,439	¥62,439	¥62,439	¥62,439	¥62,439	¥62,439	¥62,439	¥62,439	¥749,270
-	-	-	-	-	-	-	-	-	-	-	¥1,795	¥1,795
-	-	-	¥4,985	¥4,985	¥4,985	¥4,985	¥4,985	¥4,985	¥4,985	¥4,985	¥4,985	¥39,883
¥196	¥196	¥196	¥196	¥196	¥196	¥196	¥196	¥196	¥196	¥196	¥196	¥2,349
-	-	-	-	-	-	-	¥13,529	¥13,529	¥13,529	¥13,529	¥13,529	¥67,647
-	-	-	-	-	¥64,176	¥64,176	¥64,176	¥64,176	¥64,176	¥64,176	¥64,176	¥449,233

里程碑	任务/行动计划	负责人	计划完成时间	需要资源/问题
TG1	与技术部沟通产品要求和风险点	寻源工程师 XXX	2023-9-1	
	供应商初步沟通，确定潜在供应商	寻源工程师 XXX	2023-9-30	
TG2	发出询价单	寻源工程师 XXX	2023-10-10	
	收到供应商报价，完成价格谈判	寻源工程师 XXX	2023-10-20	
TG3	下达模具订单	采购 XXX	2023-11-1	
	模具开发完成，供应商提供首样	采购 XXX	2023-12-15	
	工程部完成可靠性测试	工程部 XXX	2024-1-15	
TG4	下达正式量产订单	采购 XXX	2024-2-1	
	供应商完成量产准备	采购 XXX	2024-2-15	
TG5	首批量产订单入库	采购 XXX	2024-3-1	
TG1				
TG2	TG1 分析现有价格，制定谈判策略，寻找潜在供应商			
TG3	TG2 询价/供应商报价/价格比较谈判			
TG4	TG3 模具开发/样品确认			
TG5	TG4 供应商批量生产准备/爬坡			
TG1	TG5 新价格实现（入库）			
TG2				
TG3				
TG4				
TG5				

财务角度的销售业绩分析

销售业绩达成预测

工程项目类
单位：万元

年度收入确认	在手合同已确认	新签合同已确认	在手合同预计确认	新签合同预计确认	新合同当年转化率	合同平均交付周期
	年初在手合同收入确认	新合同收入确认	年初在手合同预计收入确认	新签合同预计收入确认	新签合同本年转化为销售收入	从合同签订到验收完毕时长
21,226 =	7,855 +	1,380 +	3,141 +	8,850	50%	183天

	总计	1月	2月	3月	4月	5月	6月	7月	8月	9月	10月	11月	12月
				实际						预测			
目标	20,000	1,200	800	1,200	1,800	2,000	1,600	1,600	1,800	2,000	2,000	2,000	2,000
总收入确认	21,226	997	641	917	1,700	2,600	2,380	1,988	2,160	1,660	1,685	2,066	2,432
新签合同额	20,397	1,520	800	1,080	257	1,680	990	1,020	980	2,870	3,210	2,890	3,100
新合同收入确认	10,230	-	-	100	120	580	580	980	1,080	980	1,500	1,980	2,330
在手合同收入确认	10,996	997	641	817	1,580	2,020	1,800	1,008	1,080	680	185	86	102

低复购类产品（例如设备）
单位：万元

	总计	1月	2月	3月	4月	5月	6月	7月	8月	9月	10月	11月	12月
				实际						预测			
目标	20,000	1,200	800	1,200	1,800	2,000	1,600	1,600	1,800	2,000	2,000	2,000	2,000
总计	25,302	997	641	817	1,004	2,020	1,800	2,008	2,660	3,750	3,395	2,890	3,320
已确认收入	7,279	997	641	817	1,004	2,020	1,800						
未交货订单	4,973							2,008	1,680	880	185	-	220
新机会漏斗	13,050							-	980	2,870	3,210	2,890	3,100

高复购类产品（例如，原材料或零件，已进入客户认证供应商，客户逐月按计划下单）　　单位：万元

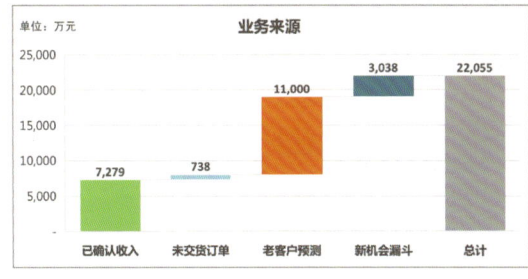

	总计	实际 1月	2月	3月	4月	5月	6月	预测 7月	8月	9月	10月	11月	12月
计划	20,000	1,200	800	1,200	1,800	2,000	1,600	1,600	1,800	2,000	2,000	2,000	2,000
总计	22,055	997	641	817	1,004	2,020	1,800	2,038	2,340	2,790	2,580	2,800	2,228
已确认收入	7,279	997	641	817	1,004	2,020	1,800						
未交货订单	738							388	220	80	50	-	-
老客户预测	11,000							1,400	1,600	1,850	1,850	2,200	2,100
新机会漏斗	3,038							250	520	860	680	600	128

客户 & 产品结构

TOP 10 客户销售额（万元）

客户	实际销售额	占比	预计年销售额
客户1	1,840	25%	3,500
客户2	812	11%	3,000
客户3	1,108	15%	2,800
客户4	595	8%	2,000
客户5	575	8%	1,600
客户6	426	6%	1,000
客户7	298	4%	800
客户8	199	3%	800
客户9	195	3%	500
客户10	170	2%	500
其他	1,061	15%	3,500
合计	7,279	100%	20,000

产品线销售额结构

	销售额（万元）	占比
产品线A	2,905	40%
产品线B	1,420	20%
产品线C	1,065	15%
产品线D	1,278	18%
产品线E	207	3%
其他	404	6%
合计	7,279	100%

新老客户销售额结构

	销售额（万元）	占比
新客户	866	12%
老客户	6,413	88%

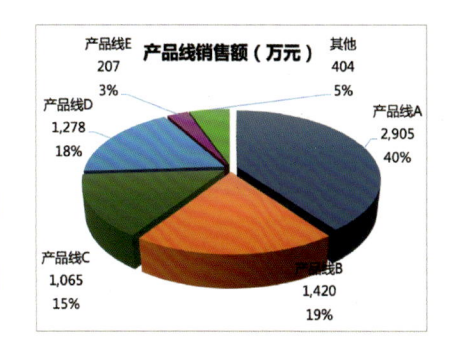

后记

本书创作的缘起在2019年，彼时丹研会社群初创，我们希望将丹纳赫经营系统的方法论引入中国企业，特别是帮助专精特新、"小巨人"企业实现高质量发展，成就中国式丹纳赫，这就需要把方法论系统整理，形成文字。

这本书一写就是5年，写作的过程也是实践的过程。其间丹研会连续为近50家制造企业赋能，帮助大家聚焦赛道、全面提效、围绕客户需求低成本创新，收获令人欣喜的成绩单。被赋能企业的平均人效超过100万元，每亿元销售额对应仓储和生产面积接近5000平方米，平均外部不良率接近1500ppm，平均准交率超过90%，平均资金周转率达到8转以上。精一正北科技也从零起步，成为拥有数十位丹纳赫、丰田等企业背景的专业顾问团队，为科技制造企业提供商业模式定位、极简战略部署、精益营销、精益智能生产、精益供应链和精益研发等综合服务的专业机构。

我们不仅提供咨询赋能服务，还躬身入局进入人形机器人赛道，与北京信息科技大学联合发起未来机器人创新中心，联合创立杭州爱福纳传动企业，用实践来验证经营的规律、方法论的价值。我们坚信，系统经营、科学管理、尊重规律，中国的新质生产力一定会大放异彩，传统产业也将涅槃重生。

本书在创作过程中，丹研会赋能专家刘危平、张敏、徐涛、王剑云、全伟均参与本书部分章节的资料准备、素材撰写、审校和修改。用众筹方式参与本书创作的企业家会员包括陆纯、赵海兵、石佩波、刘守元、金平、黄光其、杜建伟、张豫红、倪军、程海、郭全国、胡尊奎、康红乐、罗晓川、李金东、李政、张阿敏、陶惠新、闫向东、蔡鸿梅。中央财经大学袁淳教授、中国人民大学廖冠民教授为本书作出专家鉴定。国家行政学院出版社刘韫劼副总编辑付出了大量心血，对内容和形式都提出宝贵的专业意见，在此一并感谢！

愿我们的萤烛末光，能投照远方前路，不负这个伟大的时代。

作者简介

陈勇先生

丹研会（丹纳赫方法论研习会）发起人

毕业于中国人民大学，管理学博士，应用经济学博士后

主要从事实体企业效率提升、创新方法论研究与实践，在科技制造企业的赋能式经营与并购领域有专长

北京市丰台区第十届政治协商会议委员

《生死转型——金融巨变下的生存发展之道》联合作者，著有《中国式突围》，译著有《世界是弯的——全球经济潜在的危机》

现任精一正北（北京）科技有限公司董事长

现任北京信息科技大学人工智能研究院战略咨询委员会成员

现任日月明测控【300906】战略委员会委员、董事

现任爱博医疗【688050】战略委员会委员、董事

现任德马科技【688360】战略委员会委员、董事

韩烨女士

丹研会（丹纳赫方法论研习会）首席专家

中国人民大学商品学专业学士，英国诺森比亚大学MBA

丹纳赫集团原运营总监，供职时间超过10年

帮助数十家小巨人、专精特新企业实现效率跃升，擅长导入类丹纳赫企业经营系统

现任精一正北（北京）科技有限公司CEO

现任北京信息科技大学未来机器人创新中心联席主任

丹研会网址：http://www.danyanhui.com

图书在版编目（CIP）数据

赋能式经营：以丹纳赫为研究案例 / 陈勇，韩烨著．
北京：国家行政学院出版社，2025.1. -- ISBN 978-7-5150-2958-0

Ⅰ．F279.712.3

中国国家版本馆 CIP 数据核字第 2024QZ5754 号

书　　名	赋能式经营：以丹纳赫为研究案例 FUNENGSHI JINGYING: YI DANNAHE WEI YANJIU ANLI
作　　者	陈勇　韩烨　著
责任编辑	刘韫劼
责任校对	许海利
责任印刷	吴　霞
出版发行	国家行政学院出版社 （北京市海淀区长春桥路 6 号　100089）
综 合 办	（010）68928887
发 行 部	（010）68928866
经　　销	新华书店
印　　刷	北京新视觉印刷有限公司
版　　次	2025 年 1 月北京第 1 版
印　　次	2025 年 1 月北京第 1 次印刷
开　　本	200 毫米 ×240 毫米　16 开
印　　张	20
字　　数	222 千字
定　　价	198.00 元

本书如有印装问题，可联系调换。联系电话：（010）68929022